DEUXIÈME ÉDITION

LES DRAMES DE LA VIE

LA COMTESSE PAULE

PAR

ÉMILE RICHEBOURG

II

LA PAPILLONNE

PARIS

E. DENTU, ÉDITEUR

LIBRAIRE DE LA SOCIÉTÉ DES GENS DE LETTRES

3, PLACE DE VALOIS — PALAIS-ROYAL

1880

LES DRAMES DE LA VIE

LA COMTESSE PAULE

II

LA PAPILLONNE

OUVRAGES DU MÊME AUTEUR

LA DAME VOILÉE, 6e édition. . . . . 1 vol.
L'ENFANT DU FAUBOURG, 4e édition. . . . . 2 vol.
LA FILLE MAUDITE, 8e édition . . . . 2 vol.
LES DEUX BERCEAUX, 4e édition. . . . . 2 vol.
ANDRÉA LA CHARMEUSE, 5e édition. . . . . 2 vol.
UN CALVAIRE, 2e édition . . . . 1 vol.
DEUX MÈRES, 6e édition. . . . . 2 vol.
LE FILS, 6e édition. . . . . 2 vol.
L'IDIOTE, 4e édition . . . . 3 vol.
JEAN LOUP, 4e édition . . . . 3 vol.
LA PETITE MIONNE, 4e édition. . . . . 3 vol.
LES MILLIONS DE M. JORAMIE, 3e édition . . . . . 3 vol.
LA NONNE AMOUREUSE, 4e édition . . . . 1 vol.
LE MARI, 3e édition. . . . . 3 vol.
LA GRAND'MÈRE, 4e édition . . . . 3 vol.

EN COLLABORATION AVEC M. DE LYDEN

LES AMOUREUSES DE PARIS. . . . . 2 vol.

BIBLIOTHÈQUE CHOISIE A 1 FR. LE VOLUME

LA BELLE TIENNETTE . . . . 1 vol.
HISTOIRE D'UN AVARE, D'UN ENFANT ET D'UN CHIEN . 1 vol.
QUARANTE MILLE FRANCS DE DOT . . . . 1 vol.

ÉMILE COLIN. — IMP. DE LAGNY

LES DRAMES DE LA VIE

LA
COMTESSE PAULE

PAR

ÉMILE RICHEBOURG

II

LA PAPILLONNE

PARIS
E. DENTU, ÉDITEUR
LIBRAIRE DE LA SOCIÉTÉ DES GENS DE LETTRES
PALAIS-ROYAL, 15-17-19, GALERIE D'ORLÉANS
ET 3, PLACE DE VALOIS.

1888

LES DRAMES DE LA VIE

LA COMTESSE PAULE

DEUXIÈME PARTIE

LA PAPILLONNE

I

L'ABANDON

Un matin, Julie entra toute effarée dans la chambre de sa maîtresse, qui venait de se lever et était occupée à sa toilette.

— Eh bien ! Julie, qu'avez-vous donc ? Que se passe-t-il ?

— Ah ! madame, ah ! madame !

A une autre époque, déjà lointaine, les cris de la femme de chambre auraient singulièrement effrayé Paule ; mais, maintenant, s'il ne s'agissait pas de ses enfants, elle était difficile à émouvoir ; or, elle venait de voir et d'embrasser Georges et Edouard, elle était donc parfaitement tranquille.

— Voyons, Julie, fit-elle, qu'avez-vous à me dire, parlez !

— Est-ce que madame sait que M. le comte devait partir pour un long voyage ?

— J'ignorais cela, Julie, mais expliquez-vous.

— Eh bien ! madame, M. le comte est parti sans dire où il allait.

— Ah ! fit Paule, sans paraître surprise.

Elle avait pressenti son abandon complet.

— Quand M. de Verdraine est-il parti ? demanda-t-elle.

— Il n'y a qu'un instant, madame, et il n'est peut-être pas encore à la gare.

— Le voyage de M. de Verdraine est sans doute nécessité par ses affaires, dit Paule avec une sorte d'indifférence. Est-ce qu'il a emmené son valet de chambre ?

— Non seulement il ne l'a pas emmené, madame, mais il l'a congédié, et dès aujourd'hui Louis va se mettre à la recherche d'une nouvelle place.

Un pli amer se dessina sur les lèvres de la comtesse.

— Hier soir, reprit la femme de chambre, M. le comte est rentré un peu après onze heures ; il a donné l'ordre à Louis de descendre dans son appartement deux grandes malles et, seul, il a passé une partie de la nuit à remplir les malles de toutes les choses qu'il voulait emporter. Il n'a pas dû rester longtemps couché, car à sept heures il était levé ; il a sonné Louis ; c'était pour lui dire qu'il n'avait plus besoin de ses services et pour lui régler son compte. A sept heures et demie, une voiture du chemin de fer s'est arrêtée devant l'hôtel, on a descendu les malles et... voilà, madame la comtesse.

Je descendais de ma chambre quand Louis m'a appris ce qui se passait ; je voulais vous prévenir tout de suite, mais M. le comte me l'a défendu avec un air et un regard !...

— Avant de partir, M. de Verdraine a-t-il demandé à voir ses enfants ?

La femme de chambre secoua la tête.

Le même pli amer reparut sur les lèvres de la comtesse.

— Madame, dit Julie, il y a autre chose encore.

— Quelle est cette autre chose ?

— Il paraît que M. le comte a vendu ses chevaux et ses voitures et que, comme Louis, le cocher et le valet de pied ont été congédiés. Aujourd'hui même on doit venir prendre les chevaux et les voitures.

La comtesse resta un instant la tête inclinée sur sa poitrine. Toujours impassible, elle gardait son sang-froid, mais son beau visage avait une pâleur d'ambre.

Elle se redressa et répondit :

— M. de Verdraine quittant Grenoble et son absence devant être longue, il a eu parfaitement raison de ne pas garder ses chevaux, ses voitures, son cocher et son valet de pied, qui eussent entraîné à des dépenses inutiles. Depuis longtemps les voitures étaient entièrement à l'usage de M. le comte ; moi, je ne sors plus, si ce n'est pour aller à l'église avec mes enfants ou les accompagner dans leurs promenades, et toujours nous allons à pied, ce qui est préférable pour la santé de Georges et d'Edouard. Oui, M. de Verdraine a bien fait. Avez-vous encore quelque chose à me dire, Julie ?

— Non, madame.

— C'est bien, je vous remercie, vous pouvez me laisser.

— Madame la comtesse n'a-t-elle pas besoin de moi ?

— Pas pour le moment; si vous m'êtes nécessaire, je vous appellerai.

— Bien, madame, dit la femme de chambre.

Et elle se retira.

La comtesse poussa un long soupir et se laissa tomber sur un siège.

— Je m'attendais à recevoir ce nouveau coup, se dit-elle ; mais il ne m'a point frappé aussi violemment que je le craignais; c'est singulier comme mon pauvre cœur meurtri s'est vite refroidi; je suis devenue presque insensible à tout ce qui me vient de lui, à tout le mal qu'il me fait.

Il est parti comme un homme qui s'enfuit, se croyant poursuivi par des monstres imaginaires. Il est parti, il est passé à quelques pas de la chambre de ses enfants et rien n'a remué en lui, aucune des fibres de son cœur n'a eu une vibration ; il est parti sans les avoir embrassés, sans les avoir vus ; peut-être même n'a-t-il pas pensé à eux ! Oh ! le malheureux !

Mais qu'est-il donc réellement cet homme ? Qu'y a-t-il donc dans son cœur et dans son âme ? Rien, il n'y a rien, rien !... Oh ! époux indigne, père dénaturé ! !

Elle avait les yeux pleins de larmes, elle les essuya et reprit :

— Est-ce qu'il y a beaucoup d'hommes pareils ? Non, non, c'est impossible, il n'existe que celui-là dans le monde, et c'est à lui, à lui que j'ai donné ma jeunesse, que j'ai livré les trésors d'affection renfermés en moi ! Oh ! le misérable !

Ainsi, me voilà abandonnée, et mes enfants, mes pauvres enfants n'ont plus de père !

Que de lâchetés, que d'infamies, mon Dieu !

Cependant je n'ai rien à me reprocher, j'ai été pour lui ce que je devais être, tout ce que je pouvais être. Pour l'arrêter, pour le retenir sur la pente où je le voyais glisser, je lui ai vainement crié : Prenez garde ! Vainement j'ai fait appel à sa dignité, à son honneur et cherché à le ramener aux sentiments de son devoir. Ma voix, mes larmes, mes terreurs ont été impuissantes. Esclave de ses passions, il ne se laisse diriger que par elles, il n'obéit qu'à elles.

Jusqu'où ira-t-il ? Où s'arrêtera-t-il ? Ah ! je n'en sais rien ! Je ne vois partout que de sombres et profonds abîmes !

Les orages éclatent, le désastre commence, je l'avais prévu ; je n'ai plus à attendre que des coups de tonnerre !

Mes enfants... Ah ! si je n'avais pas mes enfants !... Qu'est-ce que je dis, mon Dieu ! Est-ce que ma raison s'égare ? Mais si je ne les avais pas, mes chers petits, est-ce que je pourrais vivre ? Ah ! je n'aurais plus qu'à mourir !

Elle se dressa d'un bond, et, échevelée, le regard brillant, farouche, elle s'élança hors de sa chambre et courut à celle de la gouvernante qui, à ce moment, habillait Georges et Edouard.

Paule se jeta sur les deux garçonnets avec une espèce de fureur, les entoura de ses bras et les serra convulsivement, ayant l'air de leur demander pardon d'une horrible pensée; elle les dévorait de caresses passionnées, délirantes.

Les mignons, avec des petits cris joyeux, rendaient à leur mère ses baisers ; ils étaient contents, ils riaient, ils riaient les pauvres petits !

Quand la comtesse écœurée, prise de dégoût, se sentait défaillir, c'était ainsi qu'elle venait demander à ses enfants de la réconforter, de lui donner des forces nouvelles, de raffermir son courage ; c'était dans leurs caresses qu'elle puisait la résignation.

Elle ignorait où le comte était allé, de quel côté il s'était dirigé ; mais que lui importait? N'avait-elle pas deviné qu'il était allé rejoindre madame de Brogniès ? Si cette femme était en Italie, c'était la route d'Italie que le comte avait prise. Il était allé là où madame de Brogniès l'attendait.

Ce qui se disait dans la ville, nous le laissons à penser.

Toutefois, comme on ne connaissait pas la nature des relations qui existaient entre le comte et madame de Brogniès, et que M. de Miray, sur ce point, avait cru devoir garder le silence, on ne pouvait pas dire que M. de Verdraine avait abandonné sa femme et ses enfants pour aller vivre avec la belle Piémontaise.

Quelques personnes devinèrent peut-être la vérité, mais elles gardèrent pour elles ce qu'elles pensaient.

Quinze jours s'étaient écoulés. Aucune nouvelle de M. de Verdraine.

La somme que le comte donnait chaque mois pour les dépenses de la maison s'était épuisée et il y avait à payer certains fournisseurs et les gages des trois femmes qui étaient restées auprès de la comtesse.

Paule se demanda comment elle allait faire.

Le boucher et le boulanger se présentèrent.

On les pria, de la part de la comtesse, de vouloir bien revenir le lendemain.

C'était déjà arrivé plus d'une fois; mais maintenant que le comte était on ne savait où, c'était de mauvais augure. En se retirant, les deux fournisseurs murmurèrent :

— Ça va mal.

Le lendemain, cependant, ils furent payés, et aussi les autres et aussi les gages des domestiques.

La veille, dans la soirée, la comtesse avait fait venir chez elle un riche bijoutier de la ville, et en lui recommandant le secret absolu, lui avait vendu trois mille francs des boutons d'oreilles qui pouvaient en valoir cinq mille.

A quelques jours de là, vers trois heures de l'après-midi, comme elle était avec ses enfants, on lui annonça la visite de M. Percier, le notaire du comte de Verdraine.

Elle le reçut dans son petit salon.

— Madame la comtesse, dit le notaire, avant de s'éloigner de Grenoble, M. le comte de Verdraine a cru devoir me charger de ses affaires ou pour autrement dire me nommer son mandataire.

Paule s'inclina silencieusement.

— J'ai d'abord voulu me récuser, continua le notaire, mais M. de Verdraine y a mis une telle insistance qu'il m'a fallu me rendre à ses désirs.

— M. de Verdraine ne pouvait mettre ses affaires en de meilleures mains, répondit Paule.

— Je le veux bien, madame la comtesse; mais à remplir un mandat, tout n'est pas agréable, il y a des choses difficiles, pénibles.

Et comme le notaire hésitait :

— Continuez, monsieur, continuez, lui dit la jeune femme.

— Eh bien, madame la comtesse, par ordre de M. le comte, j'ai mis cet hôtel en vente...

— En vente l'hôtel de Verdraine!

— Oui, madame la comtesse, et j'ai trouvé un acquéreur et l'hôtel est vendu.

— Vendu, l'hôtel de Verdraine vendu!

— Oui, madame la comtesse, je viens vous l'annoncer et vous dire en même temps que l'acquéreur désire entrer immédiatement en possession de son immeuble; vous allez être forcée de quitter l'hôtel d'ici quinze jours: c'est un court délai, oui, bien court; mais je ferai en sorte que trois semaines vous soient accordées.

Paule était stupéfiée.

— Heureusement, poursuivit le notaire, nous entrons dans la belle saison et l'on ne va pas tarder à quitter la ville pour aller s'installer à la campagne. Verdraine est un séjour très agréable, mais peut-être ne tenez-vous pas y aller, à cause des souvenirs douloureux... Dans ce cas, vous avez la ferme des Bergères, madame la comtesse, où l'habitation des maîtres, bien meublée, est des plus confortables. Du reste, je ne dois pas vous cacher que le désir de M. le comte serait que vous allassiez demeurer aux Bergères. Vous seriez là...

— C'est bien, monsieur, c'est bien, interrompit Paule, d'un ton sec; soyez tranquille, je trouverai toujours quelque part, j'espère, le toit d'une chaumière sous lequel je pourrai m'abriter avec mes enfants.

— Oh ! madame la comtesse !

— Mes paroles, monsieur, n'ont rien de blessant pour vous. Ainsi, par ordre de M. de Verdraine, vous avez vendu le vieil hôtel de sa famille !... Est-ce que mon mari avait le droit, sans mon consentement, de faire cette vente ?

— Parfaitement, madame la comtesse.

— Mais j'ai des enfants, monsieur, et il me semble qu'ils me donnent, entre autres droits, celui de défendre leurs intérêts.

— Assurément.

— Et vous dites que je n'ai pas à intervenir dans les actes de M. de Verdraine?

— Madame la comtesse ne se souvient-elle pas qu'elle a donné à M. le comte plein pouvoir...

— Ah ! oui, je me rappelle, j'ai signé chez vous, il y a un an...

— Le pouvoir.

— En vertu duquel mon mari a le droit de vendre tout ce qu'il possède, de se ruiner, de ruiner ses enfants !

— Hélas ! oui, madame.

— Et j'ai signé cela, j'ai signé ! murmura-t-elle d'une voix creuse.

— Je ne savais pas, madame la comtesse, je vous jure que j'ignorais...

— Hé, monsieur, répliqua Paule avec vivacité, je ne vous accuse pas ; vous êtes notaire, vous faites votre métier; c'est moi que j'accuse, que je blâme... On m'a tendu un piège dans lequel je suis tombée...

Ah! si j'avais su... Mais une femme ne sait pas toujours ces choses-là. Si un jour mes enfants, les derniers des Verdraine, monsieur, si un jour mes enfants sont sans asile et sans pain, ce sera ma faute, j'aurai permis qu'ils fussent dépouillés. Ah! je suis une malheureuse!

Monsieur Percier, en votre qualité de mandataire de M. le comte de Verdraine, vous devez être en correspondance directe avec lui. Voulez-vous avoir l'obligeance de me dire où se trouve actuellement M. de Verdraine?

Le notaire eut l'air de ne pas avoir entendu.

La comtesse répéta sa question.

— Madame la comtesse, dit le notaire, visiblement embarrassé, je vous prie de ne pas m'interroger à ce sujet, je ne puis vous répondre.

— Je ne vous interroge plus, monsieur, répliqua froidement la comtesse; je ne savais pas qu'il vous fût défendu de me donner quelques renseignements, veuillez me pardonner ma curiosité. Mais, monsieur, puisque vous êtes chargé des affaires de M. le comte de Verdraine, de toutes ses affaires, vous plaît-il de me dire quelles dispositions a prises M. de Verdraine, de concert avec vous, pour que sa femme et ses enfants puissent vivre? — Oh! je ne dis pas grandement, mais au moins sans manquer des premières choses nécessaires à la vie. Je ne vous cache pas, monsieur, — et vous pouvez en informer M. de Verdraine, — que je vais me trouver d'ici peu absolument sans argent.

— Madame la comtesse, répondit le notaire, M. le comte, en ce qui vous concerne, ne m'a donné aucune instruction.

— Oh ! fit Paule, en voilant son visage de ses mains.

— C'est évidemment un oubli...

— Un oubli, un oubli ! s'écria la malheureuse frémissante et ne pouvant plus se contenir ; oh ! tenez, monsieur, c'est horrible, c'est monstrueux !

— De grâce, madame la comtesse, calmez-vous, dit le notaire, de plus en plus mal à son aise et comme honteux, il n'y a là, je vous le répète, qu'un oubli, un déplorable oubli ; car, comme vous le dites justement, il faut que vous et vos enfants puissiez vivre. Je prends sur moi, madame la comtesse, de vous remettre chaque mois mille francs.

Je n'ai pas cette somme sur moi ; mais demain je vous la ferai remettre par mon premier clerc, contre un reçu. Cet arrangement vous convient-il ?

— Je n'ai pas le droit d'être exigeante.

— Vous installerez-vous à Verdraine où à la ferme des Bergères ?

— Je ne sais pas encore, monsieur, je verrai. Je vous ferai savoir ce que j'aurai décidé. Dans tous les cas, je ne serai plus ici dans huit jours.

— Madame la comtesse n'a pas besoin de tant se presser.

— L'hôtel de Verdraine est vendu, monsieur, je ne suis plus ici chez moi.

Le notaire ne trouva rien à répliquer ; il salua la jeune femme et se retira en disant :

— A revoir, madame la comtesse.

— A revoir, monsieur.

. . . .

. . . .

Huit jours plus tard, la comtesse Paule était installée avec ses enfants aux Bergères, à quatre lieues de Grenoble et à six kilomètres de Verdraine.

Après avoir remercié de leurs bons services sa femme de chambre et la gouvernante, elle les avait congédiées en leur disant : A Julie, que la situation dans laquelle elle se trouvait ne lui permettait plus d'avoir une femme de chambre ; à l'autre, que, se retirant pour toujours à la campagne, elle allait avoir tout le temps de s'occuper uniquement de Georges et d'Edouard.

La gouvernante qui, déjà, s'était attachée aux enfants, fut désolée d'être forcée de les quitter et versa des larmes.

La femme de chambre ne se montra pas aussi affectée : elle ne tenait pas à s'éloigner de Louis, son ancien camarade, qui lui avait compté fleurette et promis le mariage.

La comtesse n'avait gardé que Marianne, la vieille cuisinière, qui avait été pendant dix années au service du marquis de Verdraine et de la baronne de Bressac.

La brave femme avait déclaré à sa maîtresse, en pleurant très fort, qu'elle ne voulait pas la quitter ; que n'ayant nullement besoin d'argent, elle la servirait pour rien ; que, enfin, si madame la comtesse la renvoyait, elle irait se précipiter dans l'Isère.

Mais nous devons dire que Paule n'avait point eu la pensée de congédier Marianne ; elle tenait à la conserver, au contraire, en souvenir du vieux marquis et de la vieille baronne. D'ailleurs, pour elle et ses enfants, elle avait besoin d'une personne de confiance, et la fidélité et le dévouement de la vieille domestique étaient à toute épreuve.

A la grande joie de Georges et d'Edouard, la comtesse avait fait venir aux Bergères Miro, le bon chien Miro. Il avait dû beaucoup s'ennuyer au château, car il avait maigri et son long poil d'épagneul n'était pas soyeux et luisant comme les années précédentes. Il ne parut point dépaysé de se trouver aux Bergères, qu'il connaissait, ayant rendu de fréquentes visites au fermier et à la fermière.

Du reste, Miro fut enchanté de revoir la comtesse et surtout Georges et Edouard, qui étaient plus encore ses amis que ses maîtres. Il partagea la joie des deux enfants et il ne cessait de leur témoigner par de joyeuses gambades et toutes sortes de caresses, combien il était heureux de se retrouver avec eux.

II

L'HOMME AU BATON

Sur le territoire de la ferme, un vaste terrain inculte avait été défriché pour être livré à la culture. Sur ce terrain, de magnifiques sapins avaient été abattus et vendus à un marchand de bois de constructions de Saint-Marcellin. Une partie de ces beaux arbres, pouvant être employés à la mâture, avaient été enlevés dans toute leur longueur; les autres sapins avaient été, sur place, équarris et sciés en planches.

Le fermier, moyennant une somme convenue, s'était chargé du transport des planches.

Il avait fait déjà plusieurs chargements et il en était à son dernier voyage.

Il était prêt à se mettre en route, et Miro, qui était sorti de sa niche, regardait l'équipage, planté sur ses quatre pattes, immobile.

— Eh bien, Miro, dit le fermier, est-ce que tu veux venir avec moi?

Le chien dressa sa tête intelligente et fit frétiller sa queue ornée d'un superbe panache.

Le fermier fit claquer son fouet, dit hue! et les deux forts chevaux attelés au chariot se mirent en marche.

Miro restait à la même place, toujours immobile.

Il avait bien envie d'accompagner le fermier et les chevaux, cependant il était hésitant. Sans doute c'était pour lui un grand plaisir de courir sur la grande route ; oui, mais il fallait s'éloigner de Georges et d'Edouard, à qui il avait l'habitude de faire fête, le matin, quand ils apparaissaient dans le jardin.

Toutefois, comme il faisait à peine jour et que les enfants dormaient, Miro se demandait probablement quel plaisir il devait choisir : celui qu'il pouvait se donner immédiatement ou celui qu'il fallait attendre.

Le fermier se retourna.

— Eh bien, Miro, dit-il, viens-tu?

Miro n'hésita plus ; il aboya, bondit vers le fermier, sur la poitrine duquel il posa ses deux pattes de devant, afin que sa langue put atteindre le menton ; puis, aboyant de nouveau, il alla exprimer aux chevaux sa satisfaction de voyager en leur compagnie et se mit fièrement en tête de l'attelage.

Quatre longues heures de chemin! Miro s'en donnait à cœur joie ; il courait loin en avant, revenait sur ses pas et ne s'apercevait point qu'en se livrant à cet exercice, agréable pour ses jambes, il doublait, triplait, quadruplait les kilomètres.

On arriva, le chariot fut déchargé et pendant que les chevaux à l'écurie mangeaient et se reposaient, le fermier et Miro, dans la salle à manger de l'auberge, déjeunaient copieusement et avec grand appétit.

A deux heures de l'après-midi, on reprit le chemin des Bergères. Miro était d'une gaieté folle, il avait un entrain qui amenait des sourires sur les lèvres du fermier; jamais il ne s'était livré à d'aussi merveilleuses gambades; il sautait, bondissait, cabriolait à droite et à gauche des chevaux pour les exciter et il semblait leur dire :

« Marchez donc plus vite, il faut nous dépêcher d'arriver, on nous attend. »

A peu près à une lieue et demie de Saint-Marcellin, le chien changea tout à coup d'allures; il avait l'air inquiet, il grondait sourdement et marchait lentement, à pas de loup, le nez haut, reniflant, humant l'air.

A une certaine distance sur la route, un homme, un voyageur, se dirigeait vers la ville. Cet homme était vêtu d'un complet de drap gris à petits carreaux; il était coiffé d'un chapeau de feutre rond et avait aux pieds les gros souliers des montagnards, à semelles ferrées. Sa chaîne de montre et ses breloques s'étalaient sur son gilet et reluisaient au soleil.

Cet individu pouvait avoir quarante-cinq ans: il était brun, de taille moyenne, portait sa barbe en collier et avait les moustaches et le haut du menton rasés.

Il avait à la main un bâton noueux qui était un véritable gourdin.

A mesure qu'il avançait, l'agitation du chien augmentait et ses grognements devenaient plus forts, plus menaçants.

Soudain, les poils de l'animal se hérissèrent et la fureur étincela dans ses yeux ; il eut un frémissement, fit entendre un grondement plus terrible que les autres, tomba en arrêt, et, presque aussitôt, s'élança d'un bond à la gorge du voyageur.

Celui-ci, très vigoureux et doué d'une force musculaire peu commune, put heureusement repousser le chien, et il se hâta de faire le moulinet avec son bâton, afin de se garantir contre une nouvelle attaque de l'animal.

— Hé, vous, cria-t-il, apostrophant le fermier avec un accent italien très prononcé, rappelez votre chien, rappelez-le vite ou je l'assomme !

— Miro, Miro, ici, ici, vilaine bête ! cria le fermier.

Mais Miro n'entendait rien, ne voulait rien entendre. Ses grognements avaient cessé : mais il n'en était pas moins terrible et menaçant.

Tout en se tenant à distance de l'homme ou plutôt de son bâton, les poils toujours hérissés, les yeux rivés sur ceux de son adversaire, montrant ses crocs redoutables, reculant ou avançant, il se tenait prêt à sauter de nouveau à la gorge du voyageur avec l'intention évidente de l'étrangler.

Les chevaux étonnés, effrayés peut-être, s'étaient arrêtés d'eux-mêmes.

Le fermier s'égosillait à appeler vainement Miro, et le voyageur, qui sentait ses bras se fatiguer et voyait l'instant où son moulinet serait impuissant à le préserver, criait de toutes ses forces :

— Mais défendez-moi donc, votre chien est enragé, vous voyez bien qu'il est enragé, défendez-moi donc !

Trois fois le fermier essaya de saisir le terrible Miro. Impossible.

Deux gendarmes, un maréchal des logis et un brigadier, qui se dirigeaient aussi vers Saint-Marcellin, virent de loin ce qui se passait.

— Un homme qui se défend contre un chien, dit le maréchal des logis ; ce chien est une bête dangereuse, atteinte peut-être de la rage ; armons-nous de nos revolvers et en avant.

Les gendarmes piquèrent des deux et arrivèrent rapidement sur le lieu de la scène.

— Messieurs les gendarmes, leur cria le voyageur essoufflé, n'en pouvant plus, je vous en prie, tuez cette horrible et méchante bête ; c'est un chien enragé, si je n'étais pas parvenu à me défendre contre lui, grâce à mon bâton, il m'aurait égorgé.

Et il continuait son moulinet, car l'arrivée des gendarmes n'avait nullement intimidé Miro.

Le maréchal des logis sauta à bas de son cheval et il allait certainement loger une balle dans la tête du chien, quand le fermier se jeta résolument devant lui, en criant :

— Non, non, ne le tuez pas !

Puis plus heureux ou plus adroit qu'il ne l'avait été précédemment, il parvint enfin à saisir Miro par son collier.

— Mais s'il est enragé ? dit le maréchal des logis.

— Il n'est pas enragé, monsieur le gendarme ; je ne sais pas ce qui l'a pris comme ça, subitement, car c'est bien le chien le plus doux, le plus patient et le meilleur qu'il y ait au monde.

Miro ne donnait guère raison aux paroles du fermier, ne prouvait point qu'il méritât l'éloge qu'on faisait de lui. De plus en plus furieux, grinçant des dents, hurlant, rugissant, faisant de violents efforts pour s'échapper, il laissait voir qu'il n'avait nullement renoncé à égorger le voyageur, qui avait cessé de jouer du bâton et profitait de cet instant de répit pour essuyer la sueur qui inondait son visage.

— Décidément, brave homme, reprit le maréchal des logis, votre chien m'a tout à fait l'air d'être atteint de la rage.

— Non, vous dis-je ; vous voyez bien qu'il n'en veut qu'à cet homme ; est-ce qu'il me mord moi ? Est-ce qu'il cherche à se jeter sur vous... et sur ces deux hommes? ajouta le fermier, montrant deux paysans qui avaient quitté leur travail pour accourir sur la route afin de voir ce qui s'y passait.

— C'est juste, vous avez raison, répondit le maréchal des logis.

— Il n'en veut qu'à ce monsieur, continua le fermier, ça se voit bien, puisqu'il voudrait le dévorer. Pourquoi lui en veut-il? Je n'en sais rien. Mais, bien sûr, ce monsieur lui aura fait quelque chose. Voyez-vous, monsieur le gendarme, les chiens c'est comme les gens, ils n'oublient pas et quand ils en trouvent l'occasion, ils se vengent.

— Tout cela est très bien dit, mon brave homme, mais comme nous ne tenons pas à ce que votre chien dévore ce voyageur, qui n'y tient pas non plus, vous allez nous faire l'amitié de l'attacher tout de suite derrière votre voiture, avec une corde solide.

Un des paysans prêta main-forte au fermier et Miro eut beau se débattre, aboyer furieusement, il fut traîné derrière la voiture et solidement attaché.

L'homme au bâton s'était empressé de remercier les gendarmes, qui étaient si heureusement venus à son secours, et se disposait à continuer son chemin avec non moins d'empressement.

— Attendez donc un instant, lui dit le maréchal des logis ; que diable, on n'est pas si pressé !

Le fermier revenait.

— Vous, lui dit le gendarme, quel est votre nom ?

— Je m'appelle Verdret, monsieur le maréchal des logis, Jérôme Verdret.

— D'où venez-vous ?

— De Saint-Marcellin, où j'ai conduit des planches de sapin chez M. Dupiot, le gros marchand de bois.

— On connaît M. Dupiot. Maintenant vous allez ?...

— Chez moi.

— Oui, vous retournez chez vous ; mais où est-ce, chez vous ?

— A la ferme des Bergères.

— Je ne connais pas cette ferme ; et vous Béjard ?

— Connais pas non plus, répondit le brigadier.

— Les Bergères sont à près de trois lieues d'ici, dit Verdret.

— Enfin, vous êtes fermier ?

— Oui, monsieur le maréchal des logis.

— C'est bien, je n'ai plus rien à vous demander ; mais, dorénavant, quand vous voyagerez sur les grandes routes, ayez soin de tenir votre chien attaché ou en laisse.

— Je regrette ce qui vient de se passer, monsieur le maréchal des logis : mais Miro ne me suit pas d'habitude, je l'ai emmené ce matin pour la première fois.

Le nom de Miro avait frappé le sous-officier.

— Ah ! fit-il, vous appelez votre chien Miro ?

— Oui, monsieur le maréchal des logis, il s'appelle Miro, et c'est un bon chien, allez, qui a fait déjà parler de lui.

En frisant sa moustache le gendarme parut interroger sa mémoire.

— Ah ! c'est cela, dit-il, je me souviens ; il y a au château de Verdraine un chien du nom de Miro.

— Mais, oui, Miro ; et ce bon chien dont vous parlez, monsieur le maréchal des logis, c'est lui, c'est le Miro que voilà...

— Hein, vous dites ?

— Je dis, monsieur le maréchal des logis, que le Miro que voilà est le chien de madame la comtesse de Verdraine, qui demeure actuellement aux Bergères avec ses enfants.

Une lumière subite éclaira le sous-officier.

— Oh ! oh ! fit-il en se tournant brusquement vers l'homme au bâton, qui avait tressailli et était devenu très pâle.

— Eh bien, monsieur le voyageur, dit le maréchal des logis, le méchant chien est attaché, sa fureur n'est pas encore calmée, mais vous voilà tranquille, vous n'avez plus rien à craindre.

— C'est vrai, et je vais continuer mon chemin.

Il fit quelques pas. Le sous-officier l'arrêta.

— Pas si vite, monsieur, un peu de patience, je vous prie ; je viens d'interroger l'homme au chien, c'est à votre tour de me répondre ; vous savez, les gendarmes sont curieux. Comment vous appelez-vous ?

— Jean Castori.

— Vous êtes Italien ?

— Oui.

— Piémontais ?

— Oui.

— Quelle est votre profession ?

— Guide. Du reste, voici mes papiers ; vous pouvez voir que je connais parfaitement les Alpes, les montagnes du Dauphiné et du Jura et que je suis autorisé à conduire les voyageurs.

Le maréchal des logis jeta un rapide coup d'œil sur les papiers du guide, et, les gardant dans sa main, il reprit :

— D'où venez-vous ?

— De la Tour-du-Pin.

— Et vous allez ?

— A Saint-Marcellin où je passerai la nuit, puis je me dirigerai vers Lyon.

— Qu'est-ce que vous allez faire à Lyon ?

— J'y vais voir un de mes frères qui y est établi fumiste.

— Fort bien. Mais dites-moi donc un peu ce que vous avez pu faire à ce chien pour qu'il ait voulu vous dévorer ?

— Mais rien, absolument rien.

— Heu ! heu !

— C'est sans doute la vue de mon bâton qui l'a rendu furieux.

— Un chien très doux, très bon, a-t-on dit tout à l'heure. Non, vous lui avez fait quelque chose, un jour vous l'aurez battu, tâchez de vous rappeler.

— J'ai vu cette bête aujourd'hui pour la première fois.

— Allons, vous ne vous rappelez pas. Mais je dois

vous dire, monsieur Jean Castori, que je pense comme le fermier : les chiens sont comme les gens, ils n'oublient pas, et quand ils en trouvent l'occasion, ils se vengent.

Vous allez à Saint-Marcellin, monsieur Jean Castori, ça se trouve à merveille, car c'est notre résidence et nous allons faire route ensemble ; je vous prierai même de vouloir bien vous arrêter un instant, oh ! un instant seulement, à la gendarmerie.

L'Italien regarda le gendarme avec effarement.

— Vous m'arrêtez ! s'écria-t-il ; mais vous n'en avez pas le droit, mes papiers sont en règle.

— Sans doute, aussi n'est-il pas question d'arrestation.

Le maréchal des logis mit les papiers dans sa poche.

— Vous gardez mes papiers ? fit Jean Castori.

— Oui...

— Mais...

— Soyez tranquille, je vous les rendrai à la gendarmerie. Et maintenant en route.

L'homme au bâton n'était pas rassuré ; mais bon gré mal gré, il lui fallut se résigner à continuer son chemin escorté par le maréchal des logis et le brigadier de gendarmerie.

Le fermier aussi s'était remis en route, et, pour regagner le temps perdu, il faisait trotter ses chevaux.

Le pauvre Miro n'était pas content.

Cependant le fermier le détacha dès qu'il eut tout à fait perdu de vue les gendarmes.

Le chien aboya et caressa Verdret pour le remercier ; puis, se plaçant au milieu de la route, tourné du côté de Saint-Marcellin, il se dressa, le nez au vent.

— Viens, Miro, viens, lui dit le fermier.

Nous suivrons les gendarmes, qui, arrivés à Saint-Marcellin, invitèrent courtoisement leur compagnon de route à entrer dans une assez grande maison décorée d'un drapeau tricolore et sur la façade de laquelle on lisait :

« Gendarmerie départementale ».

Jean Castori fut introduit dans une salle où on le pria poliment de vouloir bien attendre un instant. L'hôte des gendarmes essayait de faire bonne contenance, mais il était inquiet, il avait même peur.

Au bout de quelques minutes, le maréchal des logis et le brigadier vinrent le retrouver, accompagnés de deux autres gendarmes.

— Jean Castori, dit le maréchal des logis, vous allez, s'il vous plaît, vous déshabiller.

— Me déshabiller ! exclama l'homme au bâton ; mais pourquoi ?

— C'est mon idée ; allons, ôtez vos vêtements.

— Par exemple !

— Déshabillez-vous ! ordonna le sous-officier d'une voix plus forte.

— Non, non. Mais qu'est-ce que vous me voulez donc ? Ah, ça ! est-ce que vous croyez que je me déshabille ainsi devant le monde ?

— Oh ! fit le brigadier ironiquement, devant des hommes !

— Nous n'avons pas peur de voir un homme nu, ajouta le maréchal des logis ; nous en voyons tous les ans des centaines au conseil de revision.

— Je ne suis pas un conscrit, moi.

— Encore une fois, Jean Castori, dit le sous-officier d'un ton impérieux, ôtez vos vêtements.

— Non.

— Vous refusez?

— Oui!

— Gendarme, déshabillez cet homme.

L'Italien voulut résister; mais les gendarmes ne furent pas longs à le maîtriser et en moins de temps qu'il n'en faut pour l'écrire, il fut mis nu comme un ver.

— C'est bien, dit gravement le maréchal des logis j'ai vu ce que je voulais voir. Jean Castori, vous pouvez remettre vos vêtements.

L'homme au bâton ne se le fit pas dire deux fois. Très vite, mais en grognant comme un dogue à qui l'on veut prendre l'os qu'il est en train de ronger, il se rhabilla.

— Jean Castori, reprit le maréchal des logis, je vous ai dit que vous ne resteriez qu'un instant à la gendarmerie, je ne vous ai pas trompé.

Et s'adressant au brigadier et aux deux gendarmes, il leur dit:

— Vous allez mener cet homme à la prison de la ville.

L'Italien voulut protester, crier.

Le maréchal des logis fit un signe à ses subordonnés et l'homme au bâton fut emmené.

III

LES INTERROGATOIRES

Trois jours après, l'Italien Jean Castori fut transféré de la prison de Saint-Marcellin à celle de Grenoble et mis à la disposition du parquet.

Dès que le procureur de la République avait reçu le rapport du maréchal des logis, où celui-ci annonçait qu'il était à peu près certain d'avoir mis la main sur l'auteur du crime de Verdraine, le chef du parquet de Grenoble s'était empressé de communiquer le rapport à M. Daubrun, le juge d'instruction, et, aussitôt le dossier de l'affaire qui, comme nous l'avons dit, avait été classée, fut retiré du carton d'où l'on avait pu croire qu'il ne sortirait plus.

On avait heureusement conservé le pantalon déchiré et la pièce du même tissu qui s'y adaptait.

Quand Castori fut amené dans le cabinet du juge d'instruction et que ce magistrat plaça sous ses yeux le pantalon et la bande de drap, le prisonnier tressaillit et se troubla. Mais il se remit promptement et prétendit qu'il ne comprenait rien à ce qui se passait ; qu'on l'avait arrêté sans qu'il sût pourquoi et que, depuis, il se demandait vainement ce que cela signifiait. Quant à ce vêtement qu'on mettait devant lui, il voyait bien que c'était un pantalon, mais il ne devinait point pour quelle raison on lui montrait cette chose-là.

Le juge d'instruction le laissa parler et dire tout ce qu'il voulut, et quand il eut fini.

— Je veux bien croire, dit le magistrat avec bonhomie, que vous êtes un parfait honnête homme, que vous n'avez absolument rien à vous reprocher et que c'est par erreur que les gendarmes de Saint-Marcellin vous ont arrêté; mais vous allez avoir à répondre nettement aux questions que je vais vous adresser. Où étiez-vous l'année dernière au mois de juin, et pour mieux préciser, le 26 juin ?

— J'étais dans les Alpes.

— Dans quelle partie des Alpes ?

— Aux environs de Chamounix.

— Que faisiez-vous là ?

— Je conduisais des voyageurs qui, après avoir visité le mont Blanc, ont voulu faire une longue excursion dans les montagnes.

— C'est possible, puisque vous avez exercé le métier de guide ; toutefois vous aurez à prouver que vous étiez bien dans les Alpes, aux environs de Chamounix, à la fin du mois de juin de l'année dernière.

— Comment le prouverai-je ?

— Mais en invoquant le témoignage des hôteliers chez lesquels vous avez logé et celui des personnes que vous avez guidées dans les montagnes ; du reste, nous n'en sommes pas encore à exiger que vous fournissiez cette preuve.

Vous avez à la jambe droite, à la cuisse, à quinze ou dix-huit centimètres au-dessus du jarret, une plaie assez profonde, qui, bien que cicatrisée, est encore rougeâtre et violacée ; d'où vient cette blessure ?

— J'ai été mordu par un renard.

— En vérité ! Voilà qui est surprenant, difficile à admettre ; un renard peut mordre, sans doute, puisqu'il a des dents ; mais mordre un homme par derrière comme s'il l'eût poursuivi... Allons, Castori, vous auriez mieux fait de me répondre que c'est un chien qui vous a mordu et avec une telle fureur qu'il a emporté la chair.

— Non, monsieur, c'est bien un renard qui m'a mordu.

— Vous avez été arrêté à la suite d'une rencontre que vous avez faite d'un chien sur la route. Cet animal, sans provocation de votre part, s'est jeté sur vous, il voulait vous égorger. Heureusement vous êtes très fort et savez jouer du bâton ; néanmoins, c'est avec beaucoup de peine que vous avez pu vous défendre. Vous avez dit que jamais vous n'aviez vu ce chien et vous avez prétendu que c'était en voyant votre bâton qu'il était devenu furieux.

Eh bien ! moi, je pense, comme l'ont pensé les gendarmes, que le chien vous a reconnu et que c'est ce même chien qui vous a si cruellement mordu à la cuisse.

— Cela n'est pas, vous vous trompez.

— Ecoutez, Castori : l'année dernière, le 26 juin, vers cinq heures de l'après-midi, un crime horrible a été commis à Verdraine ; une enfant, une petite fille de trois ans, la fille du comte de Verdraine, a été jetée dans une pièce d'eau, où elle a trouvé la mort, par un individu, un misérable, qui, malgré les actives recherches de la justice, n'a pu être retrouvé et est resté inconnu.

Miro, le chien du château, ce chien que vous avez rencontré dernièrement sur la route, a-t-il vu l'homme saisir la petite fille et la précipiter dans la pièce d'eau ? Nul ne saurait le dire ; mais ce qui est certain, c'est que l'animal s'est lancé à la poursuite de l'assassin à travers le parc du château et l'a atteint au moment où il franchissait le mûr de clôture ; ses dents ont arraché, en même temps que la chair, la bande de drap que voilà et qu'il a heureusement rapportée près de la pièce d'eau, où elle a été ramassée.

Quelque temps après, un garde forestier a trouvé ce pantalon sous un amas de feuilles sèches ; il est, comme vous le voyez, du même drap que la bande arrachée par les dents du chien, laquelle s'adapte parfaitement à cette large déchirure du pantalon. Il nous a donc été facile de nous convaincre que ce pantalon avait appartenu à l'assassin de la petite fille et qu'il le portait au moment du crime.

Tout à l'heure, Castori, vous ne compreniez pas pourquoi l'on vous avait arrêté, pourquoi je plaçais ce vêtement sous vos yeux, le comprenez-vous maintenant ?

— Non, monsieur.

— On vous a arrêté parce que l'on a cru reconnaître en vous l'auteur du crime de Verdraine.

— C'est faux, monsieur, c'est faux, je suis innocent !

— Vous cherchez à vous défendre, c'est votre

droit, mais tout est contre vous, les preuves de votre culpabilité sont nombreuses et je vous préviens que toutes vos dénégations seront inutiles.

— Je suis innocent, je le jure !

— Prenez garde, Castori, nous avons un témoin ?

— Un témoin ! Lequel ?

— Le frère de la petite noyée.

— Oh ! un enfant ! Est-ce qu'on peut invoquer le témoignage d'un enfant ?

— Castori, comment savez-vous que le frère de la petite noyée est un enfant ?

L'Italien se mordit les lèvres, perdit un peu de son aplomb et balbutia quelques mots inintelligibles.

— Nous avons encore un autre témoin, reprit le juge d'instruction, et ce témoin c'est le chien. Nous invoquerons aussi son témoignage. Nous vous placerons dans la cour de la prison, au milieu de quinze ou vingt prisonniers; et nous ferons venir le chien; vous n'aurez pas un bâton à la main pour le rendre furieux, et nous verrons s'il vous reconnaîtra entre tous et voudra encore se jeter sur vous pour vous étrangler.

Le prisonnier devint très pâle.

— En attendant, Castori, dit le magistrat, vous allez ôter votre pantalon et mettre celui-ci.

Il y avait à la porte du cabinet deux gendarmes qui n'attendaient qu'un signe du juge d'instruction. L'Italien comprit que la scène de Saint-Marcellin pouvait se renouveler, et, de fort mauvaise grâce, il fit ce que le magistrat exigeait de lui.

On constata facilement et à première vue que le pantalon avait appartenu à Castori; la morsure du chien était exactement à l'endroit où la bande de drap avait été arrachée ; d'autre part, la place des genoux et les plis des jarrets marqués sur le drap correspondaient parfaitement.

L'épreuve était décisive.

— Castori, lui dit le juge d'instruction, quand il eut enlevé le pantalon accusateur et remis l'autre, vous êtes ici sous la prévention d'avoir commis, le 26 juin de l'année dernière, le crime de Verdraine. Persistez-vous à nier ?

— Je suis innocent, répondit le misérable, mais avec beaucoup moins d'assurance.

— Nous avons les preuves les plus évidentes de votre culpabilité, et vous niez et vous ne voulez pas avouer ; vous avez tort, car vous n'arriverez qu'à aggraver votre situation. Ma conviction est que vous êtes l'auteur du crime ; que vous avouiez ou non, vous passerez en cour d'assises, et si vous ne changez pas d'attitude, vous n'aurez point à compter sur l'indulgence de vos juges ; ils ne verront en vous qu'un criminel endurci, incapable d'avoir des regrets de son forfait et méritant le plus dur châtiment.

— Mais, monsieur, pourquoi aurais-je tué cette petite fille ?

— J'allais vous adresser cette question. Ah ! oui, pourquoi avez-vous tué cette enfant ? Vous me le diriez, si vous n'aviez pas résolu de nier quand même. Nier, dire je suis innocent, c'est un système de défense ; mais, je vous le répète, il est mauvais et il ne vous sera pas possible de vous y renfermer.

Toute action, bonne ou mauvaise, a une cause, un mobile : on tue un homme par vengeance ; on tue un homme dans un mouvement d'emportement, de colère, dont on n'est pas maître; on tue un homme parce qu'on a tout à redouter de lui; on tue un homme pour le dépouiller de ce qu'il possède. Mais un enfant?...

On ne tue pas un enfant de trois ans pour se venger de lui, ni parce qu'il peut nuire, ni pour le voler. Le prendre et le jeter dans l'eau sans motif, pour qu'il y périsse, serait l'acte d'un fou, et vous avez toute votre raison. Est-ce un acte de méchanceté? Non. Il n'existe pas un homme, si méchant qu'il soit, capable de commettre un pareil forfait, même dans un moment de colère.

D'ailleurs, Castori, vous ne pourriez invoquer en votre faveur un mouvement de colère. Vous étiez dans le parc de Verdraine; pourquoi y étiez-vous et qu'y faisiez-vous?

Vous ne répondez pas; soit, je vais répondre pour vous. Vous étiez dans le parc de Verdraine, caché près du vivier, attendant l'instant où vous pourriez commettre votre crime. Vous l'aviez prémédité, ce crime monstrueux, et il y a tout lieu de supposer que, pendant plusieurs jours de suite, vous avez guetté votre malheureuse petite victime.

La petite fille était avec son frère; c'était la mort de l'un des deux enfants que vous vouliez; vous n'avez pas choisi, probablement; et si la petite fille a été la victime, c'est qu'elle s'est trouvée plus à portée de vos mains criminelles.

La préméditation ne laisse aucun doute: vous vous étiez introduit dans le parc, en escaladant le mur, afin de jeter l'un des enfants dans le vivier. Maintenant il nous faut connaître le mobile du crime.

Allons, Castori, vous voyez que nier est inutile, avouez donc... Pourquoi avez-vous commis, avec préméditation, le crime dont vous êtes accusé ?

— Mais, monsieur, ce n'est pas moi !

Le juge d'instruction ne put réprimer un mouvement d'impatience.

— Oh ! dit-il, il faudra bien que vous finissiez par avouer. Si vous me répondiez : ce n'est pas moi qui ai eu la pensée du crime, je vous écouterais et je vous croirais ; je vous croirais d'autant plus facilement que je suis déjà convaincu que vous n'avez été qu'un instrument.

Derrière vous, Castori, se cache dans l'ombre, comptant sur votre silence, la personne qui a été l'instigatrice du crime, qui l'a conçu ; eh bien, cette personne est peut-être plus coupable que vous, et la part de responsabilité la plus lourde pèse sur elle. Castori, je vous adjure de dire la vérité : quelle somme avez-vous reçue pour commettre le crime ?

L'Italien resta un instant tout interdit, puis faisant comme un effort sur lui-même, il répondit d'une voix mal assurée :

— Je ne suis pas coupable ; je ne sais pas ce que vous voulez me dire.

— C'est bien, dit le juge d'instruction, vous réfléchirez et vous comprendrez peut-être que vous avez tout intérêt à dire la vérité, toute la vérité ; nous verrons si, demain, vous ne changerez pas d'attitude en présence des preuves qui vous accablent.

Après ces paroles, le magistrat appela les gendarmes et leur dit :

— Reconduisez le prévenu à la prison.

Le lendemain, Castori fut amené de nouveau devant le juge d'instruction.

D'abord il essaya de se renfermer dans un mutisme absolu ; mais il s'aperçut bientôt qu'il n'avait rien de bon à attendre de cette nouvelle manœuvre.

Au bout d'une heure, pressé par les questions du magistrat, effrayé de la menace d'être mis en présence du chien, poussé à bout, il finit par avouer que c'était lui qui avait jeté la petite fille dans la pièce d'eau et qu'il avait reçu 5,000 francs pour commettre le crime.

Le juge lui demanda de nommer la personne qui lui avait donné les cinq mille francs ; mais voyant qu'il ne voulait pas répondre, il crut devoir ne pas insister pour l'instant, se disant avec raison que du moment que le misérable était entré dans la voie des aveux, il arriverait forcément à ne plus rien cacher.

— Donc, reprit M. Daubrun, comme je le disais hier, vous n'avez été qu'un instrument ; est-ce avant ou après le crime que vous avez reçu les cinq mille francs ?

— Mille francs avant, le reste après.

— Et il était convenu que vous jetteriez l'un des enfants dans le vivier?

— Oui, la petite fille.

— Ah ! c'était la petite fille qu'on avait désignée comme victime?

— Oui, monsieur.

— Pourquoi elle plutôt que le petit garçon?

— Je ne sais pas.

— Ainsi il vous avait été recommandé de ne pas

toucher au petit garçon et de prendre bien garde de vous tromper ?

— Oui, monsieur.

Le magistrat resta un moment pensif et reprit :

— On vous avait fourni les renseignements nécessaires, indiqué les mesures de précautions à prendre ; vous saviez que les enfants avaient l'habitude de venir près du vivier tous les jours, dans l'après-midi, pour donner à manger aux poissons ?

— Oui, je savais cela.

— Saviez-vous également que les enfants, allant au vivier, étaient toujours accompagnés par leur mère ou leur bonne ?

— Oui, monsieur ; mais je devais attendre avec patience et saisir la première occasion qui se présenterait.

— Vous avez attendu longtemps ?

— Plus de deux semaines. Tous les jours je pénétrais dans le parc et me tenais caché, tantôt dans un endroit, tantôt dans un autre, aussi près que possible du vivier. Cependant, je vous le déclare, monsieur le juge d'instruction, j'en avais assez, d'autant plus que je risquais fort, à chaque instant, d'être découvert ; il est vrai que l'on ne pouvait voir en moi qu'un vagabond ou un pêcheur audacieux venu là pour prendre une belle carpe ou tout autre gros poisson.

Enfin, j'allais m'en aller, bien décidé à ne plus revenir, quand je vis les deux enfants se diriger en courant vers la pièce d'eau. Ils étaient seuls. Après m'être bien assuré que personne ne les suivait, je m'élançai de l'endroit où je m'étais caché, j'enlevai la petite dans mes bras et... ce fut vite fait.

Je m'enfuis à toutes jambes et m'enfonçai dans le parc. Je ne m'étais pas éloigné de plus de trois cents mètres que j'entendis le chien aboyer derrière moi. Il était sur ma piste, allait être bientôt sur mes talons; une branche cassée se trouva à portée de ma main, je m'en armai, et grâce à elle je pus me défendre et tenir l'animal à distance. Enfin, mais moins rapidement que je l'aurais voulu, j'arrivai au mur.

— Et c'est là, au moment où vous escaladiez le mur, que le chien vous a saisi à la jambe?

— Oui.

— Vous parvîntes à vous échapper, et à près de deux lieues de Verdraine, au milieu d'un bois, vous avez changé de vêtements.

— J'ai mis un autre pantalon, une blouse par-dessus ma veste et remplacé ma casquette par un chapeau de paille.

— C'était un déguisement.

— Oui, dans le cas où quelqu'un du château m'aurait aperçu.

— Vous n'aviez pas manqué de prévoyance.

— Il m'avait été recommandé de prendre les plus grandes précautions.

— Votre mission consistait-elle uniquement à jeter la petite fille dans le vivier?

— Oui, monsieur.

— Pourtant, sa mort étant résolue, vous pouviez la tuer d'une autre manière.

— Non, je devais la jeter dans le vivier, afin qu'on pût croire qu'elle y était tombée accidentellement.

— Je comprends; mais votre complice n'avait pas

pensé que le frère de la pauvre petite victime parlerait.

Maintenant, Castori, revenons à ce complice; qui est-il?

— Je ne peux pas le dire.

— Pourtant, comme je vous l'ai déjà fait comprendre, votre complice est plus coupable que vous, et dans votre intérêt vous devez le faire connaître, afin de ne pas assumer sur vous toute la responsabilité du crime. Voyons, Castori, son nom?

— Je ne peux pas.

Le juge d'instruction employa vainement toute son habileté, toute son éloquence pour amener l'Italien à dénoncer son complice.

Le lendemain, le prévenu se trouva pour la troisième fois devant le magistrat.

— Castori, lui dit M. Daubrun, je n'ai plus qu'à savoir qui est votre complice; voulez-vous me le faire connaître?

L'Italien avait réfléchi et compris qu'il n'avait rien à gagner à garder le silence, il répondit:

— Oui, monsieur.

— Parlez donc.

— La personne qui m'a payé pour jeter la petite fille dans le vivier est une femme.

— Une femme! exclama le magistrat; et cette femme est?

— Madame de Brogniès!

IV

LE MOBILE DU CRIME

Le juge d'instruction sursauta.

Il connaissait madame de Brogniès, avait fréquenté son salon et avait pu se considérer comme un des amis de la belle veuve.

Et c'était cette femme charmante, dont il avait tant de fois serré la main, à la table de laquelle il s'était assis, que l'Italien Castori dénonçait comme étant sa complice, la complice d'un crime épouvantable!

M. Daubrun était stupéfait.

Cependant il se remit assez promptement de l'émotion qu'il venait d'éprouver:

— Castori, demanda-t-il, venez-vous de dire la vérité?

— Pourquoi aurais-je menti?

— Ainsi, c'est madame de Brogniès qui vous a donné cinq mille francs pour jeter la petite fille dans la pièce d'eau?

— Oui, monsieur.

— Vous connaissiez donc madame de Brogniès?

— Oui.

— Depuis longtemps?

— Je la connaissais avant son mariage; il y a dix ans, j'étais domestique chez madame Suzzi, sa tante, qui l'a élevée.

— Dites-moi comment vous vous êtes mis en rapport avec elle avant le crime?

— L'année dernière, au mois d'avril, je me trouvai à Grenoble sans argent, sans asile et ayant faim. Je me rappelai que madame de Brogniès demeurait à Grenoble, je me présentai à son domicile; on me répondit qu'elle était à sa propriété du Louvet. Je m'y rendis et elle voulut bien m'y recevoir. Je lui dis dans quelle situation je me trouvais; elle me répondit qu'elle ne demandait pas mieux que de me venir en aide. Elle me fit donner à manger et après me rappela dans sa chambre. Alors elle me fit causer, et comme je n'avais plus rien à dire, elle me demanda tout à coup :

— Voulez-vous gagner cinq mille francs?

— Mais bien sûr, répondis-je enchanté.

Elle me dit de quoi il s'agissait.

Je fis la grimace, ça ne m'allait pas du tout.

Mais elle insista, elle savait si bien dire... D'un regard, en souriant, elle m'aurait fait renier père et mère! Et puis, cinq mille francs!... Une fortune pour un pauvre diable comme moi!

Je finis par accepter.

Alors, après m'avoir fait jurer que la chose resterait un secret entre nous, elle mit dans ma main dix billets de banque de cent francs, en me disant :

— Après, vous aurez les quatre mille francs.

Elle me donna ensuite tous les renseignements

qui m'étaient nécessaires, m'indiqua les précautions que je devais prendre, m'expliqua très clairement ce que je devais faire.

— Pendant les quinze jours que vous avez guetté la petite fille, avez-vous vu madame de Brogniès?

— Oui, deux fois, pour lui dire que ce qu'elle voulait me paraissait impossible.

— Que répondait-elle?

— Que je n'étais pas adroit, que je manquais de hardiesse, que j'avais peur, que je ne devais pas me décourager.

— Pourquoi madame de Brogniès voulait-elle la mort de cette pauvre petite fille?

— Elle ne me l'a pas dit.

— Peut-être l'avez-vous deviné?

— Non, monsieur. J'ai cherché à comprendre et je ne comprends pas encore.

— Il est vrai, pensa le juge d'instruction, qu'il y a là-dessous quelque chose d'étrange et de bien mystérieux; mais nous pénétrerons dans ces ténèbres et y ferons jaillir la lumière.

Il reprit à haute voix :

— Le forfait accompli, vous avez revu madame de Brogniès, qui vous a donné les quatre mille francs promis?

— Oui, les quatre mille francs, plus encore mille francs à titre de gratification.

— Cela indique que madame de Brogniès était très satisfaite.

— Oh! elle ne prenait pas la peine de dissimuler sa joie... Elle ne disait plus que je manquais d'adresse et de hardiesse; elle me félicitait.

Si cet homme dit vrai, pensait M. Daubrun, quelle horrible femme que madame de Brogniès !.

— Et depuis, Catori, demanda-t-il, avez-vous revu votre complice ?

— Plus, monsieur ; par son ordre j'avais franchi les Alpes et étais rentré en Italie.

— Pourquoi êtes-vous revenu en France ?

— Je l'ai dit aux gendarmes ; j'ai un frère à Lyon, mon intention était de me fixer près de lui.

— Savez-vous que madame de Brogniès n'est plus à Grenoble ?

— Je le sais.

— Pouvez-vous me dire où elle se trouve actuellement ?

— Je l'ignore, monsieur.

— On dit qu'elle est à Turin, le croyez-vous ?

— Non, monsieur, je ne le crois pas ; je suis même certain que madame de Brogniès n'est pas à Turin.

— C'est bien, Castori, je n'ai plus rien à vous demander.

Le juge d'instruction rendit l'Italien aux gendarmes, et, resté seul, il se mit à réfléchir profondément, tenant sa tête dans ses mains.

Quel était le mobile du crime ? M. Daubrun cherchait et ne trouvait pas. Etait-il possible qu'il y eut là réellement un acte de vengeance ? En effet, pourquoi cette vengeance ? Madame de Brogniès avait été l'amie intime de madame de Verdraine ; c'était connu de tout le monde.

Le magistrat s'égarait, se perdait dans le labyrinthe des conjectures.

Mais il fallait agir, employer tous les moyens

pour découvrir la résidence de la complice de Castori et lancer contre elle un mandat d'amener.

M. Daubrun se rendit auprès du procureur de la République, et à la suite d'une assez longue conférence, des lettres officielles furent écrites, signées et expédiées dans plusieurs directions.

L'une de ces lettres fut reçue le lendemain matin par la comtesse Paule. C'était une invitation à se rendre le lundi suivant dans le cabinet de M. Daubrun, juge d'instruction au parquet de Grenoble.

La comtesse ne fut pas trop surprise. Verdret, le fermier, lui avait raconté ce qui s'était passé sur la route et comment les gendarmes avaient emmené l'Italien qui, vraisemblablement, était le misérable qui avait noyé la petite Isabelle.

Paule fit appeler le fermier, lui lut la lettre du juge d'instruction et lui dit qu'elle comptait sur lui pour la conduire à Grenoble.

Le lundi, à l'heure indiquée, la comtesse, qui était attendue, fut introduite dans le cabinet de M. Daubrun.

Le magistrat, debout, reçut la jeune femme avec une grande politesse, lui prit la main et, l'ayant fait asseoir :

— Madame la comtesse, lui dit-il, je vais rouvrir une plaie de votre cœur, qui n'est pas encore cicatrisée, en vous parlant de la mort tragique de votre chère petite fille ; mais il y a nécessité absolue ; la justice veut être complètement éclairée et vous voudrez bien me pardonner les questions que je vais être forcé de vous adresser dans l'intérêt de la vérité.

— Dans l'intérêt de la vérité, monsieur, je suis

prête à vous répondre, et ce sera à moi de vous prier de m'excuser si je ne suis pas maîtresse de mon émotion et si je vous laisse trop voir mes douleurs.

— Madame la comtesse, grâce à votre chien Miro, qui l'a reconnu, l'assassin de votre petite Isabelle est enfin tombé entre les mains de la justice.

— Je sais ce qui s'est passé sur la route, à peu de distance de Saint-Marcellin ; le fermier des Bergères me l'a appris. Ainsi, monsieur, c'est cet Italien qui a noyé mon enfant ?

— Oui, madame, l'Italien Castori, arrêté par les gendarmes de Saint-Marcellin, a été amené à Grenoble et ici, devant moi, il a avoué son crime.

— Mais pourquoi, mon Dieu, pourquoi l'a-t-il commis, ce crime horrible ? Que lui avions-nous donc fait à cet homme, pour qu'il se venge si cruellement ?

— Vous devez savoir, madame la comtesse, que lorsqu'il a été reconnu que l'enfant avait été victime d'un crime, j'ai immédiatement pensé que le meurtrier avait un complice et qu'il n'avait été qu'un instrument.

— Oui, monsieur, je sais que vous avez eu cette idée.

— Eh bien ! madame, je l'ai toujours.

— Oh !

— Je dis plus, madame la comtesse, je suis sûr que ce complice existe.

— Mais où est-il ? Qui est-il ?

— Peut-être allez-vous m'aider à le trouver.

— Moi, monsieur ?

— Oui, madame.

— Mais, comment ? Je n'ai jamais soupçonné personne.

— Madame la comtesse, M. de Verdraine s'est éloigné de vous.

— Oh ! vous pouvez dire qu'il a abandonné sa femme et ses enfants.

— Oui, abandonné est le mot; sa conduite envers vous est jugée sévèrement ; vos amis vous plaignent.

— Mes amis, fit Paule amèrement, mes amis ! Est-ce que j'en ai encore ?

En prononçant ces paroles, des larmes jaillirent de ses yeux.

— Oui, madame, répondit M. Daubrun, vous avez encore des amis, et permettez-moi de vous le dire, je suis l'un d'eux. On vous rend justice, madame, et la façon digne dont vous supportez votre malheur, malheur immérité, est un sujet d'admiration.

— Vous me faites entendre de bonnes paroles, monsieur, je vous en remercie.

— Savez-vous où est M. le comte de Verdraine ?

— Hélas non, monsieur.

— Vous êtes sans nouvelles de lui ?

— Sans nouvelles.

— Pensez-vous qu'il voyage à l'étranger ?

— Je crois plutôt qu'il est à Paris.

— Pourquoi croyez-vous cela ?

— C'est une idée que j'ai.

— N'est-ce pas M. Percier, le notaire, qui est chargé des affaires de M. le comte de Verdraine ?

— C'est lui, monsieur.

— Alors le comte doit lui écrire.

— Cela n'est pas douteux; mais M. de Verdraine

a défendu à son notaire de me faire connaître le lieu où il habite.

Le juge d'instruction resta un moment silencieux, puis il reprit :

— Recevez-vous, de temps à autre, une lettre de madame de Brogniès.

La comtesse tressaillit.

— Mais jamais, monsieur, jamais ! répondit-elle avec un accent étrange.

— Pourtant, madame la comtesse, avant qu'elle ne quittât Grenoble, madame de Brogniès passait pour être votre meilleure amie.

Un fauve éclair sillonna le regard de la jeune femme.

— Oh ! mon amie ! fit-elle avec une expression de dédain et de dégoût.

Rien n'échappait au magistrat, qui, les yeux fixés sur la comtesse, semblait vouloir fouiller jusqu'au fond de sa pensée.

— Comme vous dites cela, madame, reprit-il, ayant l'air étonné ; quoi, madame de Brogniès n'était pas votre amie ? Est-ce que, au contraire, elle était votre ennemie ? Ce serait difficile à admettre ; car enfin, pourquoi vous en aurait-elle voulu ?

Et comme Paule restait silencieuse, M. Daubrun continua :

— Vous trouvez peut-être mes questions singulières, madame la comtesse, mais il ne faut pas vous en étonner ; je vous l'ai dit, je cherche la vérité, et pour arriver à la découvrir, j'ai besoin de certains renseignements que peuvent me donner M. le comte de Verdraine et madame de Brogniès. Voilà pourquoi je vous ai demandé si vous saviez où était votre mari et si vous receviez des lettres de madame de Brogniès à qui je voudrais écrire, ce que je ne puis faire puisque j'ignore où elle habite.

— N'a-t-on pas dit qu'elle était retournée à Turin près de sa vieille tante?

— On a dit cela, en effet, et j'ai pu le croire comme tout le monde. Mais madame de Brogniès n'est restée que trois semaines à Turin, chez sa tante, et l'on ne sait pas dans cette ville où elle est allée.

Un sourire singulier glissa sur les lèvres de la comtesse.

— Madame, reprit le magistrat, regardant toujours fixement la jeune femme, il faut que je vous parle franchement : Eh bien, il y a quelque chose que vous me cachez, que vous ne voulez pas dire.

— Monsieur...

— Oh ! ne vous en défendez pas, je le vois dans votre attitude embarrassée, je le lis dans vos yeux. Vous ne pouvez nier que madame de Brogniès ait été votre amie ?

— Cette femme n'a jamais été mon amie, répliqua Paule avec vivacité et en frémissant ; elle a pu me témoigner une fausse amitié, mais sans parvenir à me tromper ; je me défiais d'elle.

— Pourquoi cette défiance?

— Un sentiment, un instinct, si vous aimez mieux.

— Alors cette fausse amitié qu'elle vous témoignait était le manège d'une ennemie?

— Certainement.

— Pourquoi vous haïssait-elle? Que lui aviez-vous fait ?

— Je n'ai jamais fait de mal à madame de Brogniès.

— Mais, alors, qu'elle raison avait-elle d'être votre ennemie ?

— Elle aimait M. de Verdraine, m'a-t-on dit, et avait même espéré qu'il l'épouserait; elle n'a pu me pardonner d'être devenue à sa place comtesse de Verdraine.

— Ah ! voilà une explication ! Maintenant, madame la comtesse, je n'hésite plus à vous dire que je ne vous ai pas fait venir ici pour m'aider à découvrir le complice de l'Italien Castori, je le connaissais.

— Vous le connaissiez !

— Oui, madame.

— Ainsi, comme vous le disiez tout à l'heure, ce misérable Italien n'a été qu'un instrument ?

— Que l'on a payé pour noyer votre enfant, votre petite fille ; c'est avec intention que je ne dis pas pour noyer l'un de vos enfants, car la victime désignée était la petite Isabelle.

— Est-il possible ! s'écria Paule, en regardant le juge d'instruction avec effarement.

Puis, entre deux sanglots.

— Mais pourquoi a-t-on tué ma fille plutôt que son frère ?

— Je l'ignore, madame ; j'ai interrogé l'Italien à ce sujet et il n'a pu me répondre.

La comtesse pressa entre ses mains fiévreuses son front brûlant et murmura :

— Oh ! Il me semble que je fais un rêve, que tout cela est un épouvantable cauchemar !

Mais, monsieur Daubrun, reprit-elle, vous ne me

dites pas qui est le complice de ce féroce Italien?

— Ce complice, madame, qui a été l'instigateur du crime et a payé pour le commettre, ce n'est pas un homme, mais une femme.

— Une femme, une femme! oh!...

— Vous ne devinez pas?

— J'ai peur, monsieur, oui, j'ai peur de deviner, répondit Paule toute frissonnante.

— En ce cas, madame la comtesse, je ne vais pas vous causer une grande surprise en nommant madame de Brogniès.

La jeune femme se dressa d'un seul mouvement, blanche comme un suaire et les yeux chargés d'éclairs.

— Elle, c'est elle! Ah! la misérable! Ah! l'infâme! exclama-t-elle d'une voix rauque. Quel monstre, mon Dieu, quel monstre que cette femme!

— Monsieur le juge d'instruction, continua-t-elle d'une voix haletante, je n'ai plus le droit de vous cacher ce que je m'étais juré de garder enfermé en moi; et, d'ailleurs, le voudrais-je que je ne le pourrais plus.

Sachez-le donc, monsieur: le comte de Verdraine a abandonné sa femme et ses enfants pour madame de Brogniès; cette créature infâme est la maîtresse de mon mari!

— Je m'en doutais, madame.

— Ah! vous vous en doutiez; eh bien! ayez-en la certitude complète.

Ah! je comprends, maintenant, je comprends!

Monsieur, vous vous êtes demandé pourquoi madame de Brogniès avait fait tuer ma fille, vous avez cherché le mobile de ce crime horrible et vous n'avez pas trouvé... Eh bien, ce que vous voulez savoir, je vais vous l'apprendre : la belle Piémontaise, cette espèce de monstre que l'enfer a dû vomir un jour, a tué ma fille afin d'entraîner le comte de Verdraine à sa perte ; Isabelle, ma pauvre petite, était un obstacle dressé devant elle, et il fallait qu'elle le brisât, cet obstacle, pour que le comte devînt son amant !

— Madame, que dites-vous?

— La vérité !!... C'est étrange, inouï, stupéfiant, effroyable, c'est tout ce que vous voudrez ; mais cela est, monsieur, cela est!... Voilà le mobile du crime, ne le cherchez pas ailleurs. Le comte adorait sa fille, et, c'est douloureux à dire pour une mère, il n'aimait pas ses autres enfants ; il ne voyait que sa fille, ne pensait qu'à sa fille, Isabelle était tout pour lui ; c'est elle qui le retenait, qui l'attachait à ses fils et à moi... Je vous le dis, monsieur, si, avec une scélératesse sans nom on ne lui avait pas tué sa fille, le comte aurait eu la force de résister à tous les entraînements, et moi, avec l'aide de mes enfants, j'aurais pu éviter à la maison de Verdraine le désastre dont elle est menacée.

— Vos paroles me glacent de terreur, dit le magistrat.

— Oh! je n'invente pas, monsieur, ce n'est pas une imagination troublée qui dicte mes paroles. D'ailleurs, ce que M. de Verdraine m'a dit à moi-même, je vais vous le répéter, écoutez, monsieur.

Je venais d'apprendre que madame de Brogniès était sa maîtresse ; je lui reprochai sa trahison et essayai de faire appel à ses sentiments de père. Il me répondit :

— « Je ne vous aime plus; cependant, si ma fille eût vécu, je ne me serais jamais éloigné de vous. Isabelle était le lien qui me retenait au foyer de la famille, qui m'attachait à vous.

— « Mais il vous reste Georges et Edouard ! — m'écriai-je.

— « Ils ne remplacent pas Isabelle, répliqua-t-il durement; encore une fois, je vous le dis, si ma fille eût vécu, elle m'aurait retenu auprès d'elle, et jamais, entendez-le bien, ni madame de Brogniès, ni une autre femme n'aurait été ma maîtresse !

Voilà ses paroles, monsieur; ah ! je ne les ai pas oubliées, elles restent gravées dans mon cœur et dans ma pensée.

Le malheureux, il a toujours voulu que par négligence et imprévoyance j'aie été la cause de la mort de notre pauvre enfant; et il ne sait pas, il ne se doute pas que cette femme, cette scélérate, à laquelle il a tout sacrifié, a donné de l'or à un bandit pour tuer sa fille!

Et cette femme... il est près d'elle!... Il a pour cette femme des paroles d'amour et il reçoit ses baisers!...

Oh ! monsieur, dites, dites, n'est-ce pas le comble de l'horreur !

En achevant ces mots, la comtesse retomba sur son siège et, couvrant son visage de ses mains, elle éclata en sanglots.

— C'est épouvantable ! murmura le juge d'instruction; le comte de Verdraine est un homme affreux, qui ne mérite même pas qu'on ait pitié de lui.

V

MAUVAISE HEURE

C'était bien à Paris, comme l'avait supposé la comtesse Paule, que le comte de Verdraine était allé retrouver madame de Brogniès. Celle-ci, en effet, n'était restée que trois semaines à Turin ; elle s'était rendue à Paris et, comme il avait été convenu, elle s'était rendue au Grand-Hôtel où, sous le nom de madame la baronne de Noirmont, elle avait loué pour un mois un appartement composé d'un salon et de deux chambres à coucher, l'une pouvant servir de salle à manger.

Elle avait dit :

— J'attends mon mari, le baron de Noirmont, qui fait un voyage dans le Midi de la France.

On ne fut pas étonné quand huit jours après le soi-disant baron de Noirmont arriva ; il était attendu.

Mais les deux amants n'avaient pas l'intention de demeurer plus d'un mois à l'hôtel. Madame de Brogniès voulait être chez elle.

Le comte se mit à la recherche d'une habitation

aussi agréable, aussi confortable et aussi belle que pouvait la désirer sa maîtresse à laquelle il n'avait rien à refuser, puisque, comme elle avait su le lui faire comprendre, elle avait tout sacrifié par amour pour lui.

Il trouva l'habitation tout près des fortifications de la ville, sur le boulevard Bineau, dans ce grand et beau quartier, une ville maintenant, qui était encore, il y a trente ans, le parc de l'ancien château de Neuilly, demeure favorite des princes d'Orléans.

C'était un ravissant hôtel, ni trop grand, ni trop petit, construit par un architecte de goût, au milieu d'un carré de trois mille mètres, entouré de murs, ombragé de grands arbres, ayant de beaux massifs verts, touffus, et, devant et derrière la maison, deux jolíes pelouses avec bassins et jets d'eau.

Madame de Brogniès vint visiter la propriété, en fut ravie et le comte la loua pour trois ans.

Il sentait que sa passion devait au moins durer ce temps-là.

Un tapissier du faubourg Saint-Honoré fut chargé de l'ameublement et de la décoration de l'hôtel; il mit à l'ouvrage un régiment d'ouvriers et en quinze jours l'habitation fut mise en état de recevoir la belle Piémontaise.

Les deux amants s'installèrent chez eux, et le comte, qui croyait n'avoir aucun ménagement à garder, qu'aucune considération n'arrêtait, cessa de se faire appeler de Noirmont et reprit son véritable nom.

Et sans rougir, sans honte et sans pudeur, madame de Brogniès se faisait appeler madame la comtesse Léona de Verdraine.

Il est vrai que dans leur entourage nul ne pouvait dire qu'elle n'était pas l'épouse légitime du comte Maxime de Verdraine.

Avant l'installation, le comte s'était occupé naturellement de monter sa maison. Il n'avait eu qu'à écouter les conseils de sa maîtresse, qui était femme à le bien diriger. Il avait pris cinq domestiques; ce n'était pas exagéré, mais juste suffisant : une femme de chambre pour madame; un valet de chambre pour monsieur; une cuisinière, recommandée comme véritable cordon-bleu; un cocher ayant servi chez le duc de *** et un valet de pied.

Un carrossier de renom avait fourni un landau, un coupé, une victoria ; et trois chevaux, trois magnifiques bêtes, de pure race anglaise, étaient entrés dans l'écurie de M. le comte.

Léona ne témoignait pas encore le désir que Maxime fût du Jockey-Club et fit courir; mais elle y pensait un peu.

Il faut bien dépenser son argent, quand on en a.

Le comte ne manquait pas d'argent ; sans avoir besoin de compter sur le produit de ses propriétés immobilières, il pouvait disposer de plus d'un demi-million en bonnes valeurs mobilières, ce qui lui restait en papier de l'héritage de ses grands parents.

Il venait de dépenser une centaine de mille francs et tout avait été payé, argent comptant. On comprend que les divers fournisseurs l'avaient en haute estime et que ses domestiques étaient fiers d'appartenir à un tel maître.

Enfin le comte avait de l'argent, il allait pouvoir mener joyeuse vie, ce qui était loin de déplaire à la belle Léona, affamée de plaisirs, de ces plaisirs qu'on ne trouve pas à Grenoble, exécrable ville de province où le bégueulisme règne en maître, où l'on ne peut faire un pas sans que tout le monde le sache, où, pendant des années, elle avait été comme dans un sépulcre.

Elle adorait le spectacle; on allait au théâtre presque tous les jours; du reste, elle avait sa loge à l'Opéra, sa loge au Théâtre-Français.

Le comte s'était vite fait des amis, pris un peu dans tous les mondes. A Paris on a des amis autant qu'on en veut, des amis ou soi-disant tels; mais on n'y regarde pas de si près.

Maxime était membre de trois cercles où, disons-le, on ne le voyait guère, bien qu'il fût joueur; mais le jeu, chez lui, n'était qu'une passion secondaire.

Une première représentation, quand il s'agissait surtout d'une pièce à sensation, était pour Léona un fin régal. Pensez donc, elle, l'échappée de province, se trouver au milieu de ce que l'on appelle le Tout-Paris! Grâce à tel ou tel de ses amis appartenant à la presse, le comte avait très souvent des billets de première. Il ne les achetait pas, mais ils lui coûtaient fort cher, car les obligeants amis, qui savaient que son portefeuille était toujours bourré de billets de banque, ne se gênaient point pour lui emprunter des sommes plus ou moins fortes qu'ils oubliaient de rendre.

Le lecteur se demande sans doute, si le comte Maxime de Verdraine enivré de volupté, emporté par le courant de la vie parisienne, pensait à sa femme et à ses enfants.

Il y pensait, mais si peu...

Il y a des hommes qui peuvent être, sans le sentir, misérables et lâches !

M. de Verdraine était de l'espèce.

Il y a tant de bruit dans Paris qu'il ne pouvait pas entendre les cris de sa conscience.

Mais avait-il encore une conscience ?

On était loin de Grenoble, on ne savait ni ce qui s'y disait ni ce qui s'y passait, et pour elle comme pour lui les jours s'écoulaient vite dans ce nid de verdure du boulevard Bineau ; les plaisirs se suivaient ; à l'enivrement de la veille succédait une autre ivresse. La belle Léona avait des caresses si capiteuses !

C'était trop... beau. Cela ne pouvait pas durer.

Un matin, le comte reçut une lettre portant le timbre de Grenoble.

Sur l'enveloppe, il reconnut l'écriture de son notaire et sourit. Comme c'était bien le sourire d'un homme heureux !

Il était seul dans le salon ; Léona n'était pas encore levée ; elle faisait la grasse matinée, se reposait dans l'intérêt de sa précieuse beauté.

La veille, avec Maxime, elle était allée à l'Opéra pour voir la danseuse Flora, surnommée la Papillonne, une étoile, qui depuis quelque temps faisait courir tout Paris et qui venait d'avoir un nouveau triomphe dans un ballet-pantomime commandé et monté exprès pour elle par la direction de l'Académie nationale de musique et de danse.

On s'était un peu querellé au retour, parce que Maxime avait eu souvent sa lorgnette braquée sur la Papillonne et s'était écrié par trois fois :

— Oh! la belle personne! Oh! la ravissante créature!

La paix s'était faite; mais l'on s'était couché tard et l'on n'avait pas dormi tout de suite. Il n'était donc pas étonnant que Léona fût encore au lit à dix heures.

— Voyons ce que ce brave Percier a à m'apprendre de nouveau, se dit le comte en rompant le cachet.

Ayant toujours sur les lèvres son sourire, qui allait vite disparaître, il ouvrit la lettre et lut :

« Monsieur le comte,

» Le misérable qui a jeté votre petite fille dans le » vivier de Verdraine est enfin entre les mains de » la justice; il a été reconnu par le fidèle Miro, et » ce sont deux gendarmes de Saint-Marcellin qui lui » ont mis la main au collet. C'est un Italien nommé » Jean Castori; il a avoué qu'il était l'auteur du » crime, mais qu'il n'avait été qu'un instrument, » c'est-à-dire qu'il avait agi pour le compte d'un » autre, duquel il aurait reçu six mille francs.

» Il y a grand émoi dans la ville; on ne parle » plus que de cette affaire; on est avide de nou- » velles; mais l'instruction est tellement tenue » secrète qu'il est extrêmement difficile de savoir » quelque chose.

» J'ai été appelé hier dans le cabinet de M. Dau- » brun, le juge d'instruction; il a besoin, m'a-t-il » dit, de certains renseignements que vous seul » pouvez lui fournir; je n'ai pas cru pouvoir refuser » de lui donner votre adresse qu'il me deman- » dait.

» En même temps que ma lettre, vous en rece-
» vrez probablement une de M. Daubrun.

» Je vous quitte un instant pour recevoir un
» client qui s'impatiente et veut absolument me
» voir.

» Monsieur le comte, je continue ma lettre :

» Le client que je viens de recevoir et qui m'a
» retenu plus d'une demi-heure, est le gendre du
» vieux président Du Tilloy. Il vient de m'ap-
» prendre, sous le sceau du secret, une chose ini-
» maginable, stupéfiante, qui va classer l'affaire de
» Verdraine parmi les causes célèbres et mettra ici
» le feu aux poudres, dès qu'elle sera connue, c'est-
» à-dire quand l'instruction sera terminée.

» L'Italien Jean Castori s'est décidé à faire con-
» naître la personne qui l'a payé pour jeter la petite
» Isabelle dans le vivier.

» Comme moi, monsieur le comte, vous allez être
» stupéfié, vous allez crier : C'est impossible ! Eh
» bien, non, c'est la vérité. La complice de l'Italien
» est une femme qui était très considérée à Gre-
» noble et était reçue dans le meilleur monde.

» Cette misérable femme, monsieur le comte,
» c'est madame de Brogniès. »

A cet endroit de la lettre le comte s'arrêta ; il avait sur les yeux un voile épais, il ne voyait plus ; il fut pris d'un temblement convulsif et il y eut dans sa gorge comme un râle. Ses traits s'étaient horriblement contractés et l'on devinait dans sa poitrine, violemment soulevée, des rugissements prêts à éclater.

S'il eût obéi à son premier mouvement de fureur,

sa main eût saisi une arme quelconque, il se serait précipité dans la chambre de Léona, et sans lui dire un mot, sans lui dire voilà pourquoi je te frappe, il l'aurait tuée comme on tue une bête féroce.

Pendant un long instant il resta atterré, replié sur lui-même, comme écrasé, ayant l'air d'écouter les grondements terribles qui étaient en lui.

Peu à peu, le nuage qui s'était plaqué sur ses yeux se dissipa et il put achever de lire la lettre, qui, d'ailleurs, ne contenait plus que ces mots :

« La complice de Jean Castori, la belle Piémon-
» taise, est en ce moment activement recherchée
» par la police française et la police italienne. On
» espère qu'elle ne tardera pas à venir rejoindre
» son digne associé dans la prison de Grenoble. »

Comme s'il eût douté de l'épouvantable réalité et qu'il eût voulu se convaincre que ses yeux ne l'avaient point trompé, le comte relut la lettre, de la première ligne à la dernière, puis, avec un mouvement fiévreux, la glissa dans sa poche.

Alors il bondit sur ses jambes. Le front plissé, les yeux enflammés et les lèvres frémissantes, il se mit à arpenter le salon dans tous les sens, marchant d'un pas inégal, tantôt lent, tantôt rapide, martelant le tapis sous ses talons.

Cependant, malgré la tempête déchaînée dans son cerveau, il réfléchissait, se demandant ce qu'il allait faire, ce qu'il devait faire.

La demie de dix heures sonna à la pendule. Léona ne dormait plus sans doute ; peut-être était-elle levée.

Par suite d'un violent effort, le comte parvint à se rendre maître de lui-même et son agitation se calma; mais sa physionomie conservait son expression farouche et les lueurs fauves de ses prunelles ne s'étaient pas éteintes.

Il jeta un regard dans une glace, eut un sourire à donner le frisson et entra dans la chambre de sa maîtresse.

La belle Piémontaise n'était pas réveillée depuis longtemps et elle était encore comme étourdie des vapeurs du sommeil. Son réveil pouvait se comparer à celui de la belle Aurore écartant les ombres mytérieuses la nuit. Mais ce que la belle Léona jetait de côté étaient les draps et les couvertures de son lit ; toute rose et toute souriante, elle se levait, et sa chemise de batiste, relevée jusqu'au-dessus des genoux, laissait voir ses jambes allongées admirablement moulées, et ses petits pieds délicatement cambrés, presque aussi roses que ses joues et prêts à toucher le tapis.

Sa luxuriante chevelure noire, massive, ayant les reflets luisants de l'aile du corbeau, se déroulait sur son torse en plis lourds, pareille à une cascade d'encre. Sa chemise ne la serrait pas au cou, loin de là ; elle serait tombée si elle n'eût pas été retenue par les bras, deux merveilles ; elle laissait à nu les épaules et la gorge ; des épaules sculpturales, à la chair ferme, nacrée, qu'estompait un imperceptible duvet; une gorge de jeune fille, d'une beauté antique, présentant toutes les grâces printanières et virginales.

Mais toutes ces merveilles excitantes, troublantes, n'avaient plus la puissance d'attirer les regards de Maxime ; il s'était placé en face de Léona et ne voyait rien; les regards de sa maîtresse, pleins de caresses félines, le laissaient froid. Le charme était rompu.

Cependant Léona se laissa glisser à bas du lit et se trouva debout sur le tapis soyeux dans lequel ses pieds nus s'enfonçaient. Alors seulement elle s'aperçut que le comte avait la figure décomposée et qu'il la regardait avec une expression étrange.

— Maxime, qu'avez-vous donc? s'écria-t-elle effrayée.

— Habillez-vous! lui dit-il d'un ton bref.

Un frisson de terreur courut dans tous les membres de la jeune femme; elle ne devinait pas, mais elle pressentait une chose terrible.

Machinalement, elle glissa ses pieds dans des pantoufles, mit un jupon et s'enveloppa dans une robe de chambre.

— Maintenant, Maxime, parlez, dit-elle; mon Dieu, pourquoi me regardez-vous ainsi? vous me faites peur!... Maxime, qu'y a-t-il? Expliquez-vous!

— J'ai reçu ce matin une lettre de Grenoble.

— De qui? de votre notaire?

— Oui.

— Eh bien?

— M. Percier me donne des nouvelles de la ville et m'apprend de singulières choses.

— Ah!... Mais que peut-il donc vous écrire pour que vous soyez dans un pareil état?

Il fit peser sur elle son regard de feu.

— Léona, dit-il, il y a du nouveau là-bas.

— En vérité!... Est-ce que votre femme se serait consolée de son abandon dans les bras de votre ami, M. de Miray?

Et câline, avec des mouvements de chatte, elle s'approcha de lui pour l'embrasser.

Il la repoussa avec rudesse.

— Oh! fit-elle, en se reculant.

— Léona, reprit-il d'une voix sourde, il ne s'agit pas de la comtesse Paule, qui s'est retirée aux Bergères avec ses enfants.

— Mais enfin, qu'est-ce que vous avez? Dites-le moi.

— Connaissez-vous un Italien appelé Jean Castori?

Elle tressaillit et devint affreusement pâle.

— Vous ne me répondez pas, Léona, mais votre trouble me dit que vous connaissez l'homme dont je vous parle.

— Vous vous trompez, Maxime; cet homme, cet Italien m'est inconnu et je ne comprends pas...

— Qu'est-ce que vous ne comprenez pas?

— Pourquoi vous me parlez et me traitez avec une rudesse à laquelle je ne suis pas habituée.

— Je vais me faire comprendre. Écoutez : Jean Castori a été arrêté dernièrement; il est sous les verrous, à Grenoble. Ce Jean Castori est le misérable, le bandit qui a jeté ma fille, ma petite Isabelle dans le vivier de Verdraine; il a avoué son crime.

La belle Piémontaise tremblait comme la feuille.

Le comte continua :

— Mais pourquoi l'a-t-il commis, ce crime? Voilà ce que s'est demandé le juge d'instruction, M. Daubrun, que vous connaissez bien, lui; il était convaincu que Castori n'avait été qu'un instrument, un instrument de vengeance lâche, atroce, enfin qu'il avait un complice et que ce complice l'avait payé pour commettre le crime.

Tout se sait, Léona, tout se découvre, rien ne reste caché. Le juge d'instruction ne se trompait pas : Castori avoua qu'il avait un complice et qu'il avait été payé pour tuer ma fille.

— Le lâche ! murmura la Piémontaise, les dents serrées.

Puis à haute voix et avec une incroyable audace :

— Quel est ce complice ? demanda-t-elle.

— Toi, misérable, toi ! exclama le comte d'une voix éclatante.

Elle poussa un cri rauque. Ainsi, Maxime savait tout ; Castori, malgré son serment, l'avait dénoncée, le lâche !

Le comte bondit sur elle, la saisit par les cheveux et la secouant violemment :

— Léona de Brogniès, lui dit-il sourdement et terrible comme un justicier, tu vas me rendre compte de ton crime monstrueux ; pourquoi as-tu tué ma fille ?

Les jambes de la Piémontaise ployèrent sous le poids de son corps, et elle tomba sur ses genoux.

— Grâce ! cria-t-elle éperdue, épouvantée.

— Réponds, Léona de Brogniès, réponds donc ! Pourquoi as-tu fait noyer ma fille ?

— Parce que je t'aimais ! je voulais être à toi et que tu fusses à moi !... ta fille était une barrière entre nous.

Comme à la vue d'un monstre effrayant, le comte bondit en arrière en jetant ce cri :

— Horreur !

Et un rire strident, un rire de fou éclata entre ses lèvres.

Puis un assez long silence succéda.

Léona se traînait sur ses genoux, tendant vers le comte ses mains suppliantes : mais à mesure qu'elle s'approchait de lui, il reculait.

Elle se tordait les bras de désespoir. Enfin, rompant le silence :

— Maxime, dit-elle, je t'aime, au nom de l'amour que j'ai pour toi, pardonne-moi !

— Jamais, jamais, répondit-il ; vous êtes une misérable, une infâme !... Vous êtes la femme la plus vile, la plus ignoble qui ait jamais existé... Je ne vous connais plus, madame de Brogniès, vous n'êtes plus rien pour moi, je vous hais, oui, je vous hais, et vous me faites frissonner d'horreur et de dégoût !... Ah ! je ne comprends pas que j'aie pu aimer un monstre tel que vous !

Elle faisait entendre des plaintes, des gémissements sourds et se roulait, se tordait aux pieds de Maxime dans d'horribles convulsions.

Lui, toujours sombre et farouche, continua :

— Si j'écoutais la fureur, la rage qui est en moi, je ne laisserais pas à la justice le soin de venger la mort de votre victime, je me ferais justicier et je vous tuerais, je vous tuerais sans pitié, sans remords, comme vous avez tué ma fille !

Elle se souleva sur ses mains, dressa sa tête et d'une voix étranglée, les yeux étincelants :

— Eh bien, oui, dit-elle, puisque tu ne m'aimes plus, puisque je te fais horreur, tue-moi, tue-moi donc !

— Non, je ne suis pas un assassin, moi !

Elle jeta ses mains sur lui, s'accrocha à son vêtement.

— Arrière, vipère, cria-t-il, arrière !

Elle retomba sur le parquet comme une masse inerte.

Il lui jeta un regard dur, implacable, et sortit de la chambre.

VI

CHATIMENT

Le comte avait comme un poids énorme sur la poitrime, il étouffait, il avait besoin de se trouver au grand air; il descendit au jardin, en fit le tour, en respirant avec force, puis il rentra et remonta dans la chambre de madame de Brogniès.

Elle s'était relevée sans le secours de personne.

Affaissée sur un pouf, courbée, la tête sur ses genoux, des spasmes la secouaient violemment. Elle ne pleurait pas, mais sa poitrine était gonflée de sanglots, qui ne pouvaient s'échapper.

Au bruit que fit le comte en entrant, elle se redressa comme mue par un ressort.

Ses yeux secs, brillants, égarés, se fixèrent sur Maxime avec une expression d'indicible angoisse.

Certes, il était facile de voir qu'elle ne jouait pas la comédie de la douleur et du désespoir. Sa douleur était aussi sincère que profonde.

Sans doute, elle était une misérable; mais elle aimait le comte de Verdraine, elle l'aimait avec fureur, jusqu'à la folie, jusqu'à la férocité, puisqu'elle

4.

n'avait pas reculé devant le crime. C'était bien réellement son amour, sa passion impérieuse, dominatrice, qui l'avait rendue criminelle.

Elle voulait se donner et le comte ne la prenait pas, il résistait à ses manœuvres séductrices et elle savait pourquoi, il le lui avait laissé comprendre; alors, pour posséder Maxime, pour lui faire oublier tous ses devoirs, elle avait tué Isabelle.

C'était monstrueux !

Mais c'était dans l'affolement de sa passion qu'elle avait commis ce crime.

Elle adorait Maxime et il venait de lui dire qu'il ne l'aimait plus, qu'il la haïssait; il venait de lui dire qu'il ne pouvait plus voir en elle qu'une créature ignoble et vile, qu'elle ne lui inspirait plus que de l'horreur et du dégoût.

C'était épouvantable et elle s'étonnait que de telles paroles ne l'eussent pas tuée sur le coup.

— Ainsi, Maxime, dit-elle, c'est fini, vous ne m'aimez plus !

— Vous me faites horreur ! répondit-il.

Elle poussa un gémissement et sa tête tomba sur sa poitrine.

— Oh ! quel châtiment ! murmura-t-elle.

— Voyons, à quoi pensez-vous ! lui dit le comte ; pourquoi n'êtes-vous pas déjà habillée ? Vous devriez comprendre que vous ne pouvez plus rester ici, qu'il faut que vous partiez.

— Vous me chassez ?

— Je vous dis que vous ne pouvez pas rester ici plus longtemps, qu'il faut, dans votre intérêt, que vous partiez le plus vite possible.

— Maintenant que je vous fais horreur, je comprends.

— Non, vous ne comprenez pas. Sachez donc que la police vous recherche et que, sans aucun doute, il y a déjà un mandat d'amener lancé contre vous.

D'après la lettre du notaire, on ignorait encore à Grenoble que vous êtes ici, avec moi ; mais, comme je vous le disais tout à l'heure, tout se sait, tout se découvre ; on apprendra, soyez en sûre, — si on ne le sait déjà, — que vous n'êtes restée que peu de temps à Turin et que vous vous êtes rendue à Paris, où je suis venu vous rejoindre.

M. Percier a été appelé par M. Daubrun, le juge d'instruction, qui lui a dit qu'il avait à m'écrire. Pourquoi m'écrire ? Qu'a-t-il à savoir de moi ? C'était un piège que M. Daubrun tendait au notaire, et dans lequel il est tombé, puisqu'il a donné mon adresse à Paris au juge d'instruction qui la lui demandait.

Eh bien, je pense que depuis trois ou quatre jours on sait que vous n'êtes pas à Turin, et que, pour vous trouver, la police viendra vous chercher ici.

Elle se dressa debout, les yeux hagards, blanche comme un lis.

— Je suis insensible, maintenant, à tout ce qui peut m'arriver, dit-elle ; qu'on me prenne, qu'on me jette dans un cachot, qu'on me juge et qu'on me condamne à mort, si l'on veut, cela m'est égal, je n'ai plus besoin de la vie.

— Et le scandale ?

— Que m'importe le scandale ? Je peux tout braver, tout défier ; vous ne m'aimez plus !

— Mais il ne me plaît pas qu'on vienne vous arrêter ici, et puisqu'il en est temps encore, je vous conseille de vous soustraire aux recherches de la justice.

— Comment ?

— Mais en vous cachant.

— Où voulez-vous que j'aille ?

— Avec de l'argent, — et ce n'est pas l'argent qui vous manque, — vous pouvez aller n'importe où.

Elle secoua la tête, puis regarda le comte avec une expression indéfinissable.

En vérité, cette femme, si odieuse qu'elle fût, pouvait inspirer de la pitié.

Elle souffrait horriblement. C'était dans son amour qu'elle était punie et elle sentait qu'après le châtiment terrible que le comte lui infligeait, elle n'en avait aucun autre à redouter.

M. de Verdraine reprit :

— Je pense que vous avez tout le temps encore d'échapper aux mains de la justice par une prompte fuite. Il faut donc, sans perdre un temps précieux, revêtir un costume de voyage et faire vos malles rapidement. On vous servira à déjeuner et ensuite, avec une voiture de louage, vous vous rendrez à une gare, à la gare de l'Ouest, par exemple, où vous prendriez le premier train pour Dieppe. De cette ville, vous passeriez en Angleterre, en prenant un nom quelconque. Enfin, d'un port de l'Angleterre, à votre choix, vous vous embarqueriez pour quelque contrée lointaine où vous vous feriez oublier. Ce qu'il peut y avoir de plus heureux pour vous maintenant, c'est que nul ne puisse savoir ce que vous êtes devenue et qu'on n'entende plus jamais parler de vous en France.

Tout cela avait été dit avec une froideur glaciale et sans qu'il y eût chez le comte la moindre trace d'émotion.

La malheureuse ne pouvait plus se faire aucune illusion; elle était condamnée sans appel.

Elle restait debout, droite, raide, les bras ballants, la tête penchée. Les mouvements précipités de sa poitrine révélaient son agitation nerveuse et ses déchirements intérieurs.

— Eh bien, m'avez-vous compris ? demanda le comte.

— Oui, répondit-elle d'une voix éteinte.

— Etes-vous décidée ?

Elle fit deux pas vers lui et le regardant avec ses grands yeux noirs, éperdus, où apparaissaient enfin des larmes :

— Maxime, dit-elle, vous êtes donc sans pitié ?

— Sans pitié ! répondit-il sèchement.

Elle porta ses deux mains à son front et un sanglot parvint à s'échapper de sa poitrine.

Alors, subitement, elle sortit de son anéantissement, de l'espèce de torpeur qui l'avait saisie, et, avec des mouvements fiévreux, elle commença à s'habiller.

— C'est bien, lui dit le comte, je vais vous envoyer votre femme de chambre.

Et il sortit.

Quand, un instant après, la femme de chambre entra chez sa maîtresse, tout était sens dessus dessous dans la chambre. Les robes, les jupons, les dentelles, toute la garde-robe de l'élégante mondaine, jetée pêle-mêle, jonchait le tapis, formait un tas.

La femme de chambre regardait avec ahurissement et était effrayée en même temps de l'étrange surexcitation de la jeune femme, dont les yeux hagards, les mouvements brusques, nerveux, la pâleur et les sons inarticulés qui sortaient de sa gorge lui semblaient être des signes d'aliénation mentale.

— Mon Dieu, madame, fit-elle, que signifie?

Madame de Brogniès se plaça devant elle et la regarda fixement.

— De grâce, madame, dites-moi...

— Je pars, il faut que je parte...

— Vous partez! mais pourquoi?

— Il le veut.

— Je ne comprends pas, madame.

— Silence! ne m'interrogez pas.

— M. le comte m'a dit que vous m'attendiez, que vous aviez besoin de moi; que dois-je faire?

— Ah! oui, ah! oui! fit la jeune femme à qui la pensée échappait et qui, certainement, n'avait pas, à ce moment, toute sa raison.

Elle resta un moment silencieuse.

— Ah! oui, fit-elle encore, ah! oui, je vais partir, il faut que je parte, il le veut... Rose, sortez les caisses du cabinet, nous allons mettre tout cela dedans.

— Tout cela, madame, ça n'y tiendra jamais.

— Ah!... C'est bien, ce que je n'emporterai pas sera pour vous.

— Oh! madame!

— D'ailleurs, moi, je n'ai plus besoin de rien... Allons, vite, dépêchons-nous! Il faut que je parte, il le veut.

— Madame ne veut-elle pas que je l'aide d'abord à faire sa toilette, à s'habiller ?

— Non, non, après.

— C'est que l'heure du déjeuner va sonner bientôt.

Madame de Brogniès eut un tressaillement nerveux, et en haussant les épaules, comme par un frisson :

— Est-ce que je déjeune, moi ! prononça-t-elle avec un accent de douleur navrant.

M. de Verdraine était de nouveau descendu au jardin et marchait lentement le long des plates-bandes fleuries. Il avait retrouvé le calme, un calme relatif, car son visage tourmenté conservait les traces des sombres fureurs qui venaient de l'agiter.

Nous ne dirons pas quelles étaient ses pensées; des pensées, il en avait mille ; elles fourmillaient dans son cerveau, s'y heurtaient tumultueusement, et dans ce choc elles se confondaient, devenaient insaisissables et s'anéantissaient les unes par les autres.

Nous voudrions pouvoir dire qu'il regrettait d'avoir abandonné sa femme et ses enfants ; mais Maxime de Verdraine n'était pas de ceux qui peuvent avoir des regrets et sont accessibles au repentir.

Reconnaître ses erreurs, ses fautes, c'est être bien près de chercher à se les faire pardonner ; mais Maxime ne reconnaissait rien, ne voyait pas qu'il eût des torts et ne croyait pas, naturellement, qu'il eût quelque chose à se faire pardonner.

Dans son égoïsme étrange, il donnait raison à ses idées, approuvait ses sentiments quels qu'ils fussent ; il n'y avait que lui, lui, lui toujours ; en dehors de lui, il n'existait plus rien. Le « moi », chez M. de Verdraine, méritait d'être étudié comme un phénomène.

Il commençait à se sentir fatigué de madame de Brogniès, la lettre du notaire était venue jeter une douche d'eau glacée sur un cœur déjà refroidi, et, obéissant à un sentiment honorable sans doute, le comte avait pris subitement la résolution de chasser sa maîtresse. Mais s'il l'eût encore aimée, c'est-à-dire si sa passion n'eût pas été assouvie, rien ne dit que, dominé par un sentiment tout autre, il n'aurait pas pardonné à cette femme qui avait tué sa fille.

Certes, c'était une punition justement méritée qui était infligée au comte de Verdraine. Cela aurait dû le forcer à réfléchir et le faire rentrer en lui-même. Eh bien, non, il ne sentait pas que ce qui lui arrivait était un châtiment, pas plus qu'il n'avait compris autrefois qu'il avait sa part de responsabilité dans la mort terrible de madame de Reybole.

Loin de s'en effrayer, il semblait qu'il se plût dans l'horrible, et que pour l'exciter, pour donner une nouvelle force à ses passions, il lui fallait des événements tragiques.

Hélas! il n'avait plus, depuis longtemps, ni conscience, ni sens moral, ce viveur éhonté, ce coureur d'aventures galantes, cet homme sans cœur et d'une perversité stupéfiante.

Gangrené jusqu'à la moelle des os, il n'y avait plus à lui parler de dignité, d'honnêteté, d'honneur, de devoir ; il n'y avait plus à lui crier : Prenez garde!

Il s'était lancé sur un mauvais chemin, il le suivrait jusqu'au bout, quoi qu'il puisse arriver.

Et à ceux qui chercheraient à l'arrêter, il était homme à répondre :

« Après moi la fin du monde ! »

Il n'était dans le jardin que depuis un instant, lorsqu'un domestique vint lui dire qu'un monsieur désirait lui parler.

— Qui est ce monsieur ? demanda-t-il.

— Il n'a pas dit son nom.

— Où est-il ?

— Il attend monsieur le comte dans l'antichambre.

— C'est bien, allez, je vous suis.

Maxime, sans se presser beaucoup, se rendit dans l'antichambre et se trouva en présence d'un homme d'une quarantaine d'années, vêtu de noir, dont la figure lui était complètement inconnue.

— C'est à M. le comte de Verdraine que j'ai l'honneur de parler ? demanda le visiteur, après avoir salué.

— Oui, monsieur, qu'y a-t-il pour votre service ?

— Monsieur le comte, je suis commissaire de police aux délégations judiciaires.

Maxime tressaillit et pâlit.

— Très bien, monsieur, dit-il, en se rendant maître de son émotion ; à quoi dois-je l'honneur de votre visite ?

— Monsieur le comte, vous êtes marié ?

— Oui, monsieur, je suis marié.

— Madame la comtesse de Verdraine demeure actuellement dans l'Isère, à quelques lieues de Grenoble ; cependant il y a dans cette maison, vivant avec vous, une jeune femme qui se fait appeler comtesse de Verdraine.

— Mais, monsieur ! fit le comte avec une certaine hauteur et en devenant très rouge.

— Assurément, monsieur le comte, vous vivez comme il vous convient ; vous avez une maîtresse qui, avec votre autorisation, a pris votre nom ; ça, c'est votre affaire, et non celle de la justice, qui n'aurait à intervenir que si elle était saisie par telle ou telle personne de la famille, par l'épouse légitime, par exemple, d'une demande en réparation du dommage causé. Mais ce n'est point de ceci qu'il s'agit.

— Alors, monsieur ?

— La personne qui vit avec vous, que l'on appelle comtesse de Verdraine, est une Italienne, une Piémontaise qui a habité Grenoble pendant plusieurs années et dont le véritable nom est de Brogniès.

— Eh bien, monsieur !

— Eh bien, monsieur le comte, en vertu d'un mandat d'amener, dont je suis porteur, et que voici, je viens arrêter Léona de Bellamana, veuve de Brogniès.

— L'arrêter ! s'écria Maxime, jouant la surprise et la stupéfaction, l'arrêter ! Et pourquoi ?

Le commissaire regarda fixement le comte, et pensant sans doute qu'il ne savait rien encore, il répondit :

— Je l'ignore.

— Pourtant, monsieur...

— Tout ce que je puis vous dire, monsieur le comte, c'est que si j'ai reçu l'ordre de procéder à l'arrestation de madame de Brogniès, c'est qu'elle a commis quelque acte répréhensible dont la justice a à lui demander compte ; enfin, je suis chargé d'un mandat et je dois le remplir.

— Vous y trouverez certaines difficultés.

— Comment cela ?

— Madame de Brogniès n'est plus ici.

— En vérité !

— Elle est partie.

— Pour aller où ?

— A l'étranger.

— Et quand est-elle partie ?

— Ce matin.

— A quelle heure ?

— Mais... il pouvait être neuf heures.

Le magistrat sourit.

— Allons, monsieur le comte, dit-il, ne vous donnez pas la peine de mentir plus longtemps : madame de Brogniès est ici.

— Mais il me semble, monsieur... balbutia Maxime.

— Je ne dis pas que madame de Brogniès n'ait point l'intention de se rendre dans un pays étranger ; peut-être est-elle prête à partir ; mais elle est encore ici, j'en suis sûr.

— Mais... fit le comte déconcerté.

— Hier, monsieur le comte, reprit le commissaire de police, vous avez accompagné madame de Brogniès à l'Opéra, vous êtes rentrés à minuit et demi, et depuis cette heure de la nuit, personne, excepté deux domestiques, n'est sorti de cette maison.

— Vous êtes bien renseigné, monsieur, dit le comte avec aigreur.

— Nous occupons nos agents, monsieur.

— Ce qui veut dire que ma maison a été surveillée et l'est encore ?

— Parfaitement, monsieur de Verdraine ; vous

devez bien penser que je ne suis pas venu ici pour y opérer une arrestation sans avoir pris certaines petites précautions. Toutes les issues sont gardées et nul ne peut sortir maintenant de votre hôtel, monsieur le comte, sans ma permission.

Un pli amer se dessina sur les lèvres du comte.

— Par déférence pour monsieur le comte de Verdraine, continua le commissaire de police, je me suis présenté seul; mais je n'ai qu'à m'approcher de cette fenêtre, faire un signe, et deux inspecteurs de police viendront immédiatement me rejoindre.

— Je vois que vous avez, en effet, pris vos précautions, monsieur; néanmoins je vous remercie de la faveur que vous m'avez faite en vous présentant seul, et je vous prie de m'en accorder une autre.

— Laquelle?

— Je voudrais éviter le bruit, toute espèce de scandale. Vous comprenez, monsieur, que j'aie le désir de cacher ce qui se passe à mes gens.

— Je comprends très bien; aussi vais-je agir sans bruit et même sans que vos serviteurs puissent rien soupçonner.

— Mais comment?

— Vous allez faire venir ici madame de Brogniès, je lui apprendrai tout doucement de quoi il s'agit et elle me suivra jusqu'à une voiture qui attend sur le boulevard, à quelques pas de votre porte. Voilà qui peut se faire facilement et sans attirer l'attention de vos domestiques.

— Peut-être, monsieur, répondit le comte; mais ne serait-il pas préférable que vous revinssiez ce soir, de nuit?

Le magistrat regarda fixement Maxime; puis, secouant la tête :

— Monsieur le comte, répliqua-t-il, je crois deviner votre pensée: ce n'est pas le bruit et le scandale du moment que vous redoutez, mais le bruit et le scandale bien autrement sérieux qui auront lieu plus tard, quand on apprendra que celle qui se faisait appeler comtesse de Verdraine est entre les mains de la justice. Vous redoutez aussi, et avec juste raison, les ennuis, les désagréments que ne peut manquer de vous attirer ce procès judiciaire. Ah! vous êtes dans une situation difficile, cruelle ; mais ni vous, ni moi, ni personne n'y peut rien changer.

Sans doute, il vous répugne que madame de Brogniès soit arrêtée, vous voudriez essayer de la soustraire à l'action de la justice, et en me demandant de ne pas procéder immédiatement à son arrestation, vous avez l'espoir que, avec votre aide, elle peut parvenir à s'échapper.

Eh bien, non, n'ayez pas cet espoir. Je n'ai pas le droit de vous accorder ce que vous me demandez, mais l'aurais-je, ce droit, et vous accorderais-je cette faveur, madame de Brogniès ne prendrait point la fuite; elle ne pourrait faire deux pas hors de cette maison sans être appréhendée au corps par les agents de la police de Sûreté.

Enfin, monsieur le comte, madame de Brogniès appartient maintenant à la justice; elle est sous le coup de la loi, et vous savez aussi bien que moi que tous les citoyens, les plus grands comme les plus petits, doivent avoir le respect de la loi.

M. de Verdraine, les sourcils froncés, tenait sa tête baissée.

— Monsieur le comte, reprit le magistrat, je n'ai plus qu'à remplir mon mandat ; dois-je faire signe à mes agents de venir me rejoindre?

— Non, non, c'est inutile, répondit vivement M. de Verdraine.

— En ce cas, veuillez faire appeler madame de Brogniès.

— Je vais moi-même la prévenir ; vous permettez?

— Faites, monsieur le comte.

A ce moment, de grands cris retentirent au premier étage de la maison.

VII

LA JUSTICE DE DIEU

L'escalier qui conduisait aux deux étages de l'hôtel prenait naissance dans la vaste antichambre où M. de Verdraine avait reçu le commissaire de police.

Le comte, qui se disposait à monter dans l'appartement de madame de Brogniès, s'arrêta, saisi d'effroi, sur la première marche de l'escalier.

Les cris continuaient, épouvantables, jetant la panique dans toute la maison, et les domestiques éperdus accouraient.

— Qu'est-ce que cela veut dire ? se demanda le commissaire.

Il s'approcha rapidement d'une fenêtre ouverte, avança la tête et dit :

— Venez ?

Soudain, une porte s'ouvrit violemment sur le palier du premier étage, et Rose, la femme de chambre apparut, pâle, échevelée, les vêtements en désordre, ayant un poignard à la main et criant :

— Au secours !

Affolée elle se précipita dans l'escalier, qu'elle descendit en bondissant sur les marches.

Le comte n'eut que le temps de se jeter en arrière pour lui ouvrir le passage.

Rose tomba sur un divan, haletante, à demi évanouie.

Les domestiques s'empressèrent de lui donner des soins.

Le comte, les yeux démesurément ouverts, les traits convulsés, restait immobile, comme pétrifié. Il n'avait pas vu entrer deux hommes, lesquels, après avoir échangé un regard avec le commissaire de police, s'étaient retirés à l'écart, au fond de la pièce.

Cependant Rose s'était ranimée.

Mais comme M. de Verdraine, ayant l'air hébété gardait le silence, le commissaire se décida à interroger la femme de chambre.

— Que vous est-il donc arrivé, mademoiselle? demanda-t-il.

— Ah ! si vous saviez, c'est affreux, c'est épouvantable !

— Vous êtes encore toute tremblante ; mais vous n'avez rien à craindre ici ; allons, remettez-vous, calmez-vous...

— Oui, monsieur.

— A quel propos ces cris effrayants que vous poussiez tout à l'heure ? Pourquoi avez-vous ce poignard à la main ?

— Monsieur, balbutia Rose en regardant son maître, je ne sais pas si je dois...,

— Répondez à monsieur, dit le comte d'une voix qui trahissait une violente émotion.

— Eh bien, reprit la femme de chambre, je ne sais pas vraiment ce qu'a madame la comtesse et quelle espèce de fièvre l'a prise tout à coup. Aussitôt que je fus entrée dans sa chambre, elle me dit :

— « Je vais partir, il faut que je parte.

Et elle m'ordonna de sortir de son cabinet de toilette deux grandes malles pour y mettre les différentes choses qu'elle voulait emporter.

Je me hâtai de lui obéir, et quand les malles furent au milieu de la chambre et ouvertes, je me disposai à les remplir ; mais chaque objet que je prenais, madame me l'arrachait aussitôt des mains, le jetait dans un coin, en disant :

— « Non, non, pas cela !

En même temps, elle me lançait des regards qui me faisaient frissonner.

— « En vérité, lui dis-je, je ne comprends pas madame ; elle me donne un ordre, j'obéis, et elle ne veut plus que je fasse ce qu'elle m'a commandé.

— « Si, si, faites.

Mais elle recommença à m'arracher des mains ce que je voulais mettre dans la première caisse. Sans y faire attention, elle marchait, trépignait sur ses plus belles robes, ses plus riches dentelles.

Alors je me croisai les bras.

— « Oui, me dit-elle, tout à l'heure nous nous occuperons de cela. Vous allez m'aider à m'habiller.

Elle mit ses bas, je la coiffai, puis l'aidai à agrafer son corset. Jusque-là, tout alla assez bien. Mais ce fut autre chose quand il fallut achever de l'habiller. Elle ne voulait ni de cette robe, ni de celle-ci, ni de celle-là, ni d'une autre. J'étais à bout de patience.

— « Mais, madame, lui dis-je, puisque vous allez

voyager, je ne peux pourtant pas vous mettre une robe de soirée ou de bal.

Elle me regarda d'une façon singulière, en pinçant les lèvres. Il y avait je ne sais quelle clarté sombre dans ses grands yeux noirs, plus noirs que d'ordinaire, et qui me faisaient peur.

— « Au fait, c'est vrai, vous avez raison, me répondit-elle.

Elle se plaça devant une glace, resta un instant à contempler son image, puis elle haussa les épaules et murmura :

— « Je suis laide, je fais horreur !

Elle se tourna brusquement vers moi.

— « N'est-ce pas, Rose, que je suis affreuse, que je fais horreur ? me dit-elle.

— « Mais non, madame, vous êtes toujours charmante, répondis-je.

Il y eut dans son regard comme une flamme.

— « Tu mens, tu mens ! s'écria-t-elle.

La tête inclinée et la main sur son front elle se mit à réfléchir.

Comme par enchantement l'expression de sa physionomie changea. Elle avait repris sa figure habituelle.

— « C'était nerveux, pensai-je, et voilà que c'est passé.

Mais aussitôt ses lèvres se crispèrent de nouveau et elle eut un sourire qui me causa une impression extraordinaire.

Elle alla ouvrir l'un des tiroirs du meuble où sont enfermés ses bijoux et tira de sa gaine le poignard que voilà.

Je la regardai faire avec étonnement et stupeur.

Elle se rapprocha de moi.

— « Rose, me dit-elle d'un ton bref et en me tutoyant, ce qui ne lui arrivait jamais, as-tu le poignet solide ?

— » Pourquoi me demandez-vous cela, madame ?

— » Tiens, prends ce stylet !

— » Pourquoi faire ?

— » Tu vas me frapper là, me répondit-elle en découvrant sa poitrine, là, à cet endroit... la lame est affilée et tranchante, il faut qu'elle me traverse le cœur.

— » Mais vous êtes folle, madame ! m'écriai-je.

Elle me tendit le poignard en me disant sourdement :

— » Prends, prends, et frappe !

— Je me reculai en frissonnant de la tête aux pieds.

— » Mon Dieu, madame, lui dis-je, à quoi pensez-vous donc ?

— » Je suis ta maîtresse, tu dois obéir !

— » Non !

— » Je t'ordonne...

— » Non, non !

— » Ah ! tu ne veux pas !...

— » Encore une fois, madame, vous êtes folle !

— » Eh bien, va-t'en, je te chasse !

Il me sembla que ses prunelles étaient de feu.

Elle leva le bras, pencha son corps en arrière, et je la vis prête à se plonger elle-même la lame dans le cœur.

Je bondis sur elle en poussant un cri d'épouvante.

Il y eut entre nous un instant de lutte terrible.

Trois fois de suite elle se frappa la poitrine avec fureur.

— « Ah ! prononça-t-elle d'une voix étranglée et en chancelant, je meurs, je meurs, je me suis tuée !

Et elle s'abattit tout de son long sur le parquet.

— Morte, elle est morte ! exclamèrent en même temps M. de Verdraine, le commissaire de police et les autres personnes présentes.

— Mais non, messieurs, rassurez-vous, dit vivement la femme de chambre ; elle s'est imaginé qu'elle s'était tuée ; mais j'avais été assez heureuse pour m'emparer du poignard et son poing seul avait frappé sa poitrine.

Les auditeurs éprouvèrent aussitôt un grand soulagement, mais tous avaient l'air consterné.

Mais que se passait-il maintenant dans l'appartement de la fausse comtesse ? On sentait que la misérable femme avait besoin d'être promptement secourue.

Le comte et le commissaire de police s'élancèrent en même temps dans l'escalier, suivis par Rose, puis par les autres domestiques à qui l'on n'avait pas défendu de monter.

Les deux agents restèrent seuls dans l'antichambre.

Toutes les portes de l'appartement de madame de Brogniès étant ouvertes, on put sans difficulté arriver jusqu'à elle.

Elle était accroupie au milieu de la chambre sur des robes de velours et de soie, robes de ville et de soirée dont elle s'était fait une espèce de coussin. Autour d'elle une infinité de menus objets de toilette fripés, froissés, en chiffons, s'étalaient, enchevêtrés les uns dans les autres et formant un bizarre assemblage de couleurs.

Dans toute la chambre, du reste, régnait un désordre indescriptible. On aurait dit un appartement duquel des voleurs, surpris, venaient de s'enfuir précipitamment.

Au moment où le comte et le commissaire de police pénétrèrent dans la chambre, madame de Brogniès, dans la position que nous avons indiquée, était très gravement occupée à mettre en petits morceaux, à déchiqueter une superbe pièce de fine dentelle d'Angleterre qui valait bien de quatre à cinq mille francs.

Elle leva la tête lentement et regarda les deux hommes avec surprise.

— Oh ! fit le commissaire de police.

Madame de Brogniès abandonna sa pièce de dentelle, se dressa debout, s'avança vers le magistrat, qui se trouvait un peu en avant de M. de Verdraine, lui fit un salut gracieux et le prit par la main.

Le commissaire la laissa faire.

Elle le conduisit jusqu'à la porte du cabinet de toilette, grand comme la moitié d'une chambre ordinaire.

— Regardez, monsieur, regardez, dit-elle.

— Oui, répondit-il, je regarde et je vois.

Elle reprit, baissant la voix :

— C'est le vivier, vous savez, le vivier ?

— Oui, oui, je sais.

— N'approchez pas trop près, faites attention, votre pied peut glisser... Ah! un malheur est si vite arrivé ! Il y a beaucoup, beaucoup de poissons dans le vivier. Tenez, les voyez-vous ? Ils se promènent par bandes. Ce sont des carpes, des brêmes, elles sont énormes... Et les tanches... oh ! les belles tanches !.

Les enfants, vous savez, les enfants? eh bien, ils jettent du pain aux poissons ; cela les amuse beaucoup les enfants.

Oh ! fit-elle avec une sorte d'effroi, prenez gardé, retirez-vous, l'eau est profonde... l'eau est profonde, mais comme elle est limpide !

Là, continua-t-elle en se courbant, et en indiquant un endroit de la main, là, au fond, vous voyez... c'est la petite fille... sa mère l'appelait Isabelle... elle était gentille, gentille... ses parents l'adoraient. Maintenant la voilà au fond du vivier, la belle petite fille, couchée sur un lit de roseaux, et de loin les gros poissons la regardent sans oser s'approcher.

Elle est morte... noyée, noyée ! !

Le commissaire de police, très pâle, était en proie à une émotion croissante.

Madame de Brogniès se redressa brusquement et tendit l'oreille, ayant l'air d'écouter.

Elle eut une sorte de tressaillement, puis d'une voix faible, tremblante, elle chanta ce couplet d'une vieille chanson :

Depuis ce temps quand vient minuit,
Le feu follet danse et reluit
Sur les bouts de branche ;
Et l'on voit glisser sur les eaux,
Sortant du sombre des roseaux,
Une femme blanche,
Qui s'en va conter ses douleurs
Aux rameaux d'un vieux saule en pleurs,
Qui sur l'eau se penche.

Petits enfants n'approchez pas,
Quand vous courez par la vallée,
Du grand étang qu'on voit là-bas,
Qu'on voit là-bas, sous la feuillée !

Les domestiques, silencieux et tristes, se tenaient groupés derrière leur maître.

Madame de Brogniès, ne s'occupant plus du commissaire de police, marmottait tout bas des paroles indistinctes, ayant l'air de parler à un être invisible.

Le magistrat se tourna vers M. de Verdraine et, d'un ton lugubre, prononça ce mot :

— Folle !

Le comte baissa la tête.

Les serviteurs répétèrent :

— Folle !

Le commissaire fit signe à la femme de chambre de venir près de lui.

— Il faut achever d'habiller votre maîtresse, lui dit-il tout bas.

Puis marchant vers les autres domestiques, il leur ordonna d'un ton de maître de se retirer.

Le comte, immobile, muet, regardait et laissait dire et faire.

Rose s'approcha de sa maîtresse, et d'une voix émue :

— Madame, dit-elle, il faut achever de vous habiller.

— Ah ! oui, c'est vrai, il faut que je m'habille, répondit l'aliénée ; où dois-je donc aller ce soir ? Ah ! je me rappelle, j'ai promis à la générale d'aller la voir aujourd'hui.

— Mettez-lui une robe très simple, dit le commissaire à l'oreille de la femme de chambre.

En moins de dix minutes, madame de Brogniès, qui ne faisait aucune résistance, fut complètement habillée.

Alors le comte sortit de son immobilité.

— Est-ce que vous l'emmenez? demanda-t-il au magistrat.

— Sans doute.

— Où donc allez-vous la conduire ?

— Au dépôt de la préfecture de police...

— Et après ?

— Ce soir même les médecins l'examineront, et, j'en suis à peu près certain, demain elle sera envoyée à l'hospice Saint-Anne.

— Ainsi, monsieur, elle vous échappe ?

— Oui, si elle ne retrouve pas la raison ; au dessus de la justice des hommes il y a celle de Dieu.

— Oui, murmura le comte.

— Entre une prison cellulaire et une maison de fous, la différence n'est pas grande. Nous pouvons dire, monsieur le comte, que pour les coupables il y a toujours un châtiment, qu'il vienne d'en haut ou d'en bas.

M. de Verdraine ne répondit pas.

Le magistrat offrit son bras à madame de Brogniès en lui disant doucement et avec politesse :

— Venez, madame.

Elle prit en minaudant le bras du commissaire et sans rien dire se laissa emmener.

Le comte resta seul dans la chambre, tenant dans ses mains sa tête lourde de sombres pensées.

Sans manifester aucun étonnement, madame de Brogniès sortit de la maison et, toujours docile et tranquille, monta dans la voiture qui, comme nous l'avons dit, attendait sur le boulevard.

Le lendemain avant midi, ainsi que l'avait prévu et annoncé le commissaire de police, la complice de l'Italien Jean Castori entrait à Saint-Anne et, après avoir été soumise à un long et minutieux examen, les médecins aliénistes déclaraient qu'il n'y avait aucun espoir de guérison.

Madame de Brogniès échappait à la honte d'une condamnation infamante; son nom seul figurerait dans l'affaire criminelle dont les débats allaient bientôt s'ouvrir devant la cour d'assises de l'Isère.

Mais parce qu'elle ne paraîtrait pas devant un jury ayant derrière elle deux gendarmes; parce qu'elle ne serait pas jugée et condamnée à la réclusion, aux travaux forcés ou à mort, une des peines que la loi du code criminel applique aux assassins, son châtiment en était-il moins terrible?

Avoir la jeunesse, la beauté, la fortune; avoir brillé dans le monde; avoir été aimée, adulée et être enfermée pour la vie dans une maison de fous!... Folle, folle!...

Etre frappée de folie, être condamnée à rester folle toujours, n'est-ce pas un châtiment qui équivaut à celui de la peine de mort?

VIII

ENTRE GARÇONS

Pendant huit jours, le comte Maxime de Verdraine sortit peu; il était triste, sombre, taciturne. Mais il n'était pas d'une nature et d'un tempérament à se laisser saisir par l'hypocondrie.

D'ailleurs son chagrin n'était pas bien profond; il n'eut pas à faire de violents efforts de volonté pour prendre le dessus et se faire, comme on dit, une raison.

Un autre, malgré tout, aurait peut-être plaint madame de Brogniès; lui non. Il ne s'était jamais apitoyé sur le malheur de personne.

Dans son monstrueux égoïsme, il trouvait que tout était arrivé pour le mieux. Léona était folle, enfermée dans une maison d'aliénées, il n'avait plus à redouter pour lui les désagréments d'un procès criminel, il n'aurait pas à se présenter comme témoin dans le cabinet de M. Daubrun, le juge d'instruction, et ensuite devant la cour d'assises.

Sans doute l'affaire ferait grand bruit, sa nouvelle aventure donnerait lieu à un scandale, son nom serait jeté en pâture à la curiosité malveillante du public et lui-même serait fort maltraité; cela il ne pouvait l'éviter. Mais il n'aurait pas à affronter les regards sévères des honnêtes Grenoblois, à se montrer à la foule, toujours avide de sensations, comme une bête curieuse.

Enfin, tout bien examiné, il ne se trouvait point trop malheureux.

Et, peu à peu, le souvenir de madame de Brogniès s'effaçait de sa pensée comme le souvenir d'un mauvais rêve.

Quant à sa femme et à ses enfants, il n'y pensait guère, il n'y pensait plus; c'était comme s'ils avaient cessé d'exister.

Il était venu à Paris pour y vivre avec sa maîtresse, il s'y était installé comme il convenait à un comte de Verdraine et ainsi que l'exigeait sa fortune. Assurément il avait pensé que sa passion pour la belle Piémontaise durerait au moins quelques années; n'avait-il pas loué l'hôtel du boulevard Bineau pour trois ans?

Mais une catastrophe avait mis fin à l'aventure et sa passion s'était éteinte, subitement, comme un feu de paille sous une averse. C'était encore pour le mieux, puisqu'il avait pu facilement se consoler.

Maintenant qu'allait-il faire?

Retourner à Grenoble?

Ah bien, oui! il ne pouvait en avoir la pensée.

Il savait très bien qu'à Grenoble sa réputation était perdue, que tout le monde lui tournerait le dos, qu'il y serait tenu à l'écart, comme un pestiféré, qu'on le chasserait de tous les cercles, que ceux qui avaient été ses meilleurs amis refuseraient de toucher sa main, enfin qu'il serait traité comme un paria.

Peut-être pensa-t-il que sa femme l'aimait toujours et que, dans tous les cas, à cause de Georges et d'Edouard, elle serait disposée à pardonner et à oublier. Mais retourner vivre là-bas après avoir pris goût aux délices de l'existence parisienne, reprendre une chaîne qu'il avait violemment brisée, était-ce possible?

Non, il était à Paris, il y resterait. Paris était la ville qu'il lui fallait, la ville qui convenait à ses goûts, à ses idées, la seule ville où il pouvait vivre désormais.

Il était marié ; s'être marié, lui, Maxime de Verdraine, quelle sottise!... Ah! il l'avait assez regretté ce mariage ridicule, bête! C'était encore la passion qui l'avait étourdi, grisé, aveuglé.

Mais il avait repris sa liberté, il en userait. Libre! libre! Il allait reprendre sa vie d'autrefois, cette douce et agréable vie de garçon qu'il avait un jour si stupidement sacrifiée.

Quelque peu retenu par madame de Brogniès, qui craignait qu'en lui laissant trop de liberté il ne lu échappât, c'est-à-dire qu'il ne lui fût enlevé par une autre comme elle-même l'avait enlevé à la comtesse Paule, il ne s'était fait encore remarquer à Paris par aucune extravagance, il n'avait abordé que timidement ces plaisirs pimentés que la grande ville offre si facilement à messieurs les viveurs, aux débauchés de toutes les catégories, et dont la variété donne satisfaction à tous les appétits, à tous les vices.

N'étant plus maintenu, ayant la bride sur le cou,

avide de jouissances, il se lança éperdûment et comme pris de vertige dans le tourbillon de la vie à outrance. Il avait besoin de s'étourdir.

Il eut tout de suite sa place marquée au premier rang des viveurs.

Il jetait l'or à pleines mains. Beau joueur, il perdait dans une soirée mille louis sans sourciller, ce qui faisait dire qu'il devait être, quelque part, l'heureux propriétaire d'une mine d'or ou d'argent.

Il avait rompu avec ses amis de la première heure, qui étaient pour la plupart des hommes de raison ; mais il ne lui avait pas été difficile d'en trouver d'autres. A Paris, comme nous l'avons déjà dit, on a des amis autant et plus qu'on en veut ; c'est une graine qui pousse dans les lieux publics et sur l'asphalte des boulevards comme les champignons sur une couche de carrière.

Le comte, en homme qui s'y connaissait, avait choisi ses nouveaux amis parmi des individus plus ou moins tarés, dont la conscience était absolument sans scrupule et qui, par conséquent, lui ressemblaient.

Ces personnages, dont le nom de quelques-uns résonnaient haut, étaient les hôtes de certains salons interlopes, les familiers des boudoirs des femmes galantes ; ils fréquentaient les tripots ; on les rencontrait dans toutes les réunions publiques, dans tous les endroits où l'on s'amuse ; riches, très connus, très en vue, on les voyait aussi dans les coulisses des principaux théâtres.

Comme on le voit, le comte de Verdraine s'était mis en bonnes mains.

Il voulut aussi être connu, se mettre en vue,

faire parler de lui. Il eut cette gloire. Ses superbes attelages furent remarqués, quelques-unes de ses folies firent du bruit, il eut la réputation d'être riche comme un nabab. Il était posé.

Son histoire était peu ou point connue. Paris ne ressemble point à une ville de province. A Paris, on ne s'occupe guère de la vie privée des gens, la pruderie s'y tient à l'écart, dans l'ombre. Du reste la chronique du jour a tant de choses diverses à enregistrer que presque tout passe inaperçu et l'événement du lendemain fait oublier celui de la veille.

A Paris, on peut demander à un homme qui ne veut pas rester inconnu, perdu dans la foule :

— Qui es-tu? d'où viens-tu?

Mais on ne lui dit pas :

— Qu'as-tu fait?

On ne s'inquiète nullement de connaître son passé.

On le laisse aller en se disant :

« A ce qu'il fera nous verrons ce qu'il est et nous saurons ce qu'il vaut. »

Le comte de Verdraine recevait ses amis à sa table.

On parlait de ses déjeuners, de ses dîners de garçons. On vantait à plaisir sa cordialité, son affabilité, sa bonne humeur, son esprit, sa distinction, sa générosité, sa magnificence, son luxe.

Bref, ses amis le hissaient sur un piédestal.

Et Maxime se sentait transporté d'orgueil.

Et s'il lui arrivait parfois de penser à Grenoble, c'était pour répéter :

— Paris, Paris, il n'y a au monde que Paris !

Un matin, M. de Verdraine avait invité à déjeuner quatre de ses amis; l'un d'eux était le vicomte d'Ambresle, un charmant garçon de trente ans, joyeux viveur dont on ne comptait plus les sottises, les folies, et qui, à force de gaspiller une très grande fortune, due à plusieurs héritages successifs, n'allait pas tarder, disait-on, à être au bout de son rouleau.

On avait déjeuné avec entrain, on avait bu beaucoup de champagne et ces messieurs étaient fort gais quand on se leva de table pour passer dans le fumoir où le café était servi.

Au milieu du guéridon, sur un plateau de vermeil, se trouvaient les cigares, de superbes régalias. Les cigares allumés on s'étendit à son aise sur les divans et l'on se remit à causer.

Le vicomte d'Ambresle était celui des convives qui connaissait le mieux Paris; il y était né, et, dès l'âge de dix-huit ans, il y avait mené la vie joyeuse. Aussi le diable seul savait tout ce qu'il pouvait raconter.

Il avait passé partout et tout vu, tellement vu qu'il en était devenu l'homme le plus sceptique du monde.

Nul mieux que lui ne pouvait parler du théâtre contemporain; il avait vu jouer toutes les pièces ayant quelque valeur; il connaissait tous les auteurs dont plus d'un étaient de ses amis, tous les acteurs, toutes les actrices et il avait dans tous les théâtres ses grandes et petites entrées. Mais c'était de la danse dont il était particulièrement amateur, non pour la danse elle-même, mais à cause des danseuses; il aimait ces artistes dont le talent est dans les jambes, dans les pieds, un peu aussi dans les bras, et il avouait volontiers, sans fatuité, que les faveurs de certaines danseuses l'avaient récompensé de son engouement pour la danse.

— Voyez-vous, messieurs, dit-il, si je restais seulement quatre jours sans aller passer une heure à l'Opéra, au foyer de la danse, je serais pris du spleen, cette maladie qui nous vient d'Angleterre, pays de l'ennui par excellence.

On était sur le chapitre de la danse et, naturellement, on parla de la danseuse Flora, surnommée la Papillonne, la nouvelle étoile qui brillait sur la scène de l'Opéra.

— Vicomte, vous la connaissez et devez être de ses amis, dit Maxime qui prenait un vif intérêt à la conversation.

— Chaque fois que je vais au foyer et qu'elle danse, je la vois et ai le plaisir d'échanger avec elle quelques paroles.

— Quel âge a-t-elle ?

— Vingt-quatre ans, peut-être vingt-cinq. Elle est dans le complet épanouissement de sa merveilleuse beauté, une beauté unique, troublante, irrésistible. Ah ! messieurs, quelle grâce, quelle distinction, quel charme incomparable et en même temps que de suavité, de candeur !

— En vérité, vicomte, votre enthousiasme est d'un amoureux.

M. d'Ambresle sourit et répondit négligemment :

— Pendant huit jours j'en ai été amoureux fou.

— Et? fit Maxime.

— Comme d'autres j'ai voulu avoir raison de sa sauvagerie.

— Et ? fit encore Maxime avec un accent singulier.

— Eh bien ! je peux l'avouer, puisque j'ai subi le sort de bien d'autres, j'ai échoué.

Le visage de M. de Verdraine s'épanouit et ses yeux rayonnèrent.

— Après tant de victoires remportées, et non sans efforts, continua le vicomte, je fus tout déconfit de ma défaite ; un autre se serait lamenté, aurait été inconsolable ; moi, j'ai tout de suite songé à ma guérison, et le remède nécessaire m'a été gracieusement donné par une compagne de mademoiselle Flora.

On se mit à rire.

— Que voulez-vous, reprit d'Ambresle, il faut prendre le temps comme il vient et la vie comme elle est, avec ses vicissitudes ; on a des triomphes, on a des revers ; moi, grâce à un grain de philosophie que je mets en tout, je n'exagère pas la valeur d'un triomphe et suis moins sensible à un revers.

— En définitive, mon cher vicomte, dit M. de Nivoy, votre défaite indiquerait que mademoiselle Flora ne vous a pas attendu pour se laisser vaincre.

— Halte là, mon cher, répliqua vivement d'Ambresle, pas de médisance et surtout pas de calomnie ; il n'y a rien, vous entendez, absolument rien à dire sur le compte de Flora.

— On affirme, en effet, dit Félicien Latapie, fils unique d'un entrepreneur de travaux publics douze ou quinze fois millionnaire, que la Flora n'a pas d'amant et que sa réputation est inattaquable.

— Mademoiselle Flora, messieurs, dit le vicomte, est une vertu farouche que défend son dédain pour les hommes ; vous connaissez mon scepticisme, eh bien, je me porterais garant de la sagesse, de la chasteté de l'adorable danseuse. Elle est assiégée de toutes parts, et elle résiste à tous les assauts; elle est imprenable. On peut lui appliquer la devise: « Qui s'y frotte s'y pique. »

Un riche Américain a fait pour elle les plus énormes folies, sans parvenir seulement à attirer son attention.

Un armateur hollandais, autre fou, lui a offert un million pour mettre un baiser sur une de ses joues; elle lui a ri au nez.

Elle reçoit chaque jour cinquante, cent billets d'amour qu'elle jette au feu sans en avoir lu un seul.

On lui envoie dans sa loge ou chez elle un nombre incroyable de bouquets; si le bouquet vient d'un admirateur anonyme ou s'il est simplement accompagné d'une carte de visite, elle le garde; mais si, au contraire, il se présente sous les auspices d'un billet doux, il est impitoyablement retourné à l'envoyeur; non moins impitoyablement aussi est renvoyé le bouquet dans lequel un séducteur novice a glissé quelque magnifique bijou.

— Mais c'est une femme de glace, cette Flora! s'écria de Nivoy.

— Erreur, mon cher, elle est au contraire d'une extrême sensibilité; parlez-lui d'une souffrance, d'une infortune imméritée, d'une misère quelconque, elle s'émeut jusqu'à verser des larmes; elle est charitable et on ne la sollicite jamais en vain pour n'importe quelle œuvre de bienfaisance; sans se faire connaître, elle visite les orphelinats et y répand ses bienfaits; enfin, aussi secrètement que possible, elle donne aux pauvres une bonne partie de l'argent qu'elle gagne.

Comme vous le savez, elle demeure aux Batignolles, rue des Dames, dans un tout petit hôtel, sans apparence, qu'elle ne loue certainement pas plus de quinze cents à deux mille francs par an, et encore parce qu'il y a derrière un jardinet.

Elle vit là on ne peut plus simplement, comme une petite commerçante retirée des affaires. Elle ne sait pas ce que c'est que le luxe ; du reste, elle ne possède pas pour plus de quinze à vingt mille francs de bijoux.

Elle pourrait, comme telle ou telle de ses camarades, avoir chevaux, voitures; elle préfère aller à pied ou, quand il le faut, prendre un coupé ou une victoria à la remise voisine.

Cependant elle a quatre domestiques qu'elle traite avec bonté, plutôt en amis qu'en serviteurs; aussi se sont-ils faits ses esclaves; ils se feraient écharper pour elle. Ces domestiques, deux femmes et deux hommes, sont une femme de chambre et une cuisinière, une espèce de mulâtre encore à moitié sauvage, qui est le factotum de sa maîtresse, et un bossu tordu, barbu, vieux et laid, guère plus haut que la botte d'un gendarme. Celui-ci est le bouledogue du logis, un autre Cerbère moins deux têtes, et forme avec le mulâtre la garde du corps de la danseuse. Et les deux hommes et les femmes sont également incorruptibles.

— Diable, vicomte, fit de Nivoy, vous êtes joliment renseigné.

— Dame, ayant eu le désir de pénétrer dans la place, il m'a fallu tourner autour pour en connaître les abords; mais comme vous le savez, cela ne m'a guère servi.

— Mademoiselle Flora est-elle réellement Espagnole? demanda de Verdraine.

— Oui, mon cher comte, et de race pure; seulement on ne sait pas si elle est de Madrid, de Cadix, de Grenade, de Séville, de Murcie ou de Léon.

— Est-ce qu'elle sort de notre Conservatoire de musique et de danse?

— Pas le moins du monde; c'est dans son pays et dès son plus jeune âge, dit-on, qu'elle a appris la danse.

— C'est en Espagne que la direction de l'Opéra est allée la chercher?

— Non. Elle a tout simplement été trouvée à Paris. Il y a trois ans, on n'avait jamais entendu parler de Flora, lorsqu'elle apparut tout à coup comme un brillant météore. Avant, où était-elle et qu'avait-elle fait? Mystère. Flora ne raconte son histoire à personne, et les curieux qui auraient la hardiesse d'interroger à ce sujet ses serviteurs seraient fort mal reçus.

Ce que je sais de Flora, mon cher comte, et ce que savent ceux qui, comme moi, suivent nos théâtres parisiens, je vais vous le dire.

Comme un grand chanteur ou une grande cantatrice, une grande danseuse se prend n'importe où elle se trouve. Elle serait aux Folies-Bergère, à l'Elysée-Montmartre, à Tivoli et même à la Boule-Noire, on irait l'y chercher.

Donc, il y a trois ans, on allait jouer à la Gaîté une pièce à grand spectacle, une féerie; on avait besoin de danseuses et l'on fit un appel pressant à celles qui pouvaient contracter un engagement pour la durée de la pièce.

Un jour, une belle jeune fille, pauvrement vêtue, à l'air doux et modeste, — pas hardie du tout, — se présenta. C'était Flora.

— Où avez-vous dansé déjà? lui demanda-t-on.

— Ni à Paris, ni en France, répondit-elle timidement, je suis une danseuse espagnole.

Naturellement, on voulut voir ce qu'elle savait faire; on le vit si bien, qu'elle fut engagée au prix de cent cinquante francs par mois, uniquement parce qu'elle est une belle fille, et on ne manqua pas de le lui dire.

Arrivèrent les répétitions. On avait souvent les yeux fixés sur elle, mais encore parce que c'était une belle fille; sans doute on remarquait, on admirait ses jambes nerveuses, d'une forme exquise, et ses jolis pieds aux attaches délicates; seulement, l'on ne songeait guère à ce qu'il pouvait y avoir dans ces jambes et ces pieds.

Toutefois, comme elle était la plus charmante, la plus délicieusement belle parmi les demoiselles du corps de ballet, on lui donna une place dans la danse qui devait la mettre presque constamment sous les lorgnettes des spectateurs.

Aux premières représentations, Flora fut beaucoup regardée et lorgnée; et l'on disait dans la salle :

— « Voilà une bien jolie personne. »

C'était tout.

IX

SOUVENIR DE MADRID

Le vicomte d'Ambresle s'était interrompu pour boire un petit verre de chartreuse et allumer un second cigare. Invité à reprendre son intéressant récit, il continua :

—Il y avait cinq premières danseuses, dont l'une, la première des cinq, avait un talent réel. Mais ne s'avisa-t-elle pas de tomber malade : un chaud et froid, suivi d'une fluxion de poitrine.

Grand embarras de la direction, désespoir du maître de ballet.

Voyant cela, Flora dit à ce dernier, toute tremblante et comme honteuse :

— « Monsieur, si vous le voulez, je remplacerai ce soir mademoiselle... mademoiselle... j'ai oublié son nom.

— « Vous? fit le maître de ballet, regardant la petite danseuse avec ahurissement.

— « Oui, monsieur, répondit-elle, en balbutiant, je crois pouvoir. »

Il était deux heures de l'après-midi; vite, il y eut

une répétition immédiatement suivie d'une seconde; on jugea que c'était assez. Flora avait été merveilleuse de grâce, de légèreté, de souplesse, d'intelligence.

La pièce était sauvée.

Et les gens du théâtre restaient confondus de ne pas avoir découvert que cette Espagnole, qu'on croyait être de mince valeur, était une danseuse hors ligne.

Le soir, — c'était, si j'ai bonne mémoire, la quatorzième représentation, — Flora fut prodigieuse. Quel succès, mes amis, quel succès ! On applaudissait à tout rompre.

A l'entr'acte, les habitués de l'orchestre et des avant-scènes coururent dévaliser les bouquetières des environs, et quand la belle senorita reparut sur la scène, au deuxième divertissement, elle fut frénétiquement acclamée et ce fut sous une véritable avalanche de bouquets et de fleurs qu'elle s'avança jusqu'à la rampe pour saluer et remercier le public enthousiasmé.

Le lendemain, deux ou trois journaux parlèrent du triomphe de Flora; mais les jours suivants, tous les autres journaux firent à leur tour l'éloge de l'admirable danseuse.

Du coup, les recettes augmentèrent d'un tiers; tous les soirs la salle était bondée, on refusait du monde. Pour voir Flora, il fallait louer des places quinze jours à l'avance.

Les appointements de la nouvelle étoile furent alors portés à trois cents francs : cent cinquante pour sa beauté, autant pour son mérite. La direction ne se montrait pas généreuse; mais Flora ne se plaignit point; elle était contente.

Un journal avait dit, en parlant de la charmante, de la ravissante danseuse : C'est une Papillonne.

Le mot eut vite fait le tour de Paris; et quand les spectateurs rappelaient la jeune artiste, ils ne criaient plus : Flora, Flora! mais la Papillonne, la Papillonne, la Papillonne!

Le nom était joli, il lui est resté.

La pièce, à la Gaité, eut trois cents représentations. De ce Théâtre, Flora passa au Châtelet avec 1,000 francs par mois pour danser dans une autre féerie. Nouveaux succès, nouveaux triomphes! Elle était en faveur auprès du public; elle était son idole; si on l'eût privé de la Papillonne, il y aurait eu une émeute.

Flora était encore au Châtelet, mais à la veille d'entrer à l'Opéra, lorsqu'elle s'installa dans son petit hôtel de la rue des Dames, qu'elle ne songe pas à quitter. Je vous l'ai dit, elle est modeste dans ses goûts comme dans sa personne, vit presque de rien, dépense peu, n'aime ni l'apparât, ni le luxe, et cependant elle a soixante mille francs par an à l'Opéra.

— Mon cher vicomte, dit en riant Félicien Latapie, ce que vous venez de nous raconter paraît avoir fait impression sur de Verdraine, le voilà tout rêveur.

Maxime tressaillit, releva la tête, et voyant les autres rire, il se mit à rire aussi.

— Comte, ne nous avez-vous pas dit que vous étiez allé en Espagne? demanda de Nivoy.

— En effet, j'y suis allé il y a quelques années et j'y ai passé six mois très agréablement.

— L'Espagne est un très beau pays, que je ne connais pas encore, mais que je me promets de visiter prochainement, dit Latapie.

— On ne saurait se dispenser de faire un voyage au delà des Pyrénées, opina de Nivoy.

— En Espagne, mon cher Félicien, dit d'Ambresle, toutes les femmes sont adorables.

— Comme la belle Flora ?

— Oui, comme la belle Flora. On vante avec raison les beaux yeux des Andalouses; mais qu'elles soient d'Andalousie ou de Castille, les femmes d'Espagne, dans leur beauté plastique, ont un je ne sais quoi de piquant, de poétique, et je ne sais quels charmes séducteurs qu'on ne trouve pas chez les autres femmes d'Europe.

— Hé ! vicomte, et les Parisiennes ?

— J'apprécie fort les Françaises en général et particulièrement les Parisiennes; assurément elles ne le cèdent en rien aux Espagnoles, mais elles ont un autre genre de beauté.

— C'est vrai, dit de Verdraine.

— Je le repète, continua d'Ambresle, une belle fille d'Espagne est toujours une créature adorable, et le comte doit en savoir quelque chose.

— Mon cher d'Ambresle, je suis absolument de votre avis. En amour, on passe volontiers des bras d'une Française dans ceux d'une Espagnole pour revenir à la Française et retourner encore à l'Espagnole.

— Il y a l'attrait du changement, dit Félicien.

— Et celui de la curiosité, ajouta de Nivoy.

— Et d'autres encore, amplifia le quatrième convive.

— Comte, avez-vous fait un long séjour à Madrid? demanda d'Ambresle.

— Mais oui, car de toutes les Espagnes je n'ai guère vu que Madrid.

— N'avez-vous gardé de cette ville aucun doux souvenir?

— Oh! une simple aventure.

— D'amour?

— Je ne cours jamais après les autres.

— De Verdraine, mon cher, dit de Nivoy, il faut nous raconter la chose.

— En vérité, cela n'en vaut pas la peine.

— Si, si, dites toujours.

— Vous y tenez, soit; du reste je n'en ai pas long à dire.

— Tant pis, répondirent en chœur les convives.

— Voici donc mon aventure :

En arrivant à Madrid le hasard me conduisit dans une hôtellerie, où l'on me donna une chambre à côté d'une autre occupée depuis quelques mois déjà par une jeune artiste dramatique qui, en attendant mieux, jouait des bouts de rôle d'ingénue au Théâtre-Royal.

Elle vivait seule, ayant perdu sa mère l'année précédente, ce que j'appris plus tard.

Elle n'avait pas encore dix-neuf ans, et c'était bien la plus délicieuse créature que l'on pût voir.

Elle avait de magnifiques cheveux noirs et des dents superbes, bien rangées et blanches comme l'ivoire le plus pur, de riches perles d'Orient dont une bouche adorable était l'écrin; son visage, un peu pâle comme celui des Mauresques, était d'une douceur angélique; ses yeux, d'une clarté étrange, vifs, profonds, pénétrants, avaient cependant une expression de langueur indéfinissable qui troublait jusqu'au fond de l'âme.

Son corps était comme moulé tant toutes les lignes en étaient correctes. Elle avait un port de reine et l'on aurait dit vraiment qu'elle était faite pour porter un diadème.

— Enfin, que vous dirai-je ? elle était jolie et belle à ravir et elle aurait tenté le diable.

La première fois que je la rencontrai, nous ne fîmes qu'échanger un regard et je sentis que son œil noir avait fait passer en moi comme une flamme.

A la deuxième rencontre, je devins sérieusement épris de la belle Elvire.

Elvire est le nom qu'elle s'était donné au théâtre, mais elle s'appelait Dolorès.

Je lui fis ma cour, oh ! mais dans toutes les règles, et en employant tout mon savoir-faire ; d'ailleurs je n'avais pas à occuper autrement mon temps.

Peu à peu, Elvire s'apprivoisa un peu, mais si peu, si peu... Dans l'escalier ou sur le carré de notre étage elle consentait à m'accorder une minute d'entretien, mais au premier mot d'amour, effarouchée, elle s'éclipsait.

L'étonnante vertu de ma belle actrice et son indifférence m'excitaient au lieu de me calmer, irritaient mes désirs de possession, et ce que j'avais d'abord pris pour un caprice tournait bel et bien à la passion.

Un jour, Elvire avait mal fermé sa porte, — oh ! sans intention provocatrice, je vous le jure, — je m'en aperçus, je m'introduisis dans sa chambre et, profitant de je ne sais plus quel incident, je fus vainqueur par surprise.

L'idylle amoureuse dura...

— Quinze jours, fit d'Ambresle.

— Non, vicomte, quatre grands mois.

— C'est beau.

— Mais mon amour s'éteignait, et voyez comme partout les femmes sont bizarres, c'est Elvire, si froide avant, qui s'était enflammée ; l'amour ou plutôt la passion, une passion terrible avait envahi son cœur et le ravageait.

Elle voulait absolument que je l'épousasse. Elle portait dans son sein, prétendait-elle, le fruit de nos amours. C'était peut-être vrai.

Ma foi, je n'avais plus qu'une chose à faire...

— Votre malle, fit de Nivoy souriant.

— Vous l'avez dit. C'est que les Espagnoles ne sont pas toujours commodes, et je pouvais craindre qu'elle n'en arrivât, pour se venger, à me planter un poignard dans la poitrine.

A ne vous rien cacher, mes amis, j'avais peur.

Or, un soir qu'elle était à son théâtre, je me fis conduire à la gare où je pris le premier express pour revenir directement en France.

— Ainsi finit l'aventure, dit d'Ambresle, et c'est ainsi qu'elle devait finir.

— Et qu'est devenue l'abandonnée ? demanda Félicien. Elle m'intéresse, cette pauvre Elvire.

— Je ne sais pas, répondit le comte, je n'en ai plus entendu parler.

— Quoi, rien, pas une lettre?

— Je ne lui avais pas caché qui j'étais, mais elle

n'aurait pas su où m'écrire; d'ailleurs elle était d'une fierté...

— Une fierté castillane, dit le vicomte.

— Si j'en crois ce qu'elle m'a raconté, elle descend d'une grande et ancienne famille d'Espagne que les révolutions de la Péninsule ont ruinée; un de ses ancêtres aurait été ministre et un autre général en chef d'armée; son grand-père aurait été tué dans une bataille ayant le grade de colonel.

— Cela est dans les choses possibles, répliqua le vicomte; mais si l'on en croyait les Espagnols, ils seraient tous de race princière.

Sur l'invitation de M. de Verdraine, ses amis se levèrent et l'on descendit au jardin pour changer d'air.

Le comte et le vicomte causaient, marchant côte à côte.

— Croiriez-vous, d'Ambresle, dit tout à coup Maxime, que je ne connais pas encore le foyer de la danse à l'Opéra?

— Je vous crois parfaitement, attendu que certains privilégiés seuls y sont admis. Mais je vois où vous voulez en venir: vous désirez que je vous ouvre la porte de ce Cénacle?

— Eh bien, oui.

— Peut-être désirez-vous aussi être présenté à la belle Flora?

— Dame! Pourquoi pas?

— Hé! hé! comte, est-ce que las aujourd'hui de la Française, vous voudriez retourner à l'Espagnole?

— Oh! pas le moins du monde.

— C'est que, comme votre belle Elvire de Madrid,

la Papillonne est capable, elle aussi, de tenter le diable. Certes, vous êtes un grand vainqueur, car vous possédez des moyens de séduction que beaucoup d'autres n'ont pas, mais je vous ai parlé de certaines défaites successives qui doivent donner à réfléchir. Mon cher comte, en amour comme en guerre, il arrive fatalement un jour où chacun a son Waterloo.

— D'Ambresle, prenez garde, vous allez me donner l'envie...

— De vous risquer dans cette aventure ! Mais, mon cher, vous l'avez, cette envie, et ce n'est pas moi qui vous l'ai donnée.

— Où voyez-vous cela ?

— Dans vos yeux.

— Après tout, il n'est pas défendu d'essayer.

— Sans doute ; seulement... Qui s'y frotte s'y pique !

— Il y a une manière de prendre les ronces.

— Quand elles n'ont plus de piquants.

— D'Ambresle, seriez-vous jaloux ?

— Jaloux, moi ? Dieu me garde de cette maladie ridicule et bête !

— Me présenterez-vous à mademoiselle Flora ?

— Vous y tenez absolument ?

— Oui.

— Vous a-t-elle vu déjà ?

— Jamais. Où voulez-vous qu'elle m'ait vu ?

— C'est juste. Et vous, comte, vous ne l'avez encore vue que sur la scène.

— Oui, sur la scène, répondit Maxime.

Après avoir un peu hésité il ajouta :

— Deux ou trois fois, le hasard me l'a fait rencontrer dans la rue.

— Et malgré le voile épais qui cache son visage quand elle sort à pied, vous l'avez reconnue ?

— Mais... oui.

D'Ambresle s'arrêta, posa sa main sur le bras du comte, le regarda fixement et sourit.

— Décidément, fit-il, la chose est sérieuse.

— Hein, que voulez-vous dire ?

— Hé, parbleu, que vous êtes amoureux de Flora.

— Eh bien, quand cela serait, répliqua le comte d'un ton vif, vous en avez bien été épris vous-même.

— C'est vrai, seulement...

— Achevez.

— Moi, comte, je ne suis pas un entêté comme vous.

— Ce qui signifie ?

— Que si vous entrez en lutte, je crains beaucoup pour votre amour-propre et votre orgueil.

— Je ne risque, après tout, qu'une défaite pareille à la vôtre.

— Il vous semble. Mon cher comte, il y a des vaincus qui restent debout et d'autres qui restent couchés sur le carreau ; moi, j'ai sauvé mon amour-propre par une retraite prompte et honorable ; vous, je le répète, vous êtes un entêté... Enfin, ceci est votre affaire ; je ne veux pas vous donner de conseils, car vous pourriez croire... que je suis jaloux. Vous savez ce qu'est Flora, vous n'ignorez pas à quelle femme extraordinaire vous aurez à faire, et je vous dis encore, pour finir : Qui s'y frotte s'y pique !

— Me voilà prévenu, et je vous pose de nouveau ma question : Me présenterez-vous ?

— Je ne peux pas vous refuser cela.

— Alors, quand ?

— Ce soir, jeudi, l'Opéra est fermé ; mais demain, si cela vous convient...

— Parfaitement. Mademoiselle Flora sera au théâtre ?

— Oui, elle est du ballet.

— En ce cas, c'est dit, demain.

— Nous dînerons ensemble, si vous voulez.

— Où ?

— Au café Anglais.

Le comte et le vicomte rejoignirent les autres jeunes gens, qui s'étaient assis à l'ombre d'un polonia, et se mêlèrent à leur conversation.

X

LA REPRÉSENTATION

Le vendredi, excepté en été, lorsque la haute société a déserté Paris, la salle de l'Opéra est presque toujours remplie par un public de choix. Il est rare que le vendredi les loges et les fauteuils loués à l'année ne soient pas occupés par leurs titulaires.

Le soir dont nous parlons, jamais peut-être on n'avait vu autant de magnifiques toilettes et de jolies femmes dans les loges ; partout des épaules et des bras nus, ceux-ci chargés de pierreries qui, avec les agrafes et des bouquets de diamants aux corsages, les aigrettes et les diadèmes dans les cheveux, scintillaient, croisant leux feux sous l'éclatante lumière des lustres.

La salle, enfin, avait l'aspect animé, joyeux, superbe d'un soir de première. A l'orchestre, aux amphithéâtres, dans les loges, aux galeries, pas une place vide.

Mais ce n'est pas dans la salle, c'est derrière le grand rideau de la scène, derrière les décors, au foyer de la danse que nous prions le lecteur de nous accompagner.

Le vicomte d'Ambresle et le comte de Verdraine venaient d'y entrer. Leur tenue était irréprochable ; ils avaient l'habit, la cravate blanche et des gants immaculés. Ils se tenaient à l'écart et faisaient peu attention à cinq ou six messieurs qui riaient avec les danseuses et leur adressaient des madrigaux plus ou moins spirituels.

Les dames du corps de ballet étaient déjà presque toutes dans le foyer; les unes étaient debout, formant des groupes charmants, causant et riant entre elles ; les autres, plus graves, étaient assises sur les divans ; elles regardaient et de temps à autre une répartie, une saillie, un mot vif les faisaient sourire. Quelques-unes essayaient une pirouette ou un entrechat.

Les messieurs dont nous venons de parler, — ils n'étaient pas plus de six, — dérangeaient bien un peu les groupes, mais ils se reformaient aussitôt; car nous devons le dire, à la louange de ces demoiselles, elles n'apportaient pas une grande attention aux compliments quelque peu banals qui leur étaient adressés. Une dizaine seulement se montraient moins indifférentes, et avec autant de grâce que d'à propos savaient répondre et tenir tête aux galantins, qui auraient bien voulu se permettre certaines libertés rigoureusement défendues.

En vérité, ces hommes faisaient tache au milieu de ces gracieuses jeunes filles pour la plupart fort jolies.

Les pantalons et le noir des habits étaient choses réellement laides à côté de ces jambes serrées dans des maillots couleur chair ; de ces petits pieds légers emprisonnés dans du satin ; de ces jupes courtes ; de ces étoffes de gaze aux couleurs vives semées d'or et d'argent, constellées d'étoiles ; de ces têtes charmantes ornées de fleurs ; de ces bras nus, blancs comme l'albâtre, et de ces ravissantes épaules également nues, à la peau satinée et légèrement estompées de carmin.

Le ballet faisait partie du troisième acte ; à ce moment, le deuxième acte venait de finir ; on était à l'entr'acte.

Flora n'était pas encore descendue de sa loge et le comte et le vicomte attendaient.

La présentation ne pouvait se faire dans la loge de la danseuse où jamais d'autres personnes que le coiffeur et l'habilleuse n'étaient admises. On avait bien un peu essayé de forcer la consigne ; mais Flora avait manifesté son mécontentement et des ordres sévères avaient été donnés par l'administration aux garçons de service pour que les personnes étrangères fussent éloignées aussi bien des loges des danseuses que de celles des chanteuses. De plus, Flora, qui se faisait toujours accompagner au théâtre par sa femme de chambre, avait cette femme fidèle et dévouée pour défendre sa porte.

La Papillonne fit enfin son entrée dans le foyer.

Ses camarades, les premières danseuses, vinrent avec empressement lui serrer la main ; les autres danseuses la saluèrent avec un respect affectueux. On voyait tout de suite que par sa modestie, chose rare chez les artistes, par sa gracieuseté et son affabilité, Flora avait su s'attirer les sympathies et l'amitié de toutes ces dames.

— Où en est-on ? demanda-t-elle.

— Le troisième acte est annoncé ; on va lever le rideau.

— Merci ; nous avons encore un quart d'heure. Je ne suis pas en retard, ajouta-t-elle avec un doux sourire et en laissant voir un peu le pur émail de ses dents merveilleusement belles.

Le comte de Verdraine, ébloui, la dévorait des yeux.

Elle s'assit dans un fauteuil, appuya légérement ses mains sur ses jupes, relevées un plus qu'elle ne le voulait, et jeta un regard rapide autour du foyer. Elle vit d'Ambresle qui, de loin, la saluait. Elle rendit le salut en inclinant la tête et en ébauchant un sourire.

Elle portait un costume blanc parsemé de paillettes d'argent ; elle avait, comme les autres danseuses, les épaules et les bras nus, des épaules superbes et des bras charmants ; aucun bijou : ni bracelet, ni bague, ni boutons d'oreilles, ni broche. Pour tout ornement, elle avait seulement placé dans ses cheveux une rose blanche à feuilles et pétales d'argent.

Elle n'en était que plus ravissante, et, en la regardant, on se demandait s'il pouvait exister une femme plus parfaite, une aussi adorable jeune fille. Au milieu de cet essaim de jolies personnes qui l'entouraient, elle brillait et attirait les regards comme la reine des fleurs au milieu d'un parterre.

Le comte de Verdraine était plongé dans une sorte d'extase qui aurait duré longtemps, si le vicomte n'eût pas touché son bras en lui disant tout bas :

— C'est le moment, allons !

Maxime suivit son ami qui s'avançait vers la belle danseuse.

Arrivé près de la jeune fille, d'Ambresle s'inclina profondément, comme s'il eût été devant une reine, puis il lui dit :

— Mademoiselle Flora veut-elle me permettre de lui présenter un de mes amis ?

De sa voix douce et harmonieuse, la jeune fille répondit :

— Si cela vous fait plaisir ainsi qu'à votre ami, monsieur le vicomte, je le veux bien.

Le comte s'était approché ; d'Ambresle le prit par la main.

— Mademoiselle, dit-il, j'ai l'honneur de vous présenter M. le comte Maxime de Verdraine.

Si les deux amis n'eussent pas été aussi émus l'un que l'autre, ils se seraient aperçus que le mouvement fait par la danseuse était un haut-le corps ; ils auraient vu également le sombre éclair qui traversa son regard et s'éteignit aussitôt ; ils n'avaient pas remarqué davantage qu'elle avait pâli, car aussitôt le rouge était revenu sur ses joues et avait envahi son front. Ils n'avaient rien vu.

C'est que Flora savait dissimuler ses impressions, c'est qu'elle avait une puissance de volonté extraordinaire, et que toujours elle pouvait se contenir et se rendre maîtresse d'elle-même..

Aussi, s'étant levée et ayant salué le comte avec une grâce charmante, ce fut d'une voix parfaitement calme et ayant sur les lèvres son adorable sourire qu'elle répondit :

— Je vous remercie d'avoir bien voulu me présenter votre ami, monsieur le vicomte.

Et, se tournant de nouveau vers de Verdraine :

— Monsieur le comte, continua-t-elle, je suis très flattée et très honorée de faire aujourd'hui votre connaissance.

— L'honneur est tout pour moi, mademoiselle, répliqua de Verdraine assez gauchement.

— Je ne suis qu'une danseuse, monsieur, dit Flora avec un nouveau sourire, mais qui ne ressemblait pas au précédent.

— Oui, une danseuse, répondit le comte, dont on doit s'estimer heureux et fier d'être l'ami.

— Je me demande ce que peut valoir mon amitié, dit Flora en enfonçant son regard dans les yeux du comte.

Il resta un instant comme étourdi, tellement la flamme du regard de la jeune fille l'avait troublé, puis il répondit gravement :

— Elle a un prix inestimable, mademoiselle; croyez-le, n'importe d'où elle vient et qui la donne, l'amitié sincère est ce qu'il y a de plus précieux au monde.

— C'est très bien, monsieur le comte, et vous mériteriez d'être mis à l'épreuve, riposta Flora en riant.

— Je suis prêt à la subir, mademoiselle.

La jeune fille enveloppa encore le comte de son regard troublant.

— Mais, messieurs, reprit-elle, pourquoi ne vous asseyez-vous pas ? Voilà des sièges.

Et reprenant place dans son fauteuil, elle ajouta :

— J'ai encore cinq minutes à vous donner.

Les deux hommes s'assirent et la conversation continua, plus sérieuse, sur les choses du jour. Flora se montra tour à tour enjouée et grave, mais toujours spirituelle et pleine de réserve et de dignité. On voyait que, malgré sa jeunesse, elle connaissait la vie, les hommes et les choses ; on sentait qu'elle n'avait pas toujours été heureuse, qu'elle avait souffert et que c'était surtout à la dure école du malheur qu'elle s'était mûrie.

La causerie fut interrompue par un régisseur qui parut à l'entrée du foyer et dit :

— Mademoiselle Flora !

La danseuse se leva aussitôt, salua de la main le comte et le vicomte et, légère comme un oiseau, s'envola.

— Mon cher, dit d'Ambresle, nous n'avons plus rien à faire ici, allons-nous-en.

— Pourquoi si vite ? Attendons la fin du ballet.

— Pour la revoir ?

— Oui.

— Inutile, mon ami : après le ballet, Flora ne rentre pas au foyer; elle remonte dans sa loge, remet son costume de ville et quitte le théâtre immédiatement.

— Ah !... alors...

— Eh bien ?

— Allons la voir danser.

— Soit.

Les deux amis se firent ouvrir une porte qui communiquait avec la salle, et debout, à l'une des entrées de l'orchestre, ils assistèrent à la dernière partie du ballet.

Comme toujours, Flora fut applaudie à tout rompre, rappelée, acclamée.

Il semblait au comte de Verdraine qu'il avait sa part des applaudissements des spectateurs; il était grisé, fou. Et il se jurait que la ravissante danseuse serait à lui.

Les deux amis attendirent la fin de l'acte pour sortir du théâtre.

— Eh bien, demanda d'Ambresle, quand ils furent sur le boulevard, êtes-vous satisfait?

— C'est-à-dire, mon ami, que je suis au paroxysme de l'enthousiasme; il me semble que je ne suis plus sur terre, que je viens d'être transporté au septième ciel.

— En effet, voilà de l'enthousiasme.

— Quelle adorable créature, vicomte; mais elle est divine, cette femme!

— Oui, c'est connu, mademoiselle Flora est une merveille et vous en êtes éperdument épris.

— C'est vrai, mon ami, je ne peux pas le nier, ce qui serait, d'ailleurs, une indigne sottise. Quand on aime une femme pareille, on ne le cache point, on le crie à qui veut l'entendre.

— Ce qui serait selon moi une autre sottise. Quand on aime une femme comme Flora, on ne le dit à personne, et si l'on a l'ineffable bonheur d'en être aimé, la pire des sottises serait de le crier à qui voudrait l'entendre.

— C'est une théorie qui vous est personnelle.

— Qu'importe si elle est sage?

— Pourtant, mon cher vicomte, il me semble que si l'on est fier d'être aimé d'une femme charmante, belle entre toutes, ce n'est point pour la cacher à tous les yeux, mais au contraire pour s'en faire honneur.

— Question de vanité et d'amour-propre, de Verdraine; un bonheur caché a sa saveur ou, ce qui revient au même, un doux secret à deux a ses voluptés. Mais nous n'avons pas à discuter; comme vous le disiez tout à l'heure, mon cher comte, ce sont mes idées et je n'ai pas la prétention de les faire partager aux autres.

Après un court silence, d'Ambresle reprit :

— Mon cher comte, recevez mes félicitations sincères.

— A quel propos ?

— Mais sur le succès que vous avez obtenu ce soir.

— Expliquez-vous mieux.

— Mademoiselle Flora vous a fait un accueil que vous pouvez considérer comme une faveur rare, je puis même dire exceptionnelle et dont vingt autres seraient jaloux. Elle a été pour vous d'une amabilité qui m'a surpris; elle vous a accordé des regards, des sourires dont elle ne gratifie jamais même ses plus anciennes connaissances, et non seulement elle vous a permis de lui dire bien des choses, mais elle vous a répondu. Il est évident que vous lui avez plu, car jamais, vous entendez, comte, jamais elle n'a été gracieuse avec un autre comme elle l'a été avec vous.

— Vraiment, vous avez remarqué cela ?

— Je n'avais pas un bandeau sur les yeux. Je vous ai parlé de la fierté de mademoiselle Flora, de sa froideur dédaigneuse, eh bien, à votre vue, cette glace s'est fondue. Beaucoup d'hommes lui ont été présentés parmi les plus riches, les plus distingués, les plus haut placés; toujours elle répondait par un mouvement de tête et quelques paroles brèves; jamais un sourire, à peine un regard distrait, et c'était tout; et si les importuns essayaient d'insister, elle leur tournait le dos sans façon, allait vers une de ses camarades et lui prenait le bras comme pour causer avec elle, mais n'ayant absolument rien à lui dire. Enfin, comte, vous êtes en bon chemin.

— Vous trouvez?

— Je connais mademoiselle Flora mieux que personne, mon cher, et je crois qu'une nouvelle victoire vous est réservée.

— Croyez-vous cela sérieusement?

— Quand un sceptique comme moi croit à une chose, c'est toujours sérieusement! Donc, je le répète, vous pouvez vous faire aimer, à moins...

— Achevez, vicomte.

— A moins que comme celle d'un mauvais général d'armée, votre tactique ne vous conduise qu'à un échec.

M. de Verdraine eut en même temps un regard et un sourire superbes.

— En amour, répliqua-t-il avec un fort grain de fatuité, je n'ai pas la réputation d'être un maladroit.

— Hé, hé, don Juan lui-même n'a pas toujours été heureux.

— Je ne suis pas don Juan.

— Vous voulez dire que vous avez été toujours heureux. C'est parfait. Ayez donc confiance en votre bonne étoile, mon cher comte, et tâchez qu'elle soit plus brillante que jamais quand viendra l'heure du berger.

Qu'à vous donc, mon cher, revienne la gloire d'une conquête qui est la plus difficile que je connaisse.

— Cette gloire, vicomte, je l'aurai !

XI

LES BOUQUETS

Flora, la Papillonne, était rentrée chez elle à onze heures, et tout de suite s'était mise au lit; mais elle avait la tête pleine de pensées, de souvenirs, elle avait longuement réfléchi et n'était parvenue à s'endormir qu'à une heure très avancée de la nuit.

Elle se réveilla à neuf heures et sonna sa femme de chambre. Celle-ci ne tarda pas à paraître, tenant d'une main un magnifique bouquet, qu'un domestique en livrée venait d'apporter, et de l'autre une carte de visite.

— Voyons cette carte, dit la danseuse.

Elle la prit et lut :

« Comte Maxime de Verdraine. »

— Ah ! bien, fit-elle.

Au-dessous du nom, gravé avec soin, il y avait une couronne de comte.

Flora jeta la carte sur sa table de nuit, prit ensuite le bouquet et l'examina attentivement comme si elle eût admiré la rareté et la beauté des fleurs qui le composaient.

— Augustine, comment trouvez-vous ce bouquet ?

— Très beau, mademoiselle, répondit la femme de chambre.

— Oui, toutes ces fleurs sont belles et plus rares encore. Combien pensez-vous qu'il a été payé ?

— Je ne saurais dire, mademoiselle, mais peut-être plus de cent francs.

— Oui, peut-être ; mais c'est une somme insignifiante pour M. le comte de Verdraine, qui est très riche.

Un sourire singulier courut sur les lèvres de la danseuse. Puis, ayant toujours les yeux fixés sur le bouquet, posé sur le lit, elle resta quelques instants pensive.

— Non, murmura-t-elle, non, je ne dois avoir aucun scrupule !

Elle passa sa main sur son front, soupira et reprit à haute voix.

— Augustine, combien y a-t-il encore de bouquets dans le salon ?

— Mais au moins dix ou douze.

— Ce soir, tous devront être jetés dans la rue, vous le direz à Ajax.

— Même celui-ci, mademoiselle ?

— Non pas ; celui-ci, Augustine, vous le placerez dans mon plus beau vase de Sèvres, celui du ministre.

— Bien, mademoiselle.

— Je ne veux plus avoir dans mon salon et ma salle à manger que des fleurs qui me seront envoyées par M. le comte de Verdraine.

La femme de chambre regarda sa maîtresse avec surprise.

— Eh bien, oui, continua Flora, je ne traite plus maintenant mes admirateurs...

— Oh! dites vos adorateurs, mademoiselle.

— Si vous voulez, Augustine; maintenant je ne traite plus ces messieurs sur le pied de l'égalité entre eux; jusqu'à présent, tous m'étaient parfaitement indifférents et l'on m'a souvent reproché de ne pas avoir de préférence; cette préférence, je l'accorde aujourd'hui au nouveau venu, à M. le comte de Verdraine, qui m'a été présenté hier, au théâtre. Il est fort bien, ce comte, c'est un homme charmant : de plus, il s'appelle Maxime, un nom que j'aime.

— Enfin, mademoiselle se décide à aimer?

— Vous allez un peu vite, Augustine, je n'en suis pas encore là. Je me décide à accepter les hommages d'un homme du monde, distingué, spirituel, aimable, très bien physiquement et jeune encore, car il ne doit pas avoir plus de trente-cinq ans; mais entre cela et aimer il y a une différence.

— Oui, mais pourquoi mademoiselle, qui a un si bon cœur et qui est si bonne, n'aimerait-elle pas?

— Peut-être aimerai-je un jour; je ne suis pas plus insensible qu'une autre, et je sens bien que si je rencontrais un homme... Mais l'amour est un sentiment qui ne se commande pas.

— C'est vrai, mademoiselle; enfin, mademoiselle veut essayer?

— Oui, répondit Flora, avec une lueur dans le regard.

— Après tout, mademoiselle est libre; elle n'a de

compte à rendre à personne et a parfaitement le droit de faire ce qu'elle veut.

— C'est votre avis, Augustine ?

— Absolument, mademoiselle.

— Eh bien ! ce que je veux faire, je le ferai.

La jeune fille se leva, fit sa toilette et fut bientôt habillée. Du reste, aussi bien quand elle sortait que chez elle, elle était toujours mise très simplement; sur elle, jamais rien de tapageur, de criard; elle détestait les excentricités de la mode, ces couleurs voyantes qui tirent l'œil, et avait une sorte de mépris pour toutes ces fantaisies coûteuses qui veulent parer une femme et nuisent le plus souvent à sa beauté, à sa grâce.

Chez elle, Flora était presque constamment en peignoir blanc ou rose, l'été, havane ou bleu foncé, l'hiver. Ces costumes, sortis des mains d'une bonne faiseuse, lui allaient à ravir. Elle était délicieusement jolie avec le peignoir rose-tendre dont elle venait de se vêtir et dont la jupe tombait sur ses pieds chaussés de pantoufles de satin du même rose que le vêtement.

Souvent, elle arrangeait coquettement sur sa tête une mantille, qui ajoutait à sa beauté un charme tout particulier. C'était sans doute en souvenir de ses jeunes années et de l'Espagne qu'elle n'avait pas complètement abandonné la mantille, cette partie du costume national des senoras espagnoles. Du reste, comme nous venons de le dire, elle mettait une certaine coquetterie à s'en parer et savait très bien ce que sa beauté y gagnait.

Après avoir vu la danseuse une fois avec sa mantille, si on l'eût revue sans cet ornement, on aurait tout de suite remarqué que quelque chose lui manquait, qu'il y avait un changement dans sa physionomie.

Sa femme de chambre lui disait souvent :

— Ah ! mademoiselle, si vous saviez comme vous êtes bien, comme vous êtes charmante avec votre mantille ! Vous avez les plus beaux yeux du monde ; eh bien, il me semble qu'ils ne sont plus les mêmes quand vous n'avez pas votre mantille.

La femme de chambre s'était retirée, emportant le bouquet pour le placer, comme elle en avait reçu l'ordre, dans le vase « du ministre ».

Flora ouvrit le tiroir d'un meuble et dans un coffret, au milieu de divers autres papiers, elle trouva une carte de visite dont le papier de Bristol jauni attestait l'ancienneté. Sur cette carte il y avait :

COMTE MAXIME DE VERDRAINE

Et comme sur l'autre carte la couronne de comte.

La danseuse plaça les deux cartes l'une à côté de l'autre et les examina avec attention.

Elle put se convaincre que si les deux cartes n'avaient pas été tirées sur la même plaque de cuivre ou d'acier, une nouvelle plaque avait été copiée sur l'ancienne, avec une exactitude parfaite.

— Aucun doute n'est possible, murmura-t-elle ; d'ailleurs il me sera facile d'obtenir certains renseignements.

Elle glissa les deux cartes dans le coffret, qui fermait au moyen d'un ressort secret, puis elle referma le tiroir et eut encore sur les lèvres le sourire singulier dont nous avons parlé tout à l'heure.

Le lendemain, deuxième bouquet du comte également accompagné d'une carte et apporté par le même domestique; le jour suivant, et toujours à la même heure, troisième bouquet, troisième carte.

La danseuse chercha dans les fleurs de ce dernier bouquet, comme si elle eût espéré y trouver une lettre. Il n'y avait rien.

— Allons, pensa-t-elle, il ira à quatre.

Elle se trompait, ce ne fut pas un bouquet qu'elle reçut le lendemain, mais une lettre. Le domestique attendait, dans le cas où il y aurait une réponse.

M. de Verdraine demandait à mademoiselle Flora de vouloir bien l'autoriser à lui faire une visite à telle heure qui lui conviendrait le mieux.

— Si elle me répond et m'accorde le rendez-vous que je lui demande, s'était dit Maxime, c'est que, comme le pense d'Ambresle, je suis en bon chemin.

Ayant lu le billet, Flora, sur un papier satiné et parfumé, écrivit la réponse que voici :

« Monsieur le comte,

» Le mercredi étant un des deux jours de la se-
» maine que je consacre à faire des visites, j'aurai
» l'honneur de vous recevoir aujourd'hui mardi à
» deux heures de l'après-midi.

» Agréez, monsieur le comte, l'assurance de ma
» considération distinguée.

» FLORA. »

Quand M. de Verdraine eut lu ces mots, la joie

du triomphe étincela dans son regard, et comme un échappé de lycée, qui reçoit un premier billet d'amour, il porta celui de la danseuse à ses lèvres frémissantes de sensualité.

— Elle est à moi ! s'écria-t-il avec un superbe mouvement d'orgueil.

Alors il lui sembla entendre une voix qui lui disait pour calmer son transport :

— Ta victoire pourra te coûter cher !

— Hé, qu'importe ! fit-il, on payerait de sa vie le bonheur de posséder une femme comme l'incomparable Flora, la merveille des merveilles.

Il avait dit ou pensé cela avant de posséder madame de Reybole, avant d'épouser la belle Paule, avant d'avoir pour maîtresse madame de Brogniès, chaque fois, enfin, que sa terrible passion s'était emparée de ses sens.

Et c'était vrai, et nous l'avons vu, le comte de Verdraine était un de ces hommes qui ne reculent devant rien, qui sacrifient tout à leurs passions du moment et se précipiteraient dans un abîme si la satisfaction était au fond.

A deux heures précises, le beau Maxime, vêtu à la dernière mode et tout fringant, sonnait à la porte de l'hôtel de la danseuse.

Il était venu dans sa victoria, mais craignant de déplaire à la jeune fille, il avait mis pied à terre à cinquante pas de distance.

Ce fut Ajax, le petit bossu barbu, qui vint ouvrir.

— Monsieur, votre nom, s'il vous plaît ? dit-il.

— Je suis le comte de Verdraine.

— Ah ! bien, très bien, monsieur ; j'ai reçu l'ordre de laisser entrer monsieur le comte.

Maxime traversa la petite cour, monta trois marches et, dans un vestibule de trois mètres carrés, se trouva en présence du deuxième gardien de la maison, dont avait parlé le vicomte d'Ambresle ; c'était effectivement un mulâtre et il se nommait Ali.

— Vous êtes monsieur le comte de Verdraine ? demanda le serviveur.

— Oui, répondit Maxime.

Ali ouvrit une porte et le comte pénétra dans l'antichambre qui précédait le salon. Là se trouvait Augustine. Elle salua le comte et aussitôt l'annonça à sa maîtresse.

Flora s'était levée pour recevoir M. de Verdraine.

Après les premières paroles échangées, Maxime voulut prendre la main de la jeune fille, qui la retira par un mouvement plutôt instinctif que réfléchi.

— Oh ! fit-il avec un accent de tristesse sincère.

— Vous y tenez donc, monsieur le comte ? dit-elle gracieusement et de sa plus douce voix.

Et, souriante, elle avança sa main.

Maxime la pressa doucement. Il était visiblement ému.

Elle l'invita à s'asseoir dans un fauteuil, s'assit elle-même en face de lui et reprit :

— Vous ne trouverez point ici le luxe auquel vous êtes habitué, monsieur le comte, et peut-être pensez-vous que la danseuse Flora est bien mal logée.

— Mademoiselle, répondit-il, je ne vois que vous et ne peux voir que vous ; par vous, tout ce qui vous entoure est superbe; le vrai luxe ici c'est votre beauté, et aucun palais, si merveilleux qu'il soit, n'est comparable à cette demeure.

— Vous êtes enthousiaste, monsieur le comte; mais je suis femme et, quoi qu'on en dise, je ne suis pas complètement insensible aux compliments. Les personnes qui ne me connaissent pas auraient le droit, j'en conviens, d'être étonnées en voyant mon pauvre ameublement; mais la grande simplicité me plaît, j'aime peu ce qui brille, je suis ici selon mes goûts et je ne sais pas s'ils changeront jamais.

Le comte jeta un regard autour du salon, vit ses trois bouquets, qui en faisaient le principal ornement, et sourit.

— A propos, monsieur le comte, reprit Flora, je vous remercie de ces superbes bouquets; j'ai beaucoup admiré toutes ces belles fleurs.

— Ainsi j'ai eu le bonheur de vous être agréable?

— Mais sans doute.

— Vous aimez les fleurs, vous devez en recevoir beaucoup.

— Trois ou quatre bouquets chaque jour, et j'en recevrais davantage si je ne les refusais pas. D'ailleurs, je ne garde même point ceux qu'il me plaît d'accepter.

— Qu'en faites-vous donc?

— Je les donne à des amies, à des camarades qui viennent me voir.

— Pourtant, mademoiselle...

— Ah oui, je comprends... les vôtres? fit-elle en rougissant et comme embarrassée; eh bien, oui, je les ai conservés.

Maxime devint radieux.

— L'envoi de votre premier bouquet ne m'a pas surprise, monsieur le comte; après la causerie assez familière que nous avions eu la veille, je vous avoue que je l'attendais. Je l'ai fait placer aussitôt dans ce vase de Sèvres qui m'a été offert récemment par un de nos ministres. Votre deuxième bouquet, plus beau et plus riche encore que le premier, me donna beaucoup à réfléchir, le troisième me rendit perplexe et, je ne vous le cache point, quelque peu inquiète.

— Pourquoi, mademoiselle ?

— Pourquoi ? Mais parce que je me demandais quelles pouvaient être vos intentions. J'aime les situations sans équivoque, c'est-à-dire franches et bien définies. Si vous m'aviez envoyé un quatrième bouquet, non seulement je ne l'aurais pas accepté, mais j'aurais donné l'ordre qu'on remît à votre messager les trois premiers et que tous quatre vous fussent renvoyés.

Si vous me demandiez pourquoi j'aurais agis ainsi, il ne me serait pas possible de vous l'expliquer. Je suis fantasque, monsieur le comte, et pas assez une femme comme les autres.

— Mais c'est pour cela que vous leur êtes si supérieure, pour cela que vous êtes adorable !

— Enfin, continua Flora, vous m'avez adressé un billet, je vous ai accordé ce que vous me demandiez et vous voilà. Maintenant, monsieur le comte, veuillez me dire pourquoi vous m'avez priée si instamment de vous recevoir ?

— Est-ce que vous ne comprenez pas ?

— Si, peut-être, mais je peux me tromper, répondit-elle en enveloppant de Verdraine de son regard doux et plein de langueur.

— Je vous aime, mademoiselle Flora, je vous aime, je vous adore!

La jeune fille attacha ses yeux sur ceux de Maxime.

— Cela vous a pris bien brusquement, dit-elle d'un ton grave.

— Oh! ne le croyez pas!... Je vous aime depuis longtemps, et c'est parce que je vous aimais à en perdre la raison que j'ai prié mon ami, le vicomte d'Ambresle, de me présenter à vous l'autre soir.

— Pourtant, vous ne m'aviez jamais vue que sur la scène.

— Oui, sur la scène, mêlé à la foule de vos admirateurs et joignant mes applaudissements aux leurs; mais cela ne me suffisait point, et je n'ai pas à vous le cacher, bien des fois, devant votre maison, j'ai attendu que vous sortiez et vous ai suivie à travers les rues, espérant toujours que le hasard, cet heureux hasard qui sert les amoureux, me fournirait l'occasion de m'approcher de vous et de vous parler.

Après être restée un moment silencieuse, Flora répondit :

— Oui, en effet, je me suis aperçue qu'un homme, un inconnu, mettait à me suivre une persistance singulière. Ainsi, cet homme, c'était vous?

— C'était moi.

— Et je dois croire que vous m'aimez?

— Je vous l'ai dit, je vous aime de toute la force qui est en moi, jamais un amour plus ardent n'a fait battre le cœur d'un homme.

— Votre langage, monsieur le comte, vous devez bien le penser, n'est pas chose nouvelle pour moi; bien des hommes, des jeunes et des vieux, et des plus riches, me l'ont fait entendre et je n'y ai jamais répondu. J'ai mes idées et mes sentiments ; je suis tranquille, heureuse dans ma liberté, et il faudrait beaucoup, beaucoup de choses pour me faire consentir à changer mon genre de vie pour un autre où je ne trouverais peut-être qu'une grande désillusion.

Vous me dites que vous m'aimez, monsieur le comte, je veux bien vous croire; mais, voyons, qu'espérez-vous?

— Que vous verrez en moi un homme d'un dévouement absolu et que j'aurai le bonheur de vous faire partager mon amour.

— Assurément, monsieur de Verdraine, vous êtes un homme séduisant et assez jeune encore pour avoir la prétention de plaire à n'importe quelle femme que vous honorerez de votre affection. Moi, je ne suis qu'une pauvre danseuse, presque rien, et cependant, je dois vous en prévenir, si vous ne le savez pas déjà, mon cœur est difficile à prendre.

Je suis relativement déjà vieille, puisque j'ai vingt-quatre ans; eh bien, quoique je sois une fille de théâtre, et vous le croirez ou ne le croirez pas, cela importe peu, je n'ai jamais aimé, et jamais un homme n'a eu le droit de me parler avec familiarité. Je ne suis pas de celles qui se vendent, et comme je n'ai jamais aimé, je ne me suis pas donnée.

Je ne dis point que je ne veux pas aimer, et je ne saurais dire non plus que je n'aimerai jamais;

ceci est le secret de l'avenir; mais avant qu'un homme ait mon amour, il faudra qu'il m'ait donné de grandes preuves du sien. Vous voilà prévenu, monsieur le comte.

— Oui. Eh bien, mademoiselle, mettez-moi tout de suite à l'épreuve.

— Tout de suite, non ; mais cela viendra, monsieur de Verdraine, si vous persistez dans vos intentions.

— N'en doutez pas; aussi suis-je prêt à tout faire pour vous mériter.

La jeune fille sourit.

— Dites, Flora, dites, continua le comte, qu'exigez-vous de moi?

— Je réfléchirai, je verrai, monsieur le comte. Mais tenez, — voyez comme je suis défiante, — je crains que cet amour que je vous ai inspiré ne soit pas autre chose qu'un caprice.

— De grâce, ne pensez pas cela!

— Vous-même pouvez vous tromper sur la nature de vos sentiments; dans ce cas si vous voulez me croire...

— Eh bien?

— Vous renoncerez à votre projet.

— Jamais!

— C'est que je serai probablement très exigeante.

— Je répondrai à toutes vos exigences, et je ferai plus encore que vous ne me demanderez. Oh! vous m'aimerez, il faudra bien que vous m'aimiez!

— Je ne dis ni oui ni non; cela dépendra de vous, monsieur le comte.

— Pour vous, Flora, aucun sacrifice ne me coûtera; mais sachez-le donc, je ne pense qu'à vous et ne vis plus que pour vous ; pour moi, il n'y a plus que vous au monde ; tout ce que je possède, je le mets à vos pieds ; pour un de vos regards, un de vos sourires, je jetterais ma fortune à tous les vents, je vendrais mon âme ! Enfin, pour vous posséder, je donnerais ma vie avec joie !

— Arrêtez, monsieur de Verdraine, dit la jeune fille en riant, arrêtez, pas d'exagération ; si exigeante que je puisse me montrer, je n'irai pas jusqu'à vous demander votre vie.

Sur ces mots, reprenant sa physionomie grave, elle se leva, tendit sa main à Maxime et le congédia en lui disant :

— S'il vous est agréable de revenir me voir après-demain, monsieur le comte, vous me trouverez ici comme aujourd'hui, à deux heures.

Le comte se retira, enivré de pensées voluptueuses, ayant dans le regard l'orgueil du triomphe et trouvant que la terre n'était plus assez grande pour le porter.

XII

LE PACTE

Le jour qui suivit parut à M. de Verdraine long comme un siècle. La matinée du lendemain dut lui paraître également longue, car il jetait souvent un regard sur la pendule et était en proie à une agitation qui trahissait son impatience.

Enfin l'heure de se rendre rue des Dames arriva, il mit à partir un tel empressement qu'il sonnait à la porte de l'hôtel de la danseuse vingt minutes avant l'heure donnée.

Comme la première fois, ce fut le bossu qui lui ouvrit. Ce fidèle gardien de la porte la referma aussitôt, après avoir salué gravement et respectueusement le comte, qu'il laissa passer sans prononcer une parole.

Dans le vestibule, de Verdraine trouva Ali, qui le salua très respectueusement, et le fit entrer dans le salon en lui disant qu'il allait faire prévenir mademoiselle Flora et en le priant de vouloir bien attendre quelques instants.

Les trois bouquets étaient toujours là, dans les

mêmes vases et occupant les mêmes places; les fleurs, gardant toute leur fraîcheur, témoignaient des soins qui leur étaient donnés.

Le comte s'était assis ; il attendit un grand quart d'heure, mais au moment même où la pendule du salon sonna deux heures, il entendit un bruit de pas légers, puis une porte s'ouvrit et Flora parut.

Maxime se leva pour saluer. La jeune fille avait la même toilette que l'avant-veille, et cependant il sembla au comte qu'il ne l'avait pas vue encore aussi rayonnante de jeunesse, de grâce et de beauté.

— Monsieur le comte, dit-elle, je vous ai fait un peu attendre; mais vous êtes arrivé avant l'heure. Voyez, ajouta-t-elle en souriant et en montrant la pendule.

— C'est vrai, mademoiselle, répondit-il ; dans mon impatience de me trouver près de vous, j'ai devancé l'heure; je n'ai pas le droit de me plaindre d'avoir attendu ; d'ailleurs dans ce salon, où il semble que vous êtes dans toutes choses, où je respirais l'air que vous avez respiré, l'attente ne m'a pas été très pénible.

— Vous avez du goût pour le madrigal, monsieur le comte, mais j'aurais mauvaise grâce à vous en faire le reproche. Allons, asseyez-vous et causons sérieusement.

— Oui, sérieusement.

— Après ce que je vous ai dit, monsieur de Verdraine, après vous avoir averti que je pourrais être extrêmement exigeante, je pensais que vous auriez réfléchi et que, arrêté par vos réflexions, vous ne seriez pas revenu ici.

— Est-il possible que vous ayez pensé cela?

— Sans doute.

— Ah! vous ne me connaissez pas!

— C'est vrai, je ne vous connais pas encore, monsieur le comte; écoutez-moi : ce n'est pas à moi de me mépriser; cependant, croyez-le, je n'ai pas la sottise de me croire plus que je ne suis; une danseuse, si applaudie qu'elle soit, n'est toujours qu'une danseuse, et elle ne peut être comparée à aucune des belles jeunes filles de votre monde à qui moi et mes pareilles servons d'amusement.

— Je vous trouve mille fois supérieure à toutes les autres femmes, répliqua le comte avec feu, supérieure par la beauté, la grâce, l'esprit, par tout ce qu'il y a en vous d'exquis et de divin, et je ne vous permets pas de parler de vous avec un tel dédain.

— Pourtant, monsieur le comte, c'est une de ces femmes au-dessus desquelles il vous plaît de me placer, qui serait plus que moi digne de votre amour.

— Non, non, s'écria-t-il, de plus en plus animé, c'est vous que j'aime, c'est vous que je veux aimer! Pour moi il n'y a plus qu'une seule femme au monde, vous!

— Ainsi vous ne voulez pas renoncer à votre projet?

— Je vous ai déjà répondu jamais.

— Soit, mais si plus tard vous avez des regrets, vous vous rappellerez que j'ai fait ce que je devais pour vous éloigner de moi.

— Je n'aurai pas de regrets!

— C'est ce que nous verrons. Monsieur le comte, vous connaissez l'Espagne?

— Oh! très peu.

— Vous y êtes allé, m'a dit votre ami, le vicomte d'Ambresle.

— Oui, mais je n'ai fait qu'un séjour de quelques mois à Madrid.

— Quelques mois peuvent suffire pour étudier et connaître les mœurs d'un pays. Eh bien! monsieur de Verdraine, c'est le plus pur sang espagnol qui coule dans mes veines, et il est bon que vous le sachiez dès maintenant. Si j'ai quelques-unes des qualités des femmes de mon pays, je crois en avoir aussi tous les défauts.

— J'adorerai vos défauts.

— Décidément, monsieur le comte, vous êtes un homme étonnant.

— Et pourquoi?

— Mais parce que vous avez des réponses stupéfiantes. Enfin, passons. L'un de mes défauts est d'être jalouse.

— Oh! léger défaut, lequel, d'ailleurs, a son bon côté.

— Je le veux bien, si vous y tenez. Donc, je suis jalouse, très jalouse, et je n'admettrai jamais que vous puissiez adresser à une autre femme un tendre regard ou un sourire, et moins encore un de ces madrigaux que vous savez si bien tourner.

— Je ne verrai que vous et ne penserai qu'à vous.

— C'est bien ainsi que je l'entends. Vous m'avez dit que vous étiez prêt à faire pour moi tous les sacrifices.

— Oui, tous.

— Et vous êtes décidé à employer tous les moyens pour vous faire aimer de la danseuse Flora?

— Oui.

— Vous allez donc me faire votre cour et, naturellement, comme à un amoureux dont j'accepterai les hommages, ma maison vous sera ouverte tous les jours aux heures où je pourrai vous recevoir. Admettons que vous réussissiez au bout de deux ou trois mois...

— Oh! ce serait me faire trop attendre!

— Eh bien, mettons un mois et même quinze jours; donc, si dans quinze jours je vous dis : « Monsieur le comte, vous êtes arrivé à votre but; je vous aime, épousez-moi! » que me répondrez-vous?

Le comte tressaillit et devint très pâle.

— Mais... fit-il, visiblement embarrassé.

La jeune fille, très calme, le regardait fixement.

— Vous ne dites rien, monsieur le comte, reprit-elle, et il me semble que ma question, bien naturelle pourtant, vous a fortement troublé. Pour moi, vous êtes prêt à tout sacrifier; mais vous trouvez sans doute que donner votre nom à la danseuse Flora est un sacrifice que vous ne pouvez pas faire.

— Ce n'est pas cela, je vous le jure!

— Qu'est-ce donc, alors?

— Je ne peux pas... balbutia-t-il.

— Pourquoi?

Après un instant d'hésitation, il répondit :

— Je suis marié!

Flora se dressa comme mue par un ressort et jouant admirablement la surprise et avec une feinte colère :

— Comment, s'écria-t-elle, le regard enflammé, vous êtes marié et vous venez me dire que vous m'aimez!

— Oui, je vous aime ; oui, je vous adore !

— Mais votre femme, monsieur ?

— Je n'aime pas ma femme.

— Mais si elle existe, qu'en avez-vous fait ?

— Il y avait entre nous incompatibilité d'humeur et d'idées, et nous nous sommes séparés à l'amiable.

— Où est-elle ?

— Elle vit en province.

Flora parut se calmer, et se rasseyant :

— Ainsi, monsieur le comte, ce que vous voulez, c'est que je sois votre maîtresse ?

Il ne répondit pas; mais il la regarda avec une expression d'ardente convoitise qui révélait toutes les fureurs d'une passion dévorante.

— Seulement, continua la danseuse, la situation n'est plus la même, et mon attitude vis-à-vis le comte de Verdraine, dont je ne peux être que la maîtresse, ne sera point celle que j'aurais eue, ayant l'espoir de porter son nom; en d'autres termes, monsieur le comte, mes exigences seront d'une nature toute différente, et je vous préviens que si vous persistez à vouloir vous faire aimer de Flora, je ne ménagerai pas votre fortune.

— Tout ce que je possède est à vous, je vous l'ai dit.

— Oui, et je me plais à reconnaître que vous êtes généreux.

— Pour vous, je serai prodigue.

— Je ne m'en plaindrai pas. Maintenant, monsieur le comte, si vous le voulez bien, nous allons faire une convention, car c'est une sorte de pacte que nous allons signer tous deux.

— Dites, Flora, dites; votre volonté sera la mienne; ce que vous voudrez, je le voudrai aussi.

— Du reste, ce sera dans l'empressement que vous mettrez à m'être agréable, à me satisfaire, que vous me prouverez que c'est bien un véritable amour que je vous ai inspiré et que vous arriverez à me le faire partager.

Jusqu'à présent, comte, j'ai vécu simplement; c'était dans mes goûts modestes; mais je suis fatiguée de cette existence retirée que je mène, de la monotonie d'une solitude qui ne va, — on me l'a dit cent fois, — ni à ma jeunesse, ni à ma beauté, ni à ma réputation. Que voulez-vous? on finit par se lasser de tout, même de ce que l'on a cru être le meilleur.

Pour me faire sortir de cette pauvre petite maison, des hommes, épris de ma beauté, et qui auraient été fiers de la conquête d'une danseuse, ont mis comme vous, à mes pieds, toute leur fortune. J'ai repoussé leurs offres sans mépris, sans indignation, mais avec le froid sourire de l'indifférence. Pourquoi n'ai-je écouté aucun de ces tentateurs? Probablement parce que ni les uns ni les autres ne me plaisaient. Il faut croire, comte, que c'était vous que j'attendais!

— Ah! Flora, vous m'ouvrez le ciel!

— Monsieur le comte, défiez-vous de votre enthousiasme. Je continue: Mes goûts et mes idées vont changer, car je veux avoir aussi, à mon tour, des appétits. Je me trouve ici à l'étroit, très médiocrement installée, et je tiens à ne plus m'entendre reprocher de demeurer aux Batignolles.

— Dans quinze jours, vous ne serez plus ici, dit le comte.

— Nous reparlerons de cela tout à l'heure. Le temps passe vite, monsieur le comte, et à mesure qu'il s'enfuit, on vieillit, la femme plus rapidement encore que l'homme. Quand il en est temps encore, pourquoi ne profiterais-je pas de ma jeunesse? Je ne connais les plaisirs du monde que par ce que j'en ai entendu dire autour de moi ; eh bien, je désire savoir ce qu'ils sont réellement; je veux, comme tant d'autres femmes, qui peut-être ne me valent pas, connaître les jouissances de la vie luxueuse, avoir ma maison, mes gens, des chevaux, des voitures, des bijoux, des dentelles, des toilettes magnifiques qui feront sensation aux courses et partout où je me montrerai... Est-ce que vous n'êtes pas effrayé, monsieur le comte?

— Pourquoi serais-je effrayé? Mais je suis charmé, enchanté, au contraire.

— Alors?

— Tout cela, Flora, vous l'aurez!

— C'est bien, dit simplement la danseuse.

Et avec une légère pointe d'ironie elle ajouta :

— Je n'attendais pas moins de vous, qui êtes un gentilhomme de la bonne et vieille école : on dit en France, je crois, gentilhomme de vieille roche...

Comme il a été dit, comte, je vous autorise à me faire votre cour, et vous pourrez mettre en lumière, à mon intention, votre aimable talent pour le madrigal. Lorsque cela nous sera agréable à tous deux, vous pourrez m'accompagner dans mes promenades vous serez reçu chez moi à des heures convenues, comme un ami, mais sans que vous puissiez y donner un ordre quelconque avant d'en avoir acquis le droit; je vous permettrai de venir me prendre au théâtre, le soir, pour me ramener à ma porte. J'aime beaucoup le spectacle, nous irons ensemble voir les pièces nouvelles; il ne me déplaira pas non plus que vous me conduisiez de temps à autre dans certaines de vos réunions d'amis où d'autres femmes seront admises.

Comme vous le voyez, comte, vous aurez toute facilité de me voir, de me parler, et à part les heures que je dois à mon emploi et celles réclamées par le repos, vous pourrez être constamment avec moi.

Maxime écoutait, plongé dans une sorte d'extase.

— Mais, continua Flora, qu'il soit bien entendu, comme vous l'avez dit vous-même, que vous serez entièrement soumis à ma volonté. Tant que vous ne vous serez pas fait aimer, vous ne devrez rien me demander que je ne puisse vous accorder; vous attendrez patiemment, sans plaintes ni récriminations, que je vous dise : je vous aime ! Alors, comte, alors seulement vous serez mon maître par droit de conquête, et, à mon tour, je devrai être soumise à votre volonté. Voilà mes conditions, monsieur le comte; m'avez-vous bien comprise?

— Oui, très bien.

— Vous êtes libre maintenant d'accepter ou de refuser.

— Puis-je vous demander de rendre vos conditions moins dures?

— C'est inutile, je n'y changerai rien.

— Et si je ne les acceptais pas telles qu'elles sont?

— En ce cas, monsieur le comte, nous n'aurions rien dit, et nous nous séparerions à l'instant même pour ne plus nous revoir.

— Vous êtes cruelle.

— Peut-être. Enfin, à quoi vous décidez-vous?

— Ah! Flora, vous savez bien que je vous aime! J'accepte vos conditions, je les accepte; j'aurais seulement voulu qu'elles fixassent un délai.

— Comte, est-ce mon amour que vous voulez?

— Vous le savez bien.

— Alors, puis-je savoir aujourd'hui à quelle date je vous aimerai?

— Vous avez raison.

— Qu'avez vous encore à objecter?

— Plus rien.

— En ce cas, nous signons notre pacte?

— Oui.

Flora tendit sa main au comte. Il la prit et sur le bout des doigts mit un baiser.

Après un court silence, Maxime reprit :

— Ma chère Flora, je suis frappé d'une chose.

— Quelle est cette chose?

— Pendant quelque temps, je ne serai que votre ami, et cependant vous passerez aux yeux du monde pour être ma maîtresse.

— Eh bien, est-ce que vous en aurez honte?

— Non, certes.

— Je crois avoir tout ce qu'il faut pour flatter l'amour-propre d'un homme.

— Mais, Flora, votre réputation?

La danseuse se mit à rire.

— Ah! c'est vrai, fit-elle, il y a ma réputation; mais qu'est-ce que cela peut valoir, la réputation d'une danseuse? Et, d'ailleurs, du moment que je ne puis être votre femme et que j'accepterai les cadeaux que vous voudrez bien me faire, je n'ai plus à m'occuper de ma réputation.

On dira : Flora est la maîtresse du comte Maxime de Verdraine ; eh bien, après? Qu'est-ce que cela peut me faire, à moi, ce que l'on peut dire? Ah! si j'aimais un homme et que cet homme m'aimât et m'estimât assez pour vouloir faire de moi sa femme, ce serait autre chose : je ne parlerais pas comme maintenant; j'aurais grand souci de ma réputation, car autant que cet homme, qui me donnerait son nom, j'aurais l'orgueil de son honneur!

Mais nous nous trouvons, vous et moi, dans une situation toute différente... Allez, comte, je fais bon marché de ma réputation ; mais ce que je tiens à conserver intact, c'est l'estime de moi-même. Après tout, quand vous êtes prêt à faire pour moi tous les sacrifices, il est juste que de mon côté je vous sacrifie quelque chose.

— Flora, ma bien-aimée Flora! s'écria-t-il, je vous l'ai dit et je le répète, aucun sacrifice ne me coûtera; tout pour vous! Ah! je voudrais être le maître de l'univers pour que vous en fussiez la reine!

Elle sourit, le regarda pendant quelques instants avec une expression indéfinissable, puis lentement sa tête s'inclina et elle resta pensive, pendant que lui, captivé, éperdu et comme enveloppé d'effluves magnétiques, retombait dans son extatique admiration.

Il y eut un assez long silence.

Lentement encore Flora releva la tête, prit une

pose gracieuse, pleine de langueur et attacha sur le comte son regard velouté, chargé de caresses félines.

Ah ! comme elle connaissait la force de ce regard et celle non moins puissante de sa beauté !

— A propos, comte, dit-elle, il y a avenue du Bois-de-Boulogne un charmant hôtel à louer et tout prêt à être occupé, qui me plaît beaucoup ; là, je pourrais me croire la reine de l'univers.

— Demain, Flora, la location de cet hôtel sera faite en votre nom.

— Est-ce que vous avez un tapissier ?

— Oui, sans doute, et c'est un homme de goût, un artiste dans son genre.

— Il faudrait qu'il ne demandât pas plus de quinze jours pour mettre l'hôtel en état de me recevoir.

— Dans quinze jours, vous y serez installée.

— Pour l'ameublement, comte, je m'en rapporte entièrement à vos goûts délicats et à l'expérience de votre tapissier.

— Vous serez satisfaite.

— Je vous éviterai la peine de me trouver des domestiques ; d'ailleurs j'ai déjà ma femme de chambre, une cuisinière et Ali que je désire garder.

— Et votre bossu ?

— Oh ! lui, bien que j'y sois très attachée, il ne me plaît pas de l'avoir avenue du Bois-de-Boulogne, il restera ici.

— Est-ce que vous garderez cette maison ?

— Oui ; au moins pendant un certain temps.

— Mais pourquoi ?

— Une précaution, monsieur le comte, dans le cas où vous seriez vite lassé de moi.

— Oh! pouvez-vous avoir une pareille pensée!...

— La fortune et les flots sont changeants, comte; on ne sait pas ce qui peut arriver. Enfin, c'est mon idée.

— Je ne dis plus rien.

— En plus de mes serviteurs actuels, je n'aurai besoin, je crois, que d'un cocher et d'un valet de pied.

— Ils vous seront indispensables.

— A vous, comte, revient encore le soin d'acheter les chevaux et les voitures: un landau, n'est-ce pas? et un coupé?

— Parfaitement. Combien voulez-vous de chevaux?

— Oh! deux me suffiront; plus tard je vous demanderai peut-être un cheval de selle.

— Vous savez monter à cheval ?

— Non, mais comme vous êtes un excellent cavalier, j'apprendrai pour vous faire plaisir.

— Ah! tenez, Flora, vous êtes de plus en plus adorable!

— Comte, vous êtes incorrigible, fit-elle gentiment et en le menaçant du doigt.

Elle reprit :

— Vous aurez aussi à faire preuve de bon goût dans le choix des bijoux que vous voudrez m'offrir.

— Mais pourquoi ne les choisiriez-vous pas vous-même?

— Non pas; il me semblerait que la valeur de votre présent en serait diminuée. Je tiens beaucoup à avoir le plaisir de la surprise.

Par exemple, je m'occuperai seule de mes toilettes qui, grâce à ma couturière, vous feront honneur, j'espère. Je me connais mieux dans le choix d'une étoffe que dans celui d'un cheval, fit-elle en riant.

Et d'un ton sérieux elle ajouta :

— Du reste, monsieur le comte, je m'arrangerai de façon à ne rien demander à votre bourse pour m'habiller.

— Vous savez que je ne vous refuserai jamais rien.

— Nous verrons, comte, nous verrons. Maintenant que tout est convenu, entre nous, continua-t-elle en se levant, vous allez vite vous occuper de mon installation, afin que dans quinze jours...

— Dans quinze jours vous serez dans votre hôtel.

Il s'était levé. Elle lui tendit sa main.

— Ai-je le droit de demander un baiser? fit-il d'une voix hésitante et l'œil ardent.

— Monsieur le comte, répondit-elle, sachez attendre. Un baiser sur ma main est tout ce que je peux vous accorder.

Il soupira, porta la main à ses lèvres et ils se séparèrent.

XIII

UNE FAUSSE MAITRESSE

Le comte de Verdraine stimulé par sa passion et aucune difficulté ne pouvant l'arrêter, déploya une activité prodigieuse afin de donner satisfaction aux exigences de la danseuse.

Il allait, venait, veillait à tout, était partout où sa présence pouvait être utile et trouvait encore le temps de faire de fréquentes visites à Flora.

Celle-ci lui avait donné quinze jours pour préparer son installation dans l'hôtel de l'avenue du Bois-de-Boulogne; le soir du treizième jour le comte vint annoncer à la jeune Espagnole qu'elle pouvait dès le lendemain, si elle le voulait, prendre possession de sa nouvelle demeure.

Ainsi fut fait. Le lendemain, vers deux heures, le comte vint avec sa voiture prendre Flora pour la conduire à son hôtel. La femme de chambre, la cuisinière et Ali s'étaient occupés du déménagement toute la matinée et étaient partis une heure avant leur maîtresse qu'ils allaient attendre. Ajax, ainsi que l'avait décidé Flora, restait rue des Dames pour garder la petite maison.

On fut bientôt avenue du Bois-de-Boulogne ; la voiture de M. de Verdraine entra dans la cour dont la grille était ouverte, et la danseuse put mettre pied à terre sur la première marche du perron de l'hôtel orné d'une superbe véranda et recouvert d'un tapis.

Le concierge, ayant à la main sa calotte de soie noire, se tenait à côté de la grille, prêt à la refermer.

Le cocher, la tête découverte, était debout, immobile, à la porte de l'écurie. Ce cocher avait été procuré à Flora par un de ses nombreux admirateurs ; il se recommandait à sa nouvelle maîtresse par vingt ans de bons services ; dix ans chez un richissime banquier et dix autres années chez un vieux duc, qui venait de mourir, et dont les héritiers, des arrière-petits-cousins, en signe de grand deuil, se disputaient l'héritage à coups de papiers timbrés.

Flora monta le perron et fut reçue dans le vestibule par Ali, élevé aux fonctions de maître-d'hôtel, et par le nouveau valet de pied.

La cuisinière était déjà occupée à la cuisine, fière de prendre possession de son domaine. Augustine attendait sa maîtresse dans l'antichambre, prête à recevoir ses ordres.

— Monsieur le comte va me faire visiter les appartements, dit Flora à Augustine, et vous allez nous accompagner.

L'hôtel avait au rez-de-chaussée, avec une belle antichambre, un grand salon, un boudoir, une salle à manger, une salle de bain, un cabinet de travail, une autre chambre, puis la cuisine et l'office ; au premier étage, un immense salon pour réceptions et fêtes, un second boudoir ou petit salon, une bibliothèque et trois chambres à coucher ; à l'étage supérieur, les chambres des domestiques.

La jeune femme voulut tout voir. Au rez-de-chaussée et à l'étage, il y avait partout des tapis moelleux dans lesquels les pieds s'enfonçaient. La beauté et la richesse des tentures et des tapisseries répondaient au luxe des meubles. La chambre, qui allait devenir celle de Flora, était à elle seule une merveille de bon goût et d'élégance raffinée : c'était gai, frais, coquet, charmant dans tous les détails ; jamais plus délicieux nid n'avait été créé pour une femme adorée.

Flora regardait, examinait, mais ne disait rien ; elle se bornait à sourire de temps à autre, en adressant au comte un doux regard qui le ravissait, le portait aux nues.

La danseuse ne poussait pas d'exclamation, ne s'extasiait point, mais elle paraissait satisfaite ; le comte ne demandait pas davantage.

Flora ne trouvait pas que le comte eût trop bien fait les choses et ne songeait nullement à la somme énorme qu'il avait dû dépenser. Oh ! cela lui était parfaitement égal.

Sur le guéridon de la chambre à coucher, il y avait un coffret en bois des îles finement sculpté par un artiste de talent ; le comte l'ouvrit ; il contenait six écrins.

— Dans ces écrins, chère Flora, dit Maxime, se trouvent les bijoux que j'ai cru pouvoir vous offrir.

— Ah ! voyons, fit-elle.

Elle ouvrit l'un après l'autre les six écrins qu'elle rangea sur la table. Les bijoux étaient tous d'une rare beauté et présentaient un assemblage des plus riches pierres fines : rubis, émeraudes, diamants, saphirs.

C'étaient des boutons d'oreilles, deux diamants admirablement taillés, très blancs et de la grosseur d'une noisette ; une bague avec une grosse émeraude entourée de brillants ; un bracelet tout constellé de pierreries ; une broche avec les mêmes pierres que le bracelet ; enfin un collier de perles.

Flora resta un instant les yeux fixés sur les bijoux, puis se tournant vers Maxime, elle laissa tomber de ses lèvres ces mots :

— C'est bien, comte, c'est très bien !

— Ainsi, vous êtes contente ?

— Oui ; vous ne pouviez mieux faire, et vous avez été au delà de ce que j'attendais.

— Ah ! ma bien-aimée Flora, vous me rendez le plus heureux des hommes !

— Prenez vite votre récompense.

Et avec un geste de reine elle lui tendit sa main sur laquelle il mit un baiser brûlant.

— Flora, reprit-il, je ne vous propose pas de descendre dans vos caves, mais j'ai fait mon possible pour les bien garnir.

— Vous avez pensé à tout, comte, merci !

— Maintenant ne voulez-vous pas voir vos chevaux, vos voitures ?

— Mais si, vraiment, répondit-elle.

Elle s'approcha d'une des fenêtres de la chambre

qui donnaient sur l'avenue, regarda au dehors et reprit :

— Il fait un temps superbe; comte, si nous faisions ensemble une promenade d'une heure au bois ?

— Vous me ravissez.

— Je ne danse pas ce soir ; je suis libre et je vous invite à dîner; acceptez-vous ?

— Si j'accepte ! exclama-t-il fou de bonheur.

— Alors c'est dit.

— Ali, reprit-elle, allez prévenir François que je vais sortir; qu'il attèle ses chevaux au landau découvert. Ah ! une chose encore, Ali, renvoyez la voiture de M. le comte que je retiens à dîner.

Le mulâtre disparut.

— Comte, reprit-elle, je crois avoir trouvé le meilleur moyen d'admirer les superbes chevaux anglais que vous m'avez donnés et de reconnaître en même temps les qualités du landau.

— C'est vrai, approuva-t-il.

Flora referma les écrins et les remit dans le coffret.

— Pourquoi ne mettez-vous pas les boutons à vos oreilles et une bague à votre doigt ? lui demanda le comte.

— Plus tard, répondit-elle.

Et comme il la regardait avec surprise, elle ajouta avec un accent singulier :

— Quand je vous aimerai !

— Ah ! fit-il en soupirant et les yeux étincelants de désirs contenus, si c'était aujourd'hui !

Elle n'eut pas l'air d'avoir entendu.

A ce moment, Ali vint annoncer que la voiture attendait mademoiselle.

. . . .
. . . .

Toute la soirée, Flora fut charmante avec le comte, et comme si elle n'eût pas été bien sûre qu'il s'était livré à elle complètement, qu'il était sous sa domination, elle déploya, pour le troubler, le griser, le dompter, l'asservir, toutes ses grâces féminines, se servant en même temps de tout ce qu'il y avait en elle de charme séducteur, de puissance fascinatrice.

C'était plus qu'il n'en fallait avec Maxime, nature faible, sans force de résistance, facile à entraîner et à dominer. Sa volonté se brisait au premier choc d'une volonté supérieure à la sienne. Esclave de sa passion pour la femme, aussi longtemps que la passion durait, il devait être l'esclave de la femme qui la lui avait inspirée.

Après avoir dîné en tête à tête, Flora et le comte étaient passés dans le petit salon contigu à la salle à manger où, tout en continuant la conversation, Maxime avait fumé un cigare avec l'autorisation de la jeune fille.

De Verdraine était gai, fort satisfait de sa personne ; il raconta avec esprit des choses très amusantes qui semblèrent égayer la danseuse, car plus d'une fois elle eut le rire sur les lèvres.

Pendant la promenade au bois, Maxime avait rencontré plusieurs de ses amis et avait remarqué leur mine surprise en le voyant assis dans le landau à côté de la belle danseuse dont tout le monde croyait la vertu inattaquable.

L'amour-propre a ses voluptés, et Maxime les avait éprouvées quand son regard s'était croisé avec ceux de ses amis ; c'était une première satisfaction qui lui était donnée ; il l'avait payée très cher, en grosses liasses de billets de mille francs, mais qu'importe !

Nous pouvons penser que c'était dans son amour-propre agréablement flatté qu'il puisait sa verve étourdissante.

Cependant, quand dix heures sonnèrent, Flora lui dit en se levant :

— Comte, l'heure qui vient de sonner est celle où vous devez me quitter.

Il parut étonné, puis d'une voix émue et avec une tendresse passionnée :

— Est-ce que vous ne me gardez pas ? fit-il.

Elle le regarda d'une façon étrange qui le fit tressaillir et il baissa les yeux.

— De grâce, monsieur le comte, dit-elle, n'oubliez pas nos conventions.

— Mais je vous aime, Flora, je vous aime !

— Eh bien ?

— Attendre, attendre...

— Oui, attendre, et avec patience, c'est votre devoir.

Elle ajouta en lui tendant la main :

— Demain, comte, s'il vous est agréable de me faire une visite, vous me trouverez à deux heures.

De Verdraine se retira, non sans protestations intérieures et sans avoir dans la pensée des cris de révolte ; il ne subissait la domination que parce qu'il était impuissant à s'y soustraire. Il aimait Flora autant et plus encore peut-être qu'il avait aimé Paule, et il devait obéir à ses caprices, à ses fantaisies, à ses volontés, sous peine de la perdre irrémédiablement, car il la connaissait assez pour avoir la certitude que s'il voulait se montrer exigeant, elle retournerait aussitôt à sa petite maison des Batignolles, rendant ainsi inutiles les énormes sacrifices d'argent qu'il venait de faire pour elle.

Toutefois, le comte ne calculait point ; il ne songeait même pas qu'au train dont il allait sa ruine serait complète en moins d'une année. Il aimait Flora, la posséder était le but à atteindre, il ne voyait pas au delà.

Huit jours, quinze jours se passèrent sans qu'il y eût rien de changé dans la situation, c'est-à-dire sans que le comte eût fait un pas en avant vers le but qu'il voulait atteindre. Et quand timidement, en tremblant même, il demandait à Flora si elle commençait à l'aimer un peu, elle lui répondait tranquillement et en souriant :

— Non, pas encore.

Elle ne commençait pas à l'aimer et lui commençait à subir toutes les tortures de la passion inassouvie arrivée à son paroxysme. Il allait connaître à son tour les anxiétés cruelles, les pensées troublantes, les accablements et les énervements physiques, toutes les souffrances de l'âme et du cœur.

Flora était la vengeresse de toutes les femmes que le comte de Verdraine avait aimées avant elle et qui avaient souffert par lui.

Ils sortaient souvent ensemble ; il la conduisait aux courses, dans certaines réunions où elle était facilement admise ; ils allaient au spectacle lorsque la danseuse pouvait disposer de sa soirée, et au retour, ils se séparaient à la porte de l'hôtel. Assez souvent aussi Flora invitait le comte à dîner ; c'était bien le moins, puisqu'il payait toutes les dépenses de la maison, — mais à dix heures, toujours, elle le congédiait.

Elle lui avait dit : « Je perdrai ma réputation, mais il faut bien que je vous sacrifie quelque chose. »

Le sacrifice était fait. Flora n'avait plus aux yeux du monde cette vertu farouche qui avait fait reculer tant d'adorateurs, elle n'était plus la femme fière, hautaine que l'on avait vue invulnérable et chaste comme une vestale.

Pour tout le monde, elle était la maîtresse du comte de Verdraine, et ils étaient nombreux ceux qui enviaient le bonheur apparent de Maxime.

« Flora, la belle Flora a un amant ! »

Ces mots traversèrent Paris dans tous les sens comme une traînée de poudre.

La chose fit grand bruit, ce fut presque un événement.

Dans le monde des artistes, on s'étonna que Flora fût si brusquement devenue une femme entretenue comme tant d'autres. Beaucoup de gens s'étonnèrent également que ce fût le comte de Verdraine, un nouveau venu, un homme à peu près inconnu dans le monde parisien, qui eût fait cette difficile conquête.

Ce comte de Verdraine avait-il donc des moyens de séduction connus de lui seul ? L'heureux conquérant de la ravissante danseuse était-il donc un irrésistible, un autre Lauzun, un nouveau Richelieu ?

Sans doute, il avait dépensé et dépensait des sommes folles pour la Flora ; mais en ne comptant que les archi-millionnaires, combien de soupirants, avant le comte de Verdraine, n'avait-elle pas repoussés ?

Enfin, la fière espagnole avait trouvé son vainqueur, elle avait succombé et l'on disait :

— Ces demoiselles de théâtre ont beau se faire une cuirasse de leur vertu, elles finissent toujours par prendre un amant.

Mais le comte de Verdraine était-il réellement aimé, ou ne devait-il son bonheur envié qu'à un caprice de la danseuse ?

Voilà ce que l'on se demandait, car personne ne savait sur quelle base et en vertu de quelles conventions s'étaient établies les relations entre Maxime et Flora.

Les amis du comte, dont le nombre augmentait constamment, ne lui ménageaient point les félicitations. Maintenant, il était à Paris ce que l'on appelle un homme posé ; il avait acquis d'emblée une éclatante renommée ; jamais homme n'avait remporté une plus belle victoire ; ils l'appelaient le grand vainqueur.

Maxime sentait le chatouillement de toutes ces flatteries ; mais si à cela son amour-propre, sa vanité et son orgueil trouvaient leur compte, la passion qui le dévorait trouvait, elle, que ce n'était pas assez qu'on crût que Flora était sa maîtresse. Ce qu'il aurait voulu, c'est qu'elle le fût réellement.

Ah ! il se gardait bien de faire connaître la vérité à ses amis, de leur dire qu'entre lui et Flora tout se passait platoniquement. Il sentait qu'il devait avoir honte du rôle que la danseuse lui faisait jouer auprès d'elle, et il pensait avec raison que si ses amis étaient instruits de la situation, ils pourraient à bon droit se moquer de lui.

Alors il ne serait plus l'homme posé, le nouveau Richelieu, le grand vainqueur, il deviendrait la risée de tous, particulièrement de ceux qui enviaient le plus le bonheur et les félicités qu'il n'avait point.

Ils sentait cela si cruellement que lorsqu'il se trouvait seul, surexcité par l'ardeur et la violence de ses désirs, il tombait dans des accès de rage qui ressemblaient assez à la folie furieuse.

— Je ne peux plus, je ne peux plus ! s'écriait-il éperdu, il faut que cela finisse !

Il se montait la tête, faisait appel à sa volonté, à son courage, à sa force morale et prenait une résolution énergique. C'était assez, c'était trop ; il ne voulait, il ne pouvait plus attendre, il fallait que Flora fût à lui... Après tout, est ce qu'il n'avait pas des droits sur elle ? Non, il ne pouvait plus. Mais si cela devait durer encore, il deviendrait fou !

N'avait-il pas remarqué déjà que souvent, même en compagnie de ses amis, il était tout hébété ? Il avait la pensée plus confuse, l'esprit plus lourd ; il devenait sombre, morose ; il ne parlait presque plus, et parfois on le voyait rire sans cause. Tout cela n'était-il pas le signe évident que son intelligence baissait, qu'il s'abrutissait ?

Non, en vérité, non, une femme n'a pas le droit de faire souffrir un homme comme il souffrait. Flora n'avait pas le droit de le martyriser ainsi !

La tête montée, armé de tout son courage et bien résolu à obtenir ce que, selon lui, on ne pouvait plus lui refuser, il se rendait chez Flora.

Dès les premières paroles elle l'arrêtait, et d'un

seul regard elle abattait son grand courage et faisait fondre ses résolutions, si énergiquement prises, comme un flocon de neige fond au soleil.

Presque chaque jour la scène se répétait et se terminait par le pardon imploré par le coupable et généreusement accordé.

Alors, comme pour se punir d'avoir été audacieux, Maxime demandait avec insistance à Flora d'exprimer un désir qu'il serait heureux de satisfaire.

La jeune femme ne savait guère ce qu'elle avait à désirer, mais le comte faisait naître le désir. Elle parlait d'un bijou ou de tel ou tel autre objet qu'elle avait vu et qu'il lui serait agréable de posséder.

Le soir même ou le lendemain, Flora trouvait la chose désirée sur le guéridon de sa chambre à coucher.

Elle avait, d'ailleurs, sans avoir besoin d'être stimulée, des caprices qui coûtaient cher à Maxime.

Un jour, elle dit au comte que ses chevaux ne lui plaisaient plus ; ils étaient bais et elle voulait des alezans. Le lendemain, les deux chevaux bais furent vendus avec une perte de moitié sur leur prix d'achat et remplacés par deux chevaux alezans achetés deux mille francs de plus que les premiers.

Un autre jour, elle voulut avoir une troisième voiture, une victoria. Le comte la lui donna, puis lui acheta un troisième cheval, non pour le monter, bien qu'elle se fût fait confectionner un costume d'amazone, mais pour être attelé seul à la victoria lorsqu'il lui plairait de sortir avec cette voiture qu'elle préférait au landau.

Elle eut l'idée de donner un grand dîner, qui serait suivi d'un concert et d'un bal et dont on parlerait dans les journaux.

Quarante personnes furent invitées au dîner; des danseuses, des chanteurs, des journalistes, quelques financiers, quelques hommes du monde et quatre gros bonnets du gouvernement. Plus de deux cents personnes assistèrent à la soirée, qui fut très brillante et dont tous les journaux parlèrent le lendemain.

Cette fête coûta une quinzaine de mille francs au comte, car il y eut les petits cadeaux aux éminents artistes qui avaient donné au concert un éclat tout particulier.

Enfin, chaque jour amenait de nouvelles dépenses, et la bourse du comte, qu'il ne remplissait plus qu'avec de sérieuses difficultés, se vidait avec une effrayante rapidité. Il y avait déjà longtemps que, ses revenus ne suffisant plus, il avait commencé à mordre au capital. Maintenant il contractait des emprunts hypothécaires très onéreux.

Il fallait répondre aux exigences de Flora, il fallait qu'elle fût contente. C'était dans les conventions.

Et, pour le remercier et le récompenser, elle lui accordait, pour toute faveur, un regard et un sourire et lui donnait sa main à baiser. Et s'il se permettait de trouver que c'était peu, le regard de la danseuse changeait subitement d'expression, et l'esclave, devenu tremblant, courbait la tête.

— Je vous ai fait connaître mes conditions et vous les avez acceptées, lui disait-elle.

— Oui, mais elles sont trop dures, je ne peux plus m'y conformer.

— Comte, faites-vous aimer !

— Mais ne fais-je pas pour vous plaire tout ce qui est en mon pouvoir?

— Je le reconnais.

— Mais peut-être n'ai-je pas fait assez jusqu'à présent. Voyons, Flora, dites-moi ce qu'il faut que je fasse!

— Je ne le sais pas, moi.

— Ah! tenez, dites-moi que vous ne voulez pas m'aimer, que vous ne m'aimerez jamais!

— Je ne dis pas cela, monsieur le comte.

— Pourtant...

— J'attends que mon cœur parle.

— Mais quand, quand parlera-t-il?

— J'attends, comte, attendez aussi.

Le malheureux fou se retirait désespéré, brûlé par une fièvre ardente qui ne le quittait plus et le dévorait, accomplissant en lui, fatalement, une œuvre de destruction.

Quand il avait passé la soirée avec la jeune femme, et que, avec une rigidité que rien ne pouvait vaincre, elle le congédiait, il allait retrouver ses amis au cercle ou dans d'autres lieux de réunion, où souvent l'on jouait gros jeu.

Sans que ce fût chez lui une passion, le comte aimait le jeu et depuis quelque temps, comme pour chercher à oublier la cruauté de la danseuse, il s'était remis à jouer.

Il buvait aussi, il buvait de l'absinthe jusqu'à s'étourdir, et il lui semblait que dans cette demi-ivresse, causée par la liqueur verte, il oubliait ses ennuis domestiques et trouvait un adoucissement à ses peines.

Il ne s'apercevait pas, il ne sentait pas qu'en

passant ainsi d'une surexcitation à une autre, il alimentait la fièvre qui le minait lentement, sourdement, qu'il achevait de s'énerver et hâtait l'anéantissement de toutes ses facultés.

Il passait ainsi toutes les nuits, ne rentrant chez lui qu'avec le jour, pâle, défait, les yeux brillants, hagards, se courbant déjà comme un vieillard et ayant les jambes chancelantes, comme s'il eût été tout à fait ivre.

XIV

L'ESCLAVE

Une après-midi, vers cinq heures, Maxime vint faire une visite à Flora qui, ne lui ayant pas dit qu'il pouvait venir ce jour-là, ne l'attendait point.

La danseuse avait assisté à la répétition d'un nouveau ballet, qui avait duré plus de trois heures, et était rentrée très fatiguée, plus encore par la lourdeur de l'atmosphère que pour avoir dansé.

Après avoir ôté son chapeau, ses bottines et mis ses pieds à l'aise dans des pantoufles, elle s'était étendue sur un canapé, dans son boudoir du premier étage, et n'avait pas tardé à s'endormir profondément, la tête sur un coussin et la bouche légèrement entr'ouverte.

Quand le comte se présenta, on ne savait pas que Flora reposait, et comme la danseuse lui avait accordé la faveur, lorsqu'elle se trouvait seule, de ne pas se faire annoncer, Augustine et Ali, qui se trouvaient tous deux au rez-de-chaussée, le laissèrent monter en lui disant :

— Mademoiselle est rentrée, il y a à peine vingt

minutes, vous la trouverez dans le petit salon.

Maxime ne crut pas devoir s'annoncer en frappant ; il ouvrit doucement la porte du boudoir, entra et s'arrêta aussitôt à la vue de Flora endormie. Il referma la porte, fit quelques pas en avant, puis s'arrêta de nouveau, hésitant.

Flora ne faisait pas un mouvement ; on entendait le bruit léger et régulier de sa respiration et il sembla au comte qu'il ne l'avait jamais vue aussi belle, aussi adorable qu'elle l'était dans son sommeil. Ses yeux étincelèrent, exprimant l'ardeur de ses désirs, et cessant d'hésiter, à petits pas, retenant sa respiration devenue haletante, il s'approcha du canapé.

Voyant que Flora ne se réveillait pas, il s'enhardit encore; il s'agenouilla, et de la hardiesse passant à l'audace, il s'inclina, s'inclina encore, sentit la douce haleine de la jeune fille se répandre sur son visage comme un parfum capiteux, enivrant, et sur la jolie bouche entr'ouverte, il colla ses lèvres brûlantes de fièvre et de passion, pendant que ses bras enlaçaient la taille svelte de la danseuse.

A ce double contact, Flora tressaillit violemment, se réveilla, ouvrit les yeux, se dressa effarée, et repoussant le comte par un mouvement brusque et fort :

— Lâche ! fit-elle.

Puis elle bondit sur ses jambes, terrible, l'œil en feu, frémissante et pâle de colère.

— Monsieur le comte de Verdraine, prononça-t-elle d'une voix sourde, vous venez de commettre une action déloyale, indigne !

— Flora, Flora ! balbutia-t-il d'un ton piteux.

— Une lâcheté, monsieur, une lâcheté !

Ah! ah! continua-t-elle, avec un accent étonnamment ironique et menaçant, il paraît que pour avoir plus facilement raison des femmes et pour vous en faire aimer, vous avez l'habitude de les surprendre dans leur sommeil!

Le comte ne put s'empêcher de tressaillir et regarda la terrible jeune femme avec une sorte de terreur.

Elle reprit :

— Puisque vous croyez avoir le droit d'agir en maître dans cette maison, monsieur, restez-y donc seul, je vous la rends; je vais me préparer à la quitter, moi, et pas plus tard que ce soir, je retournerai aux Batignolles.

Elle allait sonner. Il la retint en la saisissant par sa robe.

— Laissez-moi, laissez-moi! s'écria-t-elle.

— Non, non, n'appelez pas; j'implore mon pardon!... Je suis à vos genoux, je veux y rester, c'est à genoux que je vous implore... Grâce, Flora, grâce, pardon!

Impassible, elle l'enveloppa d'un regard froid dans lequel un observateur aurait reconnu de la haine mêlée à un profond mépris.

Maxime répétait : Grâce, pardon! — tendait vers la jeune femme ses mains suppliantes, et écrasé sous l'impitoyable fixité du regard de sa dominatrice, il poussait des plaintes, de sourds gémissements.

Et comme elle gardait son attitude hautaine, et qu'il lisait dans ses yeux son implacable volonté, il se mit à pleurer comme un enfant en se roulant à ses pieds.

Alors, seulement, les lueurs sombres du regard de la danseuse s'éteignirent : elle parut touchée de la douleur et du repentir de son esclave, et d'une voix singulièrement radoucie :

— Monsieur le comte, dit-elle, vous êtes coupable de trahison, mais je crois à votre repentir et j'ai pitié de vous ; pour cette fois, je vous pardonne votre faute ; allons, relevez-vous !

Il obéit, et s'emparant des deux mains de la jeune femme :

— Merci, Flora, dit-il, merci ! Mais si vous saviez...

— Je sais, monsieur, qu'il y a entre nous des conventions qui doivent être fidèlement et loyalement exécutées.

— Oui, c'est vrai ; mais il y a des instants où je ne suis plus maître de moi ; alors, j'oublie tout... Je ne sais quel feu vous avez allumé en moi, il brûle, il consume tout mon être... oh ! croyez-le, c'est plus terrible que ce que peut produire la plus violente de toutes les passions. Je souffre, Flora, je souffre comme un damné, comme aucun homme n'a jamais souffert ! Non, non, vous ne savez pas, vous ne pouvez pas savoir, vous ne saurez jamais quel est mon martyre !

Oh ! Flora, Flora, comme je vous aime !

Je ne vis plus que pour vous, et je sens que je ne peux plus vivre que par vous !... Ayez pitié de moi, Flora, ayez pitié de mes souffrances ! Je vous le dis, si vous me repoussiez, vous me tueriez ou je deviendrais fou !... Et tenez, j'ose vous le confesser, il y a des instants où un grand trouble se fait en moi, mes pensées deviennent confuses, j'ai de la peine à les ressaisir et il me semble que je vais tout à coup perdre la raison. Eh bien ! oui, Flora, oui, j'ai peur de devenir fou !

— Tout cela, comte, ce sont des enfantillages, répondit-elle avec une froide tranquillité ; soyez plus maître de vous, ne vous excitez pas et évitez avec soin tout ce qui peut provoquer chez vous une surexcitation dangereuse.

— Mais je ne peux pas, je ne peux pas ! s'écria-t-il.

— Tenez, vous devriez faire un petit voyage de huit ou quinze jours.

— M'éloigner de vous ! Oh ! ne me demandez pas cela !

— Pourtant, je crois que ce voyage vous ferait beaucoup de bien.

— Non, non ! Mais si j'étais seulement trois jours sans vous voir, je ne vivrais plus !

Après un court silence, la jeune femme reprit :

— Vous avez dit tout à l'heure que si je vous repoussais je vous tuerais.

— Oui, je l'ai dit et je le répète, vous me tueriez !

— Le fait n'aurait pas une aussi terrible conséquence ; néanmoins, comte, je crois devoir vous le dire encore, j'exige de vous obéissance et respect ; si vous vous rendiez coupable une seconde fois de la faute que vous avez commise aujourd'hui, vous me trouveriez sans pitié, je ne vous pardonnerais plus, je m'éloignerais de vous immédiatement, tout serait fini entre nous, je ne vous reverrais jamais !

Il ne répondit pas, mais la regarda avec une sorte d'effarement.

— Vous avez compris, n'est-ce pas? continua-t-elle ; maintenant, vous allez me quitter ; vous avez besoin, d'ailleurs, de prendre l'air, de faire une promenade d'une heure avant de dîner ; moi je me sens fatiguée, plus fatiguée encore que je ne l'étais avant que vous vinssiez troubler mon repos ; mais comme je n'ai pas à sortir ce soir, je me coucherai de bonne heure.

Demain, si vous le voulez, nous dînerons ensemble ici, à six heures, et vous m'accompagnerez jusqu'à la porte du théâtre.

Après ces paroles, le sourire revint sur ses lèvres ; elle tendit sa main au comte plus que jamais son esclave, et le malheureux se retira le front courbé. les yeux mornes, la tête en ébullition, le sang battant ses tempes.

La rude leçon qu'il avait reçue produisit son effet ; dans la crainte de déplaire à la danseuse, dans la crainte surtout de ce regard froid et terrible qui pénétrait en lui comme une lame d'acier, il sut si bien se contenir, se maîtriser, que pendant quinze jours Flora n'eut pas à le rappeler à l'obéissance passive et au respect qu'elle exigeait de lui.

Mais dès qu'il n'était plus près d'elle, une brusque réaction s'opérait ; il se révoltait contre ce qu'il appelait ses lâchetés et poussait des rugissements de fureur.

Il ne pouvait plus être seul, la solitude et le silence lui faisaient peur. Sa solitude se peuplait de fantômes effrayants qui se dressaient devant lui, et il lui semblait que du silence profond sortaient des voix sourdes, menaçantes.

C'était madame de Brogniès qui lui apparaissait serrée dans la camisole de force, coiffée du bonnet à grelots de la folie, les cheveux épars; les yeux, hors de la tête grimaçante, faisaient d'horribles contorsions, riant d'un rire aigu, strident, pareil à des sifflements de reptile, et secouant furieusement sa tête pour faire sonner les grelots avec un bruit infernal.

Derrière madame de Brogniès, c'était Isabelle qu'il voyait sortir de son petit cercueil; elle s'approchait de lui et, tristement, le regardait avec de grands yeux blancs déjà rongés par les vers.

C'était ensuite madame de Reybole, pâle, couverte de sang, lui montrant sa poitrine percée du coup de poignard qui l'avait tuée.

Puis venait Dolorès, cette jeune et belle actrice d'un théâtre de Madrid qu'il avait séduite et presque aussitôt abandonnée; elle avait les yeux étincelants de fureur et tenait un poignard dont elle était prête à le frapper.

Puis d'autres fantômes encore, toujours des femmes, des jeunes filles, les unes en larmes, sanglotant, tendant vers lui leurs mains tremblantes; les autres le regardant avec colère ou tournant autour de lui comme des furies.

Enfin, sa femme, la comtesse Paule, vêtue de noir, portant le long voile de crêpe des veuves, tenant par la main Georges et Edouard, passait rapidement devant lui comme épouvantée, mais n'ayant pas l'air de le reconnaître.

Et quand cette dernière vision s'était effacée,

10.

l'halluciné entendait la voix de Paule qui lui criait :

« Epoux sans cœur, père sans entrailles, sois maudit ! »

Puis, comme sortant de dessous terre et venant de tous les côtés, il entendait prononcer ces paroles lugubres :

« Misérable, tu m'as perdue, sois maudit ! »

Et il reconnaissait la voix de madame de Reybole, la voix de Brogniès, la voix de Dolorès, toutes les voix de ses victimes.

Une voix plus forte, plus terrible se faisait entendre après les autres et lui criait :

« Misérable, tes victimes seront vengées ! »

Cette voix qui le faisait trembler, il la reconnaissait aussi ; c'était celle de Flora.

Alors il se dressait haletant, effaré, le front baigné d'une sueur froide; il s'enfuyait, saisi d'épouvante, et l'on aurait pu le voir, en proie à une agitation fébrile, passer comme une ombre dans les allées de son jardin et donnant tous les signes de l'aliénation mentale.

Comme nous venons de le dire, il ne pouvait plus être seul; il lui fallait autour de lui du mouvement, du bruit, des chants, des rires, des propos joyeux auxquels il prenait part, tout ce qui étourdit, tout ce qui grise.

Aussi recherchait-il plus que jamais la société de ses amis. Avec les uns ou les autres, il passait toutes ses nuits; il ne dormait que lorsqu'il était terrassé par le sommeil. Il ne se mettait au lit qu'avec terreur, car les fantômes et les spectres qui l'épouvantaient quand il était seul, éveillé, se représentaient plus effrayants encore dans les cauchemars du sommeil. Le malheureux en était arrivé à ce point qu'il avait peur de dormir.

Au milieu de ses amis il avait des bizarreries d'humeur, des étrangetés de langage, des idées extravagantes qui les étonnaient et souvent même les effrayaient.

— Mon cher, lui disait d'Ambresle, voulez-vous un bon conseil ?

— Dites.

— Ne buvez plus d'absinthe.

— Vous avez raison, je n'en boirai plus, répondait-il.

Mais l'absinthe l'étourdissait, le faisait oublier, et, se moquant de d'Ambresle et de ses conseils, il recommençait à se griser d'absinthe.

Un soir qu'il était dans un état d'ébriété voisin de l'ivresse, il quitta ses amis à onze heures et se rendit à l'Opéra où, bien qu'elle ne lui eût pas donné rendez-vous, il espérait encore trouver Flora pour la ramener chez elle. Mais la danseuse était partie depuis un quart d'heure.

Ce que le comte avait de mieux à faire, c'était de retourner au cercle ou plutôt de rentrer chez lui et de se coucher ; mais un malicieux démon lui souffla une idée mauvaise. Il sauta dans une voiture de place et se fit bien conduire à son domicile, non pas pour se coucher, mais pour prendre dans un meuble de sa chambre plusieurs clefs portant chacune une étiquette.

Quelles étaient ces clefs ?

Quand le comte avait loué pour Flora l'hôtel de l'avenue du Bois-de-Boulogne, on lui avait remis trois clefs de chacune des portes principales de l'hôtel ; il avait laissé deux jeux de ces clefs à la jeune fille et gardé le troisième évidemment afin de pouvoir pénétrer dans l'hôtel, à l'insu des domestiques, n'importe à quelle heure du jour et de la nuit.

Nous savons pourquoi il n'en avait pas encore fait usage.

Mais pour la première fois, enfin, il allait s'en servir.

C'était l'idée qui lui était venue, la résolution qu'il avait prise.

Il se dirigea à pied vers l'avenue du Bois-de-Boulogne, sans réfléchir, sans songer aux obstacles qui pouvaient se dresser devant lui, sans se demander quelles seraient les conséquences de sa folie. Il allait, n'ayant dans la tête que son idée, une idée fixe. Il allait comme pris de vertige, poussé par une force irrésistible. Ce qu'il voulait, il le savait bien, mais il ne s'inquiétait pas de savoir si ce qu'il voulait était chose possible, réalisable.

Et il allait comme un homme qui erre à l'aventure, comme la bête affamée en quête d'une proie, comme l'oiseau blessé qui vole jusqu'à ce qu'il tombe, comme va sur les flots le navire sans agrès battu par la tempête.

Lorsqu'il arriva devant l'hôtel, il n'était pas encore une heure. Toutes les persiennes étaient fermées. Pas le plus petit filet de lumière ne s'échappait de l'intérieur. Il y avait lieu de penser que tous les serviteurs étaient couchés et que Flora elle-même dormait d'un profond sommeil.

Outre la grille, qui ne s'ouvrait que pour les voitures, il y avait pour pénétrer dans la cour une petite porte. Ce fut cette porte que le comte ouvrit et referma doucement, sans penser qu'un domestique pouvait le voir, le prendre pour un voleur et faire feu sur lui.

Mais, nous l'avons dit, il était gris et incapable de raisonner sainement.

En se glissant dans l'ombre du mur de clôture, il arriva à la porte qui donnait accès à l'escalier de service, lequel n'avait que huit marches. Il ouvrit à demi cette seconde porte, passa par l'étroite ouverture et se trouva dans une obscurité complète. Mais il est rare qu'un fumeur n'ait pas sur lui le moyen de se procurer instantanément du feu et de la lumière. Le comte trouva dans une de ses poches une boîte d'allumettes-bougies. Il alluma une de ces petites bougies et d'un pas plus lourd qu'il ne l'aurait voulu, il monta les marches. Une troisième porte se trouva devant lui ; il l'ouvrit sans avoir besoin de se servir de la clef, et se trouva dans un couloir en présence de deux nouvelles portes; l'une était celle de la cuisine, l'autre celle de l'office.

Après avoir fait éclater l'amorce d'une seconde allumette, car la première s'était éteinte entre ses doigts, en le brûlant, il ouvrit la porte de l'office. Enfin il était dans la place. Il tendit l'oreille. Un silence profond régnait dans l'intérieur de l'hôtel.

Les domestiques devaient être tous dans leur premier sommeil; il n'avait rien à redouter d'eux; il allait pouvoir pénétrer furtivement près de Flora qui, il le savait, ne fermait jamais à clef la porte de sa chambre. Il la surprendrait dans son sommeil... — Oui, il fallait que cela finit !

Il y avait sur la table de l'office une bougie dans

un chandelier de cuivre ; il l'alluma, et le flambeau à la main, il gagna le grand escalier de marbre, recouvert d'un tapis, qui conduisait au premier étage.

Comptant sur les épais tapis qui assourdissaient ses pas, il ne prenait plus aucune précaution pour ne point faire de bruit. Il traversa le grand salon et allait entrer dans une autre pièce qui précédait la chambre de la danseuse, lorsque la porte, sur le bouton de laquelle il allait mettre la main, s'ouvrit brusquement, et à ses yeux apparut une femme demi-nue, car elle n'avait pour tout vêtement qu'un jupon blanc et une camisole blanche.

Le comte crut que c'était Flora. Saisi d'un effroi subit, tremblant comme la feuille, il fit en chancelant trois pas en arrière et le chandelier, s'échappant de sa main, tomba sur le tapis.

Mais ce n'était pas Flora qui se tenait devant lui droite et raide et quelque peu effrayée, c'était Augustine.

A la vue du comte, la femme de chambre n'avait pu retenir un cri de surprise et de stupéfaction. Cependant elle retrouva vite son sang-froid.

— Vous, monsieur le comte, vous ici, à cette heure ! fit-elle; mais qui donc vous a ouvert ?

— Personne, répondit Maxime, qui lui aussi était parvenu à se rendre maître de son émotion.

— Mais comment êtes-vous entré?

— En ouvrant les portes.

— Oh! ce que vous venez de faire est la pire des folies! Et si mademoiselle savait cela...

— Elle le saura, car je le lui dirai moi-même.

— Soit, si cela vous convient. Mais pourquoi êtes-vous venu ? Que voulez-vous ?

— Je veux voir Flora.

— Mais c'est encore de la folie, monsieur le comte ; mademoiselle est couchée, elle dort.

— Je la réveillerai.

— Monsieur le comte, vous n'êtes pas dans votre état naturel ; prenez garde à ce que vous faites ; je vous en prie, retirez-vous ; venez, je vais vous reconduire.

— Je veux voir Flora.

— C'est impossible.

— Je te dis que je veux la voir ; allons, laisse-moi passer.

— Non ! répliqua Augustine d'un ton ferme et résolu.

— Il avança, une flamme dans le regard ; la femme de chambre lui barra le passage et le repoussa. Alors ses yeux étincelèrent de fureur.

— Misérable fille ! grogna-t-il.

Il se rua sur elle, la saisit au cou et il l'aurait étranglée, le fou, si, en se débattant avec vigueur, elle n'était pas parvenue à se dégager de la terrible étreinte.

Mais, dans la lutte, qui n'avait duré qu'un instant, le comte avait pu pénétrer dans l'antichambre. Ne s'occupant plus d'Augustine, qui s'était affaissée sur son siège à demi pâmée, il bondit sur la porte de la chambre de Flora. Impossible de l'ouvrir, elle était verrouillée.

Le comte ne s'attendait certainement pas à rencontrer cet obstacle, car ses bras tombèrent lourdement à ses côtés, et devant la porte close il resta immobile et tout hébété.

Soudain, il tressaillit en entendant un bruit de sonnettes qui retentissait à tous les étages de l'hôtel.

Qu'est-ce que cela signifiait?

C'était Flora qui réveillait et appelait en même temps tous ses serviteurs.

Bien qu'elle se fût mise au lit avant minuit, la danseuse allait seulement s'endormir lorsqu'elle avait entendu tout à coup la voix de sa femme de chambre et celle du comte.

M. de Verdraine chez elle, au milieu de la nuit! Que venait-il faire? Que voulait-il? Avait-il un projet sinistre à mettre à exécution? Enfin s'agissait-il d'une tentative désespérée?

— Mais, alors, il fallait qu'il eût chez elle un ou plusieurs complices! Quoi, près d'elle, parmi ses gens dont elle se croyait si sûre, il pouvait y avoir au moins un domestique infidèle, un traître! Etait-ce possible?

Tout en faisant ces réflexions, la jeune femme s'était élancée hors de son lit, avait pris tout d'abord la précaution de pousser les targettes de la porte, puis l'oreille collée au trou de la serrure, elle avait écouté et entendu le colloque entre le comte et Augustine et enfin le bruit de la lutte.

Alors elle s'était mise à sonner, sans chercher à s'expliquer comment le comte avait pu s'introduire dans l'hôtel, mais ayant acquis la conviction qu'il n'avait aucun de ses serviteurs pour complice.

A l'appel de leur maîtresse, la cuisinière, Ali et le valet de pied accoururent.

Quand Flora se fut assurée que ses serviteurs

avaient répondu à son appel, elle sortit de sa chambre enveloppée dans un peignoir de satin blanc et les pieds dans des pantoufles. Il n'y avait pas la moindre trace d'émotion sur son visage; elle était parfaitement calme. Elle passa devant le comte, qui avait peine à se tenir sur ses jambes, sans lui rien dire, sans même le regarder, et s'adressant à Ali:

— Qui a ouvert les portes à M. de Verdraine? lui demanda-t-elle.

— Je ne sais pas, répondit-il.

— Et vous, Augustine, pouvez-vous répondre à ma question?

— M. le comte a ouvert les portes lui-même avec des clefs qu'il doit avoir sur lui.

Alors la jeune femme se tourna vers Maxime, qui ressemblait à un criminel qui va entendre prononcer sa sentence. Elle vit qu'il se soutenait à peine. Un sourire étrange glissa sur ses lèvres et elle murmura :

— Il est ivre!

Elle resta un instant silencieuse, puis sans colère, mais d'un ton sec et froid :

— Est-il vrai, monsieur le comte, dit-elle, que vous ayez sur vous les clefs des portes d'entrée de l'hôtel?

— Oui, répondit-il, tenant sa tête baissée.

— Comment vous êtes-vous procuré ces clefs?

Il répondit en bredouillant que les clefs étaient en sa possession depuis le jour où il avait loué l'hôtel.

— C'est bien, cela me suffit, dit la jeune femme; mais veuillez, je vous prie, remettre les clefs à Ali.

Et comme il ne se pressait pas d'obéir, elle répéta d'une voix forte, impérieuse :

— Remettez les clefs à Ali !

Quand Flora ordonnait, il fallait obéir. Le comte s'exécuta. Il avait voulu faire quelques pas, mais avait été vite forcé de chercher un appui contre un meuble. Le malheureux était maintenant tout à fait ivre. Cependant il avait encore conscience de la situation aussi déplorable que ridicule dans laquelle il se trouvait, et il se sentait écrasé de honte. Etre ainsi traité devant des domestiques, étaler sous leurs yeux l'état d'abaissement, de dégradation dans lequel il était tombé, quelle humiliation ! Mais cette humiliation, cette honte, c'était lui qui les avait cherchées !

Sa tête s'était redressée et il regardait Flora ayant l'air de lui demander grâce.

— Monsieur le comte, reprit la jeune femme, je n'ai rien à vous dire en ce moment, vous viendrez me voir demain et je verrai, ayant réfléchi, si je dois vous pardonner votre folle action.

Ali, continua-t-elle, vous et votre camarade vous allez accompagner M. le comte jusque chez lui.

— Flora, Flora, dit Maxime, écoutez-moi, laissez-moi vous dire...

— Je n'ai rien à écouter, rien à entendre maintenant ; demain, monsieur le comte, demain.

Elle lui tourna le dos brusquement, fit un signe au mulâtre et, sans ajouter une parole, rentra dans sa chambre.

Alors les deux domestiques s'approchèrent respectueusement de M. de Verdraine.

— Monsieur le comte, dit Ali, nous sommes à vos ordres.

Le comte promena autour de lui un regard farouche, grommela quelques mots inintelligibles, puis d'une voix rauque, la langue lourde :

— C'est bien, dit-il, marchez, je vous suis.

Mais comme il chancelait sur ses jambes, prêt à tomber, les deux domestiques durent le prendre chacun par un bras, et c'est ainsi qu'ils l'emmenèrent.

Flora ne s'était pas tout de suite remise au lit ; elle avait ouvert une des fenêtres de sa chambre, entr'ouvert les persiennes et vu sortir le comte, soutenu par Ali et son camarade.

Après être restée un long moment pensive, elle referma la fenêtre en murmurant :

— Le châtiment de cet homme est plus terrible que je ne le voulais !

Mais je ne vous ai pas cherché, monsieur de Verdraine, continua-elle, et Dieu m'est témoin que si vous n'étiez pas venu à moi, je n'aurais pas eu la pensée de venger la malheureuse que vous avez souillée, déshonorée, lâchement abandonnée, et qui, dans un accès de désespoir, s'est tuée pour échapper à la honte et au déshonneur.

XV

JOURS SOMBRES

A la ferme des Bergères, la comtesse Paule attendait avec une anxiété cruelle la suite des événements douloureux dont elle avait eu le pressentiment même avant son mariage. La malheureuse femme n'avait plus aucune illusion à se faire, son malheur était irrémédiable et elle savait qu'il serait complet.

Pour elle, les jours qui se suivaient se ressemblaient tous ; c'était toujours dans son existence la même tristesse incurable, la même monotonie, les mêmes inquiétudes. Sans cesse, elle répétait :

— Mes pauvres enfants, que deviendront-ils ?

Ses enfants ! Maintenant ils étaient tout pour elle ; elle ne vivait que pour eux. Et comme elle les aimait, les adorait !

Cette femme, qui n'avait à se reprocher, après tout, que d'avoir eu de folles idées de grandeur et de ne pas avoir suivi les sages conseils donnés par une mourante, cette femme était toute de tendresse et de dévouement.

Elle était née pour aimer, comme la rose naît pour charmer les yeux et embaumer le parterre.

Georges et Edouard avaient encore développé ses facultés aimantes, élargi son cœur, et dans son amour de mère elle s'élevait jusqu'à la sublimité du dévouement et de l'abnégation.

Cette fille de paysan, qui avait été si belle que les chagrins avaient pu à peine toucher à sa radieuse beauté, possédait toutes les qualités du cœur, toutes les délicatesses de l'esprit et des sentiments, toutes les vertus que l'on ne trouve presque jamais réunies chez la même femme.

Et c'était pour la faire souffrir, pour son malheur que la nature, que Dieu l'avait si richement douée !

Tout en elle lui avait été fatal, aussi bien sa beauté que les aspirations de son âme, que sa jeunesse, que son innocence, que la tendresse de son cœur toujours débordante.

Et cela parce que son enfance avait été mal dirigée, parce que l'on avait aidé son imagination trop ardente à s'égarer dans des rêves, parce que, courant à la recherche du bonheur, elle avait pris un autre chemin que celui qu'il fallait suivre.

Tout cela, c'était la fatalité ! Et cette terrible fatalité s'était attachée à elle depuis le jour de sa naissance.

Oh ! comme maintenant elle maudissait les folies de son orgueil et de son ambition ! Oui, elle pouvait se dire, en frappant sa poitrine : C'est ma faute ! Elle était punie, cruellement punie ; mais le châtiment n'était-il pas excessif ?

Souvent, bien souvent, par la pensée, elle se retrouvait à Saint-Amand-les-Vignes, au village qu'elle n'aurait jamais dû quitter; dans sa tête les souvenirs se pressaient, tourbillonnaient, et pendant quelques instants elle se sentait revivre dans le passé. Parfois même il lui semblait que ce qui lui était arrivé depuis qu'elle était loin de sa famille n'était qu'un long et horrible cauchemar.

Mais, hélas! elle sortait du rêve, et haletante, éperdue, écrasée, elle retombait dans la réalité. Alors, se cachant de ses enfants, à tous les yeux, cherchant des endroits déserts, elle versait des larmes amères.

— Ah! si c'était à refaire! s'écriait-elle avec désespoir.

Si c'était à refaire, ce n'est pas au comte de Verdraine, mais à Etienne Denizot qu'elle donnerait son cœur et son âme, sa vie tout entière en lui disant :

— C'est à toi, Etienne, à toi que je me donne, aime-moi et rends-moi heureuse!

Paule n'était pas seulement née pour aimer, elle avait besoin aussi d'être aimée. L'amour maternel tenait une grande place dans son cœur, mais ne l'occupait pas entièrement; il lui fallait un autre amour, partagé ou non; elle avait soif de cet amour nécessaire à sa vie, comme le soleil est nécessaire à la vie de la fleur.

Quand le comte de Verdraine lui avait brutalement et cyniquement déclaré qu'il ne l'aimait plus et qu'elle-même avait cessé de l'aimer, un vide énorme s'était fait tout à coup en elle. Malgré elle, alors, elle avait pensé à Etienne qu'elle avait dédaigné, repoussé et qui, lui, et malgré tout, l'aimait toujours.

Et un jour elle sentit que le vide de son cœur s'était comblé, et elle découvrait avec terreur que la place laissée libre par son mari était occupée par Etienne.

C'était une autre fatalité!

Que de fois elle s'était écriée, dans une angoisse indicible :

— Mon Dieu, ayez pitié de moi!

C'était un cri de douleur, le cri déchirant d'une âme épouvantée.

Oui, la malheureuse aimait maintenant Etienne, elle l'aimait autant et plus encore peut-être qu'elle n'avait aimé Maxime.

Etait-ce encore une punition, une vengeance céleste?

C'est après l'avoir seulement vu passer, en pensant à lui, en se berçant dans des rêves, que l'amour de Paule pour le comte avait germé et fleuri dans son cœur; c'est en pensant à Etienne, mais non plus en se berçant dans le rêve, — le temps des rêves était passé, — qu'un nouvel amour s'était traîtreusement emparé du cœur de Paule.

Ainsi, chez cette femme étrange, c'était la pensée qui faisait naître l'amour!

Il est des faits qui ne s'expliquent point. La femme est et sera toujours une énigme vivante; son cœur est un abîme dont on ne saurait sonder la profondeur, et nul ne découvrira jamais toutes les choses mystérieuses qu'il renferme.

La comtesse souffrait horriblement de son amour; elle le trouvait monstrueux, impie; elle n'osait pas se l'avouer à elle-même; il était sa plus grande douleur, son plus grand désespoir, un malheur plus terrible encore que tous les autres. Et son amour maternel avait été impuissant à la protéger, à la défendre contre cet autre amour qui faisait tort à ses enfants, puisqu'il avait pris une partie de son cœur et que peut-être il leur dérobait la moitié de sa tendresse !

Et quand elle les étreignait contre sa poitrine, elle semblait, en les serrant fiévreusement, leur demander d'arracher de son cœur son amour insensé ou de lui pardonner de ne pas les aimer uniquement.

Mais les chers petits n'avaient rien à lui pardonner, rien à lui reprocher. Elle les aimait autant que peut aimer la meilleure des mères. Seuls ils étaient là pour recueillir les expansions de sa tendresse, pour recevoir les caresses de ses yeux, les baisers de ses lèvres. Elle leur était dévouée, elle les entourait de soins attentifs, sa sollicitude était de tous les instants, rien ne pouvait la détourner de sa vigilance, elle ne faillissait à aucun de ses devoirs.

Elle avait dit :

« Je serai leur gouvernante et leur institutrice. »

Elle était, en effet, l'une et l'autre.

Sa patience était celle d'une institutrice modèle et elle avait la douceur et la bonté que Dieu a mises dans la voix et dans le cœur de la mère.

Tout en apprenant à ses enfants à lire, à écrire, à compter, elle leur donnait les premières notions de grammaire, de géographie, d'histoire et même de sciences naturelles dans de courts récits mis par elle à la portée de leur âge.

Elle commençait leur éducation en les préparant à subir les épreuves de la vie, en les familiarisant avec les principes de l'honnêteté, en leur inspirant l'amour du bien, l'horreur du mal. Elle devait ses malheurs à sa fierté, à son orgueil, elle enseignait à ses enfants l'humilité, le respect pour les pauvres comme pour les riches; elle leur apprenait à être bons, compatissants, charitables, à aimer et à bénir Dieu dans toutes les merveilles de la création.

Elle était presque constamment avec eux; le soir, c'était elle qui les couchait, elle qui les levait le matin et les habillait. Ils disaient leur prière et elle priait avec eux.

Elle était éloignée du monde, mais ce n'était pas ce monde dont elle s'était retirée qu'elle regrettait. La solitude lui était chère; dans son isolement elle trouvait l'apaisement et elle éprouvait une sorte de satisfaction à ne plus voir personne. Elle devenait sauvage.

Elle le connaissait, le monde, elle le connaissait trop; elle savait également ce que l'on pouvait attendre des fausses amitiés.

Elle se disait que tous ces hommes et ces femmes du monde qui dans un temps l'avaient adulée, encensée, qui se seraient agenouillés devant elle, ne valaient pas les fermiers des Bergères, Jérôme Verdret et sa femme. Ces braves gens étaient très bons pour elle, lui rendaient mille petits services, s'ingéniaient à lui être agréable. Pour elle ils auraient tout fait, tout donné, tout sacrifié. Ils n'avaient pas d'enfants; aussi comme ils aimaient Georges et Edouard! Les deux petits étaient souvent, l'un dans les bras de la femme, l'autre sur les genoux du mari.

Cela faisait plaisir à la comtesse.

— De cette façon, se disait-elle, ils s'habituent à vivre avec les paysans, à les aimer.

Elle ajoutait en soupirant :

— Hélas ! eux aussi ne seront-ils pas un jour des paysans !

Elle avait déjà l'idée de retourner à Saint-Amand, de rentrer dans la maison de son père pour n'en plus sortir. Mais elle ne voulait pas encore quitter les Bergères. Cette ferme appartenait encore au comte de Verdraine. On disait, il est vrai, que comme le domaine de Verdraine et deux autres fermes, elle était hypothéquée ; mais l'hypothèque n'a pas pour conséquence immédiate l'expropriation.

La comtesse attendait, comme nous l'avons dit, les événements avec anxiété ; elle attendait pour partir, nous pourrions dire pour s'enfuir, qu'elle en fût réduite à aller demander à ses parents du pain pour elle et ses enfants.

M. Percier, le notaire de Grenoble, ne lui avait servi sa pension que les deux premiers mois. Elle avait réclamé et le notaire avait répondu qu'il était désolé, mais que n'ayant plus d'argent au crédit du compte de M. de Verdraine, il ne pouvait plus lui en donner.

Paule comprit tout ce qu'il y avait de terrible et de menaçant dans cette réponse du notaire. La ruine, la ruine définitive, complète était proche. Elle n'avait plus rien à demander. Heureusement elle avait des bijoux qu'elle ne devait plus jamais porter. Elle les vendait les uns après les autres.

Sans faire connaître exactement à son père et à sa mère la situation dans laquelle elle se trouvait, elle avait fini par leur apprendre qu'elle souffrait, qu'elle était malheureuse. Elle n'avait point cru devoir leur cacher qu'elle était maintenant seule avec ses enfants; mais elle n'avait pas eu assez de force pour leur dire comment et pourquoi le comte de Verdraine avait abandonné sa femme et ses enfants.

Se rapportant à ce que Paule leur disait et ne voulant pas supposer pire, le père, la mère et l'aïeul croyaient que le comte était parti pour un voyage au delà des mers et ne se doutaient point de l'affreuse vérité.

Néanmoins ils étaient inquiets, tourmentés, car dans chacune des lettres de la jeune femme il y avait comme des cris de douleur.

« Paule, reviens près de nous, écrivaient le père et la mère.

« Reviens, reviens, écrivait de son côté le vieux Rouget. »

Paule répondait :

« Le moment n'est pas venu, il faut que j'attende encore ; mais patience, un jour vous me verrez arriver. »

La pauvre abandonnée avait peut-être encore l'espoir que le comte reviendrait, non pour elle, mais pour ses enfants.

Elle n'entendait plus parler de lui et elle pouvait se demander ce qu'il était devenu. Elle pensait bien qu'il était toujours à Paris, mais elle ne voulait pas chercher à deviner ce qu'il y pouvait faire.

Elle avait appris avec une froide indifférence que madame de Brogniès, frappée subitement d'aliénation mentale, avait été enfermée dans une maison de fous. Et quand on lui avait annoncé que Jean Castori, le complice de la Piémontaise, venait d'être condamné aux travaux forcés à perpétuité, elle avait prononcé ces mots :

— Il est le moins coupable.

Comme tout le monde, la comtesse Paule avait vu dans la terrible maladie de madame de Brogniès un châtiment du ciel et elle s'était dit que son mari ne pouvait guère recevoir une plus rude leçon. Elle avait pensé qu'après un pareil coup de foudre, le comte réfléchirait, interrogerait sa conscience, aurait honte de sa conduite et rentrerait en lui-même.

Et elle avait espéré que corrigé, cette fois, bien corrigé et pour toujours, il reviendrait retrouver ses enfants. Elle ne lui aurait pas rendu sa tendresse, son amour qu'il avait à jamais perdu ; mais s'il était revenu avec des regrets, repentant, elle aurait trouvé dans son amour maternel assez de force pour pardonner.

Elle lui aurait dit :

— Maintenant, monsieur le comte, ne pensons plus, vous et moi, qu'à nos enfants, et ne vivons que pour eux.

Il n'y aurait plus eu entre le mari et la femme cette douce intimité des heureux jours d'autrefois ; mais la comtesse serait restée toujours une épouse fidèle et dévouée.

Elle avait attendu pendant un mois, un mois qui lui parut long comme un siècle, puis elle s'était dit :

— C'est fini, plus d'espoir, mes enfants sont bien de pauvres abandonnés, et il me faudra boire le calice jusqu'à la lie.

XVI

L'ABIME

Plusieurs mois se sont écoulés et nous sommes après l'hiver d'une nouvelle année dont le printemps sera gros d'événements.

La Papillonne avait pardonné au comte de Verdraine sa ridicule et folle tentative; mais le malheureux payait cher l'indulgence de la danseuse. Elle n'avait pas besoin de l'humilier, il s'humiliait assez lui-même ; pour obtenir un regard ou un sourire et pour qu'elle voulût bien lui tendre la main, il n'y avait pas de bassesse qu'il ne fît ; il avait abdiqué toute dignité, toute fierté, et il en était arrivé à ce point d'anéantissement physique et d'abaissement moral qu'il ne se révoltait plus intérieurement contre la domination tyrannique qui avait fait de lui le pire des esclaves, qui le conduisait à l'abrutissement complet.

— Monsieur le comte, voilà la note, payez!

Flora avait dit cela si souvent et si peu ménagé les finances du comte que le jour arriva où

Maxime, rouge de confusion et baissant la tête, répondit :

— Je ne peux pas!

— Ah ! fit simplement la danseuse.

Et avec son impassibilité habituelle elle ajouta :

— Ne vous tourmentez pas, comte, je paierai, moi.

Ainsi, Flora la Papillonne était arrivée au but qu'elle avait voulu atteindre ; la ruine du comte de Verdraine était un fait accompli et elle y avait largement contribué. De plus, sans pitié pour la passion qu'elle lui avait inspirée, elle lui avait fait subir des supplices inconnus, lui avait fait endurer les plus vives souffrances, l'avait martyrisé, lui avait enlevé toute volonté, l'avait conduit à l'ivrognerie, à la dégradation physique et morale, avait brisé son corps, détruit ses facultés intellectuelles, avait fait en un mot de cet homme jeune encore un vieillard, de cet être jadis fort et intelligent, presque un idiot.

Certes, les femmes que Maxime de Verdraine avait fait souffrir étaient cruellement vengées ! C'était la peine du talion qui lui avait été infligée.

Mais qu'avait-il donc fait à la danseuse Flora ? Pourquoi cette jeune fille était-elle devenue une vengeresse ?

Nous le dirons bientôt.

Le comte était ruiné, il était irrémédiablement perdu !

Il avait vu tous les prêteurs d'argent, tous les usuriers. Ces gens-là sont impitoyables et se tiennent par la main. Tous en même temps, et comme s'ils eussent répondu à un mot d'ordre, avaient fermé leur caisse au comte de Verdraine. Alors à chaque demande de celui-ci la même réponse avait été faite.

— Impossible, monsieur le comte, impossible, je ne peux plus, vous n'avez plus aucun gage à offrir. Et tenez, je vous le dis sincèrement, votre château, vos fermes et vos bois du Dauphiné seraient-ils vendus dans les meilleures conditions, la vente ne donnera pas une somme assez forte pour désintéresser vos créanciers.

Le comte n'avait plus d'argent et ne pouvait plus en trouver ; il dut, — c'était fatal, — en venir aux expédients. Il renvoya ses domestiques, ne gardant que son valet de chambre, ou plutôt ce furent ses domestiques qui le quittèrent parce qu'ils n'étaient plus payés, qu'ils étaient mal nourris et devinaient la dégringolade finale, en voyant arriver chaque jour de nouvelles feuilles de papier timbré.

Naturellement, le comte dut vendre ses chevaux, ses voitures ; il vendit également une partie de son riche mobilier et aussi les bijoux, la garde-robe et autres objets appartenant à madame de Brogniès. C'était peu délicat, nous pouvons même dire que c'était un vol commis au préjudice de la famille de la Piémontaise; mais le comte n'y regardait plus de si près et puis... il lui fallait de l'argent, il lui en fallait n'importe à quel prix.

Il est vrai que les parents de madame de Brogniès n'avaient rien réclamé ; le comte pouvait penser qu'une réclamation ultérieure ne se produirait point ; et peut-être, parce qu'on ne lui demandait rien, avait-il cru qu'il était le maître de disposer de ce qui ne lui appartenait pas.

Quoi qu'il en soit, grâce aux pierreries de madame de Brogniès, le comte put encore faire, pendant quelque temps, assez bonne figure.

Dans ses jours de grande gêne, alors qu'il était forcé de recourir aux expédients pour tourner certaines difficultés, pour répondre à de terribles exigences, il lui arrivait de penser à sa femme, non point parce qu'il avait des regrets de l'avoir abandonnée et que sa conscience lui reprochait son indigne conduite, disons le mot, son infamie ; non, point pour cela, mais parce que la comtesse Paule possédait les bijoux que lui avait donnés la baronne de Bressac et ceux que lui-même lui avait achetés dans les deux premières années de leur mariage.

Et il se disait que les bijoux de la comtesse Paule pouvaient bien valoir une cinquantaine de mille francs.

Mais ce n'étaient pas ces bijoux, dernière et unique ressource de la malheureuse mère et de ses enfants, qui auraient pu sauver M. de Verdraine. Qu'est-ce, en effet, qu'une goutte d'eau dans un torrent?

Quand on présente de sérieuses garanties à des usuriers, ils prêtent facilement leur argent ; mais ce n'est pas le tout d'emprunter à quarante, cinquante et même soixante pour cent, il faut remplir les engagements pris, c'est-à-dire rembourser aux échéances.

M. de Verdraine avait-il pensé à ces terribles échéances ? Peut-être. Mais il les laissa arriver, les une après les autres, les dernières plus menaçantes encore que les premières, sans avoir pu s'armer contre elles. La seule arme avec laquelle on puisse se défendre contre une échéance, c'est l'argent, et le comte n'avait plus d'argent et plus de crédit. Il ne lui était plus possible d'employer cet expédient qui consiste à faire un trou pour en boucher un autre.

Les papiers timbrés se succédèrent, de plus en plus nombreux ; c'était une grêle, une avalanche d'exploits, de significations, de jugements, etc., etc... Après les huissiers et les hommes d'affaires, les avoués entrèrent en ligne et les tribunaux se jetèrent dans la mêlée.

Il y eut des autorisations de poursuites judiciaires, des jugements de saisie mobilière et immobilière, jugements d'expropriations par autorité de justice. Et les gens de loi de Paris et de Grenoble marchaient avec un admirable ensemble.

A Grenoble, c'était le grand événement du jour.

— Vous savez, le comte de Verdraine, il est au bout de son rouleau ; il n'en a pas eu pour longtemps; c'est ainsi que ça devait finir. Son domaine de Verdraine, ses bois, ses fermes, enfin tout ce qu'il possède va être vendu par autorité de justice ; c'est affiché. On peut appeler cela croquer lestement un superbe héritage. Voilà où mène l'inconduite. Franchement, le comte de Verdraine n'est pas à plaindre. Quel vilain homme ! Ceux qu'il faut plaindre, ce sont sa femme et ses enfants. Pauvre comtesse ! Pauvres petits ! Qu'est-ce que va faire la comtesse ? Que vont-ils devenir tous les trois? Espérons qu'il leur restera autre chose que leurs yeux pour pleurer... C'est égal, il y a des hommes bien canailles. On se demande à quoi pense la mort, quand on voit qu'elle laisse vivre des misérables comme ce comte de Verdraine !

Bref, c'était un tollé général. Chacun avait sa

harangue toute prête pour ceux qui voulaient l'écouter. Et on en disait, on en disait !...

A Paris, le comte de Verdraine sentait que le terrain manquait sous ses pieds, qu'à chaque pas qu'il faisait, il s'enfonçait plus avant dans le bourbier. Il était au fond d'une impasse ou comme enfermé entre quatre murs sans issue. Il ressemblait au malheureux qui s'est mis la corde au cou et qui à chaque mouvement qu'il fait sent se serrer davantage le nœud qui va l'étrangler. Impossible de lutter encore ; il ne pouvait que constater l'impuissance des derniers efforts qu'il avait faits pour ne pas se laisser écraser. En même temps qu'une faible main de femme, une main plus forte et plus terrible, celle de Dieu, s'était appesantie sur lui et l'avait terrassé. Il avait beau se débattre, hurler comme un loup pris dans un piège, il fallait qu'il roulât au fond de l'abîme ouvert sous ses pieds et qu'il avait creusé lui-même.

*
* *

Aux Bergères, la comtesse Paule, comme nous l'avons dit, attendait les événements avec cette résignation stoïque des malheureux qui ne peuvent plus rien pour échapper aux dangers qui les menacent et sentent qu'il n'y a pas à se défendre contre leur destinée.

Un jour la comtesse apprit que les créanciers de son mari allaient faire vendre tous ses biens.

Cela était prévu ; la comtesse ne fut nullement surprise, mais elle n'en éprouva pas moins une douleur très vive.

— On vous a peut-être trompée, madame la comtesse, lui dit le fermier essayant de la rassurer.

Elle secoua tristement la tête et répondit :

— Je ne crois pas que l'on m'ait trompée, car ce malheur était inévitable et je m'y attendais.

Trois jours après, ce fut le fermier lui-même qui vint dire à Paule :

— Hélas ! madame la comtesse, ce que l'on vous a annoncé était bien la vérité; les propriétés de M. le comte vont être vendues par autorité de justice; la vente est affichée à Grenoble, dans toutes les autres villes du département et même dans beaucoup de villages, m'a-t-on dit, sans compter les annonces dans les journaux ; je suis allé à Verdraine ce matin et j'ai vu deux affiches que l'on a collées de chaque côté de la grande grille.

Les yeux de la comtesse se remplirent de larmes, sa tête tomba sur sa poitrine et elle murmura :

— Mes pauvres enfants !

Ce fut tout.

Puis quand le fermier se fut retiré, elle se dit :

— Quand je ne serai plus ici qu'une étrangère, je partirai !

Mais la malheureuse femme n'était pas arrivée à la fin de ses souffrances, elle avait encore à subir de cruelles épreuves; elle n'avait pas encore vidé le calice amer, elle devait le boire jusqu'à la lie.

Le lendemain, dans la matinée, un homme d'une quarantaine d'années, correctement vêtu, arriva aux Bergères dans un cabriolet. Il venait de Grenoble, dit-il à la fermière, pour parler à madame de Verdraine ; il fallait qu'il la vît immédiatement; il y avait urgence.

Madame Verdret s'empressa d'aller prévenir la comtesse qu'elle trouva avec ses enfants dans la salle à manger de l'acien pavillon de chasse et remplissant auprès des deux petits garçons ses fonctions d'institutrice.

Elle répondit à la fermière que le visiteur pouvait se présenter, qu'elle était prête à le recevoir.

Un instant après le monsieur parut ; il s'inclina respectueusement devant la comtesse qui, après lui avoir rendu son salut, le pria d'entrer dans un petit salon contigu à la salle à manger.

Alors Paule regarda le visiteur avec une certaine anxiété, attendant qu'il voulût bien lui faire connaître l'objet de sa visite.

— Est-ce que madame la comtesse ne me reconnaît pas ? demanda le monsieur ?

— Non, monsieur, et cependant il me semble que votre figure ne m'est pas inconnue.

— Deux ou trois fois j'ai eu l'honneur de rencontrer madame la comtesse à Grenoble, dans le monde. Je suis M. Florent de la maison de banque Gibert-Florent et Cie.

— Je vous reconnais maintenant, monsieur.

— Je viens remplir auprès de vous une mission pénible, madame la comtesse ; il s'agit d'une affaire excessivement grave, et ce n'est pas sans douleur, croyez-le, que je me vois forcé, comme associé de la maison Gilbert Florent et Cie, de vous faire une révélation qui va vous frapper cruellement.

La comtesse était devenue affreusement pâle.

— Hélas ! monsieur, répondit-elle, souffrir est mon lot sur la terre ; tous les malheurs s'accumulent sur moi et mes enfants, et après tant de souffrances endurées, j'attends de nouvelles tortures ; ce sont de véritables coups de foudre qui m'ont successivement frappée, et je sais que je ne suis pas à la fin. Vous pouvez parler, monsieur, j'attends tout et je suis prête à tout.

— Eh bien, madame la comtesse, voici la chose : Nous avons reçu de la Banque Franco-américaine, dont le siège principal est à Paris, un billet à ordre à encaisser de quarante mille francs. Ce billet à ordre, madame la comtesse, le voilà, et en voici la teneur.

» Au seize mai prochain, je payerai à M. le comte » de Verdraine ou à son ordre la somme de qua- » rante mille francs, valeur reçue comptant.

» J. DE MIRAY.

» Grenoble, le 26 décembre 18.. »

— Comment, fit Paule avec surprise, au mois de décembre dernier, M. de Verdraine a prêté quarante mille francs à M. de Miray?

— C'est, en effet, ce que semble dire ce billet, madame la comtesse, mais cela n'est pas. M. de Miray a une très grande fortune et au lieu d'emprunter, c'est lui plutôt qui pourrait prêter. Ce billet n'a donc pas été souscrit par M. Miray en faveur de M. de Verdraine ; il est malheureusement l'œuvre d'un faussaire.

— Un faussaire! exclama la jeune femme en frémissant.

— Hélas! oui, madame la comtesse, et ce faussaire est le comte de Verdraine.

— Mon Dieu! mon Dieu!

— Au mois de décembre dernier, ayant évidemment un pressant besoin d'argent, M. de Verdraine a créé ce billet à son ordre et l'a signé du nom de M. de Miray, son ami; il l'a ensuite endossé et en a touché le montant, moins l'escompte.

Alors, sans doute, M. de Verdraine espérait pouvoir envoyer avant le 16 mai, à M. de Miray, les quarante mille francs afin que celui-ci fût en mesure de payer le billet à présentation et retirât le faux de la circulation. Mais les choses ne se sont point passées ainsi : Hier, c'était le 16 mai, le billet a été présenté à M. de Miray, qui a déclaré qu'il n'en est point le souscripteur et que la signature n'est pas la sienne.

Notre garçon de recettes rapporta le faux billet à la banque, et nous étions à peine instruits que M. de Miray avait refusé de payer, lorsque nous eûmes sa visite. Il venait nous fournir des explications qu'il n'avait pas cru devoir donner au garçon de recettes.

Dès le mois de janvier, et par le comte de Verdraine lui-même, M. de Miray avait été instruit de l'existence du faux billet à ordre ; ayant eu besoin d'une somme de quarante mille francs dans les vingt-quatre heures, le comte s'était servi du nom de son ami pour se la procurer.

M. de Miray, continua le banquier, nous communiqua ensuite une lettre de M. de Verdraine qu'il avait reçue la veille, c'est-à-dire le 15 mai. Dans cette lettre, que j'ai lue, le comte dit qu'il est désolé de ne pouvoir envoyer les quarante mille francs à M. de Miray et il le supplie de le sauver en payant le fatal billet lorsqu'il lui sera présenté.

Autant que le comte, pour qui il a toujours de l'amitié, nous a-t-il dit, M. de Miray voudrait que le faux disparût, fût anéanti ; malheureusement il n'a pas en ce moment une somme de quarante mille francs disponible.

D'ailleurs, il faut bien le reconnaître, madame la comtesse, ce n'est pas aujourd'hui, quand les biens de M. de Verdraine sont saisis et vont être vendus, quand on le croit complètement ruiné, que M. de Miray ou une autre personne peut lui avancer une somme de 40,000 francs qui pourrait être considérée comme perdue.

La pauvre jeune femme, qui avait écouté avec une indicible terreur, voila de ses mains son visage livide et éclata en sanglots.

Le banquier la contempla avec un sentiment de compassion profonde. Il attendit que la crise de larmes se fût un peu calmée et reprit :

— Mon associé et moi, madame la comtesse, nous avons examiné la situation, et dans l'intérêt de M. de Verdraine, que nous avons beaucoup connu, qui a été notre client, dans le vôtre, madame, et dans celui de vos enfants, la démarche que je fais auprès de vous a été décidée. Madame la comtesse, permettez-moi de vous demander si vous vous rendez bien compte de la situation extrêmement grave dans laquelle s'est mis M. le comte de Verdraine?

— Hélas! oui, monsieur, répondit-elle; ah! je ne suis pas ignorante à ce point de ne pas savoir qu'un faux en écriture est un acte criminel et que la loi punit sévèrement celui qui l'a commis; c'est la condamnation infamante, la flétrissure, la prison, le déshonneur!

— Oui, madame, oui, c'est tout cela.

La malheureuse laissa échapper une plainte sourde.

Le banquier continua :

— Le faux billet arrivait hier à son échéance et c'est hier ou ce matin qu'il devait être payé ; nous pouvons le garder vingt-quatre heures encore, mais après ce délai, nous devons le retourner à la banque de Paris dont nous sommes les correspondants à Grenoble, en donnant les motifs du refus de payement. Madame la comtesse, je suis venu vous trouver pour vous demander si vous pouvez sauver M. le comte de Verdraine.

— Comment, monsieur, comment, dites ?

— En retirant ce billet contre la somme de quarante mille francs.

— Quarante mille francs ! prononça Paule d'une voix rauque.

— Nous avons pensé, madame la comtesse, que M. de Verdraine, avant de s'éloigner de vous, s'était préoccupé de votre avenir et de celui de ses enfants et que pour eux et pour vous, il avait mis à l'abri une partie de sa fortune.

Un pli amer se dessina sur les lèvres de la comtesse et l'expression de sa physionomie révéla une douleur aiguë.

— Enfin, madame la comtesse, nous nous sommes dit que vous seule pouviez sauver votre mari ; tel est le but de ma visite ; j'attends votre réponse.

— C'est juste, monsieur, il faut que je vous réponde. Eh bien, quand M. de Verdraine a abandonné ses enfants et sa femme, il n'a songé ni à l'avenir de ses fils, ni au mien ; il ne s'est pas occupé de savoir comment nous pourrions vivre et ne s'est pas demandé non plus si nous ne tomberions pas un jour dans la plus affreuse misère. Il ne nous a rien donné, monsieur, rien laissé, rien, rien !

— Oh !

— Vous entendez, monsieur, rien !... Et cependant je le sauverai, ou du moins j'espère pouvoir le sauver ! Car quarante mille francs, monsieur, c'est une bien grosse somme et je ne sais pas encore si je pourrai vendre mes bijoux quarante mille francs.

— Vous voulez vendre vos bijoux !

— Il le faut bien, puisque je ne possède que cela et qu'il faut sauver de la honte le père de mes enfants. D'ailleurs, monsieur, ces bijoux qui m'ont été donnés par la baronne de Bressac, j'étais disposée à les vendre ; seulement, je pensais conserver le produit de cette vente pour mes enfants ; je vais faire un autre usage de cet argent ; voilà tout. L'opprobre d'un criminel retombe sur les siens ; en sauvant le comte de Verdraine, je sauve aussi l'honneur de son nom, l'honneur de ses enfants ! Est-ce que je pense à l'argent, moi, quand l'honneur du nom de Verdraine est menacé d'une flétrissure ?

L'argent n'est rien, monsieur, l'honneur passe avant tout, l'honneur est tout, et ce bien précieux, je veux le conserver à mes fils !

Pauvre baronne de Bressac, elle ne se doutait guère, le jour où elle m'a dit : « Ma fille, ces bijoux sont à vous, je vous les donne », qu'ils serviraient, quelques années plus tard, à arracher son petit-fils des mains de la justice... Si les âmes sont immortelles et si l'âme de la baronne de Bressac est au ciel, je lui demande de prier le Seigneur de prendre en pitié mes enfants et leur mère. J'ai fait mon devoir, je le fais encore, j'y serai toujours fidèle ; mon mari n'a rien à me reprocher; qu'ils n'aient rien à me reprocher aussi tous les morts qui ont porté le nom de Verdraine, et je pense qu'ils doivent être contents de moi !

Le banquier restait muet de surprise et d'admiration.

— Voilà une femme que le monde a souvent bien mal jugée, pensait-il.

Après un moment de silence la comtesse continua :

— J'ai déjà vendu quelques-uns de mes bijoux et j'ai pu me procurer ainsi, depuis que je suis seule avec mes enfants, environ six mille francs; il me fallait pourvoir aux nécessités de l'existence; c'était mon unique ressource... Je ne pouvais pas voir mes enfants mal habillés, je ne pouvais pas leur refuser ce qu'ils me demandaient; non, monsieur, non, je n'aurais pas eu la force de leur imposer des privations.

Je ne me connais pas en pierreries, je ne sais pas quelle est la valeur de tels et tels diamants, de telles et telles pierres précieuses; mais l'on m'a dit plusieurs fois que mes bijoux, les pierres seulement, valaient bien de cinquante à soixante mille francs. J'espère donc que M. Roger, le joaillier de Grenoble, voudra bien m'acheter en un seul lot tous mes bijoux et qu'il m'en donnera quarante mille francs. Aussitôt que j'aurai touché cette somme, monsieur, je vous la porterai.

— C'est bien, madame la comtesse.

— Vous attendrez, n'est-ce pas, monsieur?

— Nous attendrons.

— Oh! vous me le promettez?

— Oui, madame.

— Vous attendrez jusqu'à demain soir, car il peut se faire que M. Roger ne puisse pas me donner tout de suite les 40,000 francs.

— Jusqu'à demain soir, madame la comtesse, le billet ne sortira pas de mon portefeuille.

— Oh! merci, monsieur, merci! Je vous dis encore merci au nom de mes enfants.

XVII

LES BIJOUX

Le banquier s'était retiré vivement impressionné et plaignant de tout son cœur cette jeune femme, cette mère injustement frappée par l'adversité et que le malheur semblait avoir grandie.

La comtesse, après avoir essuyé ses yeux et fait un suprême effort pour cacher son agitation, avait rejoint les deux petits garçons et s'était promenée avec eux, dans le jardin, jusqu'à l'heure du déjeuner.

Elle avait fait prévenir Jérôme Verdret qu'elle désirait lui parler et elle était encore dans la salle à manger avec les enfants lorsque le fermier se présenta.

— Mon ami, lui dit Paule, j'ai un service à vous demander.

— Madame la comtesse sait bien que je n'ai rien à lui refuser.

— Oh! oui, vous et votre femme vous nous aimez, vous nous êtes dévoués. Mais je sais que vous êtes très occupés en ce moment, qu'aux champs l'ouvrage presse, et je vais vous faire perdre le reste de cette journée.

— Le temps employé pour vous, madame la comtesse, ne peut pas être perdu.

— Merci, mon brave Verdret. Il faut absolument que je me rende à Grenoble aujourd'hui, et j'ai pensé que vous voudriez bien m'y conduire.

— Certainement, madame la comtesse. A quelle heure partirons-nous ?

— Aussitôt que vous serez prêt, mon ami.

— Alors, madame la comtesse, dans un quart d'heure, le temps d'aller atteler la Blanche à la charrette.

Le fermier se hâta d'aller donner le picotin d'avoine à la Blanche et de sortir la charrette de la remise.

Pendant ce temps, la comtesse s'habilla et elle était prête quand on vint lui dire que la jument était attelée.

Les enfants jouaient dans le jardin avec Miro, sous les yeux de Marianne et de la fermière.

Paule embrassa plusieurs fois ses fils, leur recommanda d'être bien sages, bien obéissants, donna aussi une caresse à Miro, puis monta dans la voiture ayant à son bras un petit sac de voyage.

La Blanche était une bête de trait, plus habituée à tirer la charrue qu'à traîner une voiture sur la route ; néanmoins elle était bonne marcheuse et trottait même sans trop se faire prier, quand ce n'était pas une côte à monter.

A trois heures et demie, on arriva à Grenoble et le véhicule s'arrêta bientôt devant le magasin de bijouterie, horlogerie et argenterie de M. Roger.

C'était un homme qui passait pour avoir au moins deux millions de fortune ; il est vrai qu'il avait plus de soixante ans et qu'il travaillait depuis plus de quarante ans. Il avait commencé par être apprenti, puis ouvrier bijoutier. Très rangé, stimulé par le désir d'arriver, une noble ambition, il avait fait des économies et avait pu un jour s'établir. Son petit commerce avait prospéré, la petite boutique du commencement était devenue peu à peu un magasin. M. Roger n'était plus un simple boutiquier, mais un notable commerçant, très connu, très estimé, très considéré dans la ville. Un mari n'aurait pas osé offrir une parure à sa femme, un fiancé des bijoux à sa future s'ils n'étaient pas sortis de la maison Roger.

Le négociant avait la connaissance parfaite des pierres fines ; d'un coup d'œil il expertisait un brillant, une émeraude, un rubis et pouvait dire, sans avoir besoin de ses balances, cette pierre pèse tant, et elle vaut telle somme. Du reste, c'était principalement le commerce des pierreries qui l'avait enrichi.

Quand Paule entra dans le magasin, la figure cachée sous son voile, Jérôme hocha la tête et on aurait pu l'entendre murmurer :

— Pauvre chère dame, c'est encore un bijou qu'elle vient vendre aujourd'hui ! Ils y passeront tous, les uns après les autres. Tonnerre, qu'il y a donc de tristes choses dans la vie !

Cependant la comtesse s'était adressée à un commis, qui lui avait répondu que M. Roger était dans son cabinet, au premier étage, et elle avait grimpé l'escalier. Elle frappa à la porte du cabinet.

— Entrez, dit la voix du joaillier.

Devant M. Roger, Paule leva son voile. Le marchand se leva vivement, salua la comtesse, la fit asseoir et lui dit avec un accent doux et triste :

— Vous m'apportez encore un de vos bijoux ?

— Aujourd'hui, monsieur, répondit Paule, je vous les apporte tous.

— Tous ! fit M. Roger avec surprise.

La comtesse ouvrit son sac de voyage et tranquillement, d'une main ferme, soutenue par la pensée que l'honneur du père de ses enfants était en péril et qu'elle devait le sauver, elle plaça les bijoux sur la table, les étala le mieux qu'elle pût sous les yeux de M. Roger.

— Ce sont là tous vos bijoux, madame la comtesse ? dit-il.

— Oui, monsieur.

— Et vous voulez les vendre ?

— Oui.

— Mais, madame...

— Il le faut, monsieur, il le faut, j'ai besoin d'argent, de beaucoup d'argent, et cet argent, il faut que je l'aie aujourd'hui, oui, ce soir, si ce n'est pas tout à fait impossible. Oh ! je vous en prie, monsieur, je vous en supplie, ne me refusez pas d'acheter ces bijoux... Si vous saviez !... Mon Dieu, si vous ne vouliez pas ou si vous ne pouviez pas, je ne saurais où aller, je ne saurais plus que faire et je serais réduite au désespoir... Je vous en prie, monsieur, je vous en prie !...

Un sanglot lui coupa la voix.

— De grâce, madame la comtesse, calmez-vous.

— Ah! monsieur, vous ne savez pas jusqu'à quel point je suis malheureuse.

— Oui, sans doute, madame; mais je sais avec quel courage, quelle résignation vous portez l'énorme poids de votre malheur.

— Ah! vous avez pitié de moi!

— Je vous plains sincèrement.

— Et vous allez acheter, n'est-ce pas?

— Parce que vous m'en priez et que je devine que je peux vous aider ainsi à conjurer une catastrophe.

— Eh bien, oui, c'est cela, monsieur, vous ne vous trompez pas... Ah! vous êtes bon!

Le joaillier prit sa loupe et consacra quelques minutes à l'examen des pierreries.

— Voyons, madame la comtesse, dit-il, quelle somme voulez-vous de vos bijoux?

— Je suis forcée de les vendre, monsieur; mais je vous connais, vous êtes bon, vous avez pitié d'une malheureuse; vous êtes honnête, vous êtes juste, vous ne pouvez pas profiter de la situation douloureuse dans laquelle je me trouve... Je m'en rapporte à vous, monsieur, dites, dites, ce que vous pouvez me donner.

— Depuis quelques années, madame la comtesse, les pierres fines ont beaucoup diminué de valeur.

— Oh! monsieur! fit Paule, regardant le marchand avec une anxiété cruelle.

— Il y a là, certainement, de très beaux diamants, de beaux saphirs, des perles magnifiques, des rubis et des émeraudes rares.

— Ce sont des pierres fines très anciennes, monsieur.

— Sans doute, sans doute ; mais la baisse de prix a aussi bien atteint les pierres anciennes que les nouvelles.

— Alors, monsieur, balbutia Paule d'une voix étranglée.

— Il y a cinquante ans, madame la comtesse, j'aurais acheté ces pierreries cinquante mille francs.

— Et aujourd'hui, monsieur ?

— Je vous en offre trente-cinq, et c'est un prix élevé.

La comtesse devint affreusement pâle et laissa échapper une plainte sourde. Elle serra entre ses mains son front brûlant et murmura entre deux sanglots :

— Mon Dieu, mon Dieu, je ne peux rien faire, je ne peux rien empêcher !... Il est perdu, le malheureux, il est perdu ! Et mes enfants, mon Dieu, mes enfants !...

Sa poitrine se soulevait convulsivement, elle se tordait les bras ; sa douleur était effrayante.

— Ah ! s'écria-t-elle, je suis donc maudite, maudite !

Le joaillier ne put s'empêcher de tressaillir. Il était réellement bon, ce vieillard, car il était singulièrement ému.

— Mais, madame la comtesse, dit-il, quelle est donc la somme dont vous avez besoin ?

— Il me faut quarante mille francs, monsieur ; si je n'ai pas quarante mille francs avant que vingt-quatre heures se soient écoulées, un malheur plus épouvantable que tous ceux qui m'ont déjà frappée va fondre sur moi et plus impitoyablement encore sur mes pauvres enfants.

— Ah ! fit M. Roger.

Puis, après un bout de silence, il reprit :

— Madame la comtesse, sur ma probité bien connue, sur mon honneur, je vous jure que je n'ai pas voulu abuser de votre situation, profiter d'une vente forcée ; aucun marchand de pierres fines ne pourrait vous acheter vos bijoux plus de trente-cinq mille francs, à moins qu'il ne veuille seulement échanger son argent, ou peut-être même perdre sur son marché. Acheter un prix et revendre plus cher, trouver un bénéfice plus ou moins grand sur une opération commerciale, voilà la règle de tout négoce. On est marchand ou on ne l'est pas. Cependant, je ne dis point, comme tout bon commerçant : le cœur n'a rien à voir dans les affaires : et la preuve que je ne dis point cela et que je ne le pense pas, c'est que, au risque de perdre sur le marché que vous êtes venue m'offrir, je vous achète vos bijoux quarante mille francs.

La jeune femme saisit la main du joaillier et la serra fiévreusement dans les siennes.

— Ah ! monsieur, s'écria-t-elle, vous nous sauvez !

M. Roger était un homme de tact ; il n'adressa aucune question indiscrète à la comtesse, sachant par expérience qu'il est des plaies auxquelles on ne doit point toucher, des secrets intimes qu'il faut savoir respecter.

Il prit dans un tiroir de son bureau un carnet de chèques, remplit l'un d'eux, le détacha, passa dans une pièce voisine, reparut presque aussitôt et dit à la comtesse :

— Je vous prie de vouloir bien attendre quelques

minutes; je viens d'envoyer un de mes commis à la succursale de la Banque de France.

Un quart d'heure après, Paule sortait de la maison Roger, la figure voilée et ayant dans son sac de voyage, à la place des bijoux, quarante mille francs en billets de banque.

Elle se rendit à pied à la banque Gibert-Florent et Cie, suivie à distance par Jérôme Verdret, qui avait patiemment attendu dans la rue, en disant à sa jument une infinité de choses qui devaient être fort intéressantes, que la Blanche avait écoutées en hochant la tête, en secouant les oreilles, mais qu'elle n'avait certainement pas comprises.

La comtesse trouva M. Florent dans son bureau, occupé à cacheter de cire rouge une vingtaine de lettres qui allaient être recommandées ou chargées et devaient partir le soir même pour Paris, Marseille, Montpellier, Toulon, Lyon et autres villes de France et d'Italie.

A la vue de madame de Verdraine, le banquier ne put retenir cette exclamation :

— Déjà !

— Oui, monsieur; j'ai été assez heureuse pour qu'on ne me fît pas attendre les quarante mille francs que je vous apporte. Les voici, monsieur, continua la comtesse, en mettant sur le bureau les liasses de billets de banque; le compte y est, voyez, monsieur.

M. Florent compta les billets de banque avec l'habileté et la souplesse de doigts d'un homme habitué à manier cette espèce de papier, puis dit :

— C'est bien cela, quarante mille francs.

Il se leva, ouvrit une caisse de fer qui était derrière lui, scellée à la muraille, prit le faux dans un portefeuille et le tendit à la jeune femme.

Elle le saisit d'une main tremblante, l'examina un instant, puis l'approcha de la flamme de la bougie à laquelle le banquier faisait fondre sa cire à cacheter.

Le papier s'enflamma et en un clin d'œil fut anéanti.

Alors la comtesse poussa un long soupir de soulagement.

— Il me reste à vous remercier encore une fois, monsieur, dit-elle ; croyez que je n'oublierai jamais que vous avez eu pitié de M. de Verdraine, de moi et de mes enfants.

Sur ses mots, elle se retira.

Aussitôt, le banquier prit une feuille de papier sur laquelle il écrivit :

« La comtesse Paule a apporté les quarante mille » francs ; le faux n'existe plus ; la pauvre femme l'a » brûlé sous mes yeux à la flamme d'une bougie ».

M. Florent plia le papier, le glissa dans une enveloppe, sur laquelle il écrivit : « Monsieur de Miray, » sonna ensuite et dit au garçon de bureau qui se présenta en lui tendant le pli :

— A porter de suite.

La comtesse revint aux Bergères dans une tranquillité relative ; elle avait pu sauver son mari, préserver le nom de Verdraine d'une flétrissure, elle avait fait son devoir, elle était contente. Mais, ses bijoux vendus, elle ne possédait plus rien. Elle les avait considérés comme étant son unique ressource, et cependant c'était sans hésitation, sans regret, qu'elle avait fait ce sacrifice.

Une semaine s'écoula. On était arrivé au jour fixé pour la vente des meubles et immeubles appartenant au comte Maxime de Verdraine. La mise aux enchères publiques devait avoir lieu à Grenoble, au palais de justice.

Verdret partit pour la ville de bon matin ; il voulait voir comment les choses se passeraient et savoir le plus vite possible quel allait être son nouveau maître. Il avait promis à sa femme de revenir tout de suite après les adjudications, car il pensait bien que la comtesse attendrait son retour avec impatience.

Paule passa cette journée à prier et à pleurer, s'étonnant qu'elle pût encore avoir des larmes.

Il était nuit lorsque le fermier arriva. Sans avoir dit un mot à sa femme, il alla trouver celle qui, depuis quelques heures, n'était plus sa maîtresse.

Celle-ci lut aussitôt dans ses yeux qu'il n'avait rien d'agréable à lui apprendre.

— Ne craignez rien, mon ami, lui dit-elle, vous pouvez parler franchement.

— Eh bien, madame la comtesse, ce ne sont pas de bonnes nouvelles que je vous apporte.

— Les bonnes nouvelles ne sont jamais pour moi, prononça-t-elle en soupirant ; mais dites, dites toujours.

— Tout est vendu, madame la comtesse ; seulement, quand tous les frais auront été payés, il manquera près de deux cent mille francs pour rembourser complètement ce qui est dû aux créanciers.

La comtesse laissa échapper un gémissement et leva ses yeux au ciel comme pour l'implorer.

— Savez-vous le nom de l'acquéreur du domaine

de Verdraine? demanda-t-elle d'une voix brisée.

— Madame la comtesse, le domaine de Verdraine a été acheté par M. de Miray.

— Oh! fit la jeune femme, en se dressant comme mue par un ressort.

Puis, après un court silence :

— Et votre ferme, mon ami, qui l'a achetée?

— Encore M. de Miray.

— Mais il a donc tout acheté, cet homme! s'écria la comtesse, les yeux enflammés ; mais il s'est donc emparé de toutes les dépouilles du comte de Verdraine, dont il se disait le meilleur ami!

— Non, madame la comtesse, M. de Miray ne s'est rendu acquéreur que du domaine de Verdraine et de la ferme des Bergères.

— Ainsi, tout est vendu, tout?

— Tout, madame la comtesse, les autres fermes, les bois et les deux maisons de Grenoble.

Paule resta un instant silencieuse, immobile, la main appuyée sur son front.

— Maintenant, reprit-elle d'une voix creuse et vec une douleur contenue, je ne suis plus rien ici, je n'ai plus le droit d'y rester, et ces meubles eux-mêmes ne sont plus à moi... Me voilà sans asile, mon brave Verdret; je m'y attendais... Il faut que je parte, que je m'en aille le plus tôt possible, car je ne veux pas attendre qu'on vienne me chasser.

— Oh! madame la comtesse, pouvez-vous penser cela!

— Est-ce que je veux devoir quelque chose à M. de Miray, moi! s'écria-t-elle avec une sorte de fureur.

— Madame la comtesse, dit doucement le fermier,

je crois que vous vous trompez sur les intentions de M. de Miray ; il m'a parlé de vous.

— M. de Miray vous a parlé de moi ?

— Oui, madame la comtesse, avec beaucoup d'intérêt et il était très ému.

— Une raison de plus, mon ami, pour que je me hâte de partir.

— Madame la comtesse ne m'a donc pas compris ? Je suis certain que madame la comtesse pourra rester aux Bergères tant qu'elle voudra sans être inquiétée.

Les lèvres de la jeune femme se crispèrent.

— A tout autre qu'à votre nouveau maître, répliqua-t-elle, je pourrais demander l'hospitalité ; mais à lui, jamais !

— Pourtant, madame la comtesse, je vous asure...

— C'est bien, mon brave Verdret ; ne parlons plus de cela, la comtesse de Verdraine sait ce qu'elle doit faire.

Elle remercia le fermier et le congédia. Ensuite elle appela Georges et Edouard, qui étaient avec Marianne, les déshabilla et les mit dans leur lit, non pas sans les avoir longuement embrassés. Elle resta près d'eux, pensive, jusqu'à ce qu'ils se fussent endormis. Alors elle rentra dans sa chambre et voulut savoir ce qu'elle avait encore d'argent.

Elle trouva dans une boîte deux cent soixante francs en or et elle avait dans son porte-monnaie dix francs de menue monnaie blanche. Elle chercha dans tous les tiroirs, partout, et ne trouva plus rien; c'était bien tout ce qu'elle possédait d'argent. Deux cents soixante-dix francs, c'était là toute sa fortune, tout ce qui lui restait de son opulence d'autrefois.

La somme était maigre. Avec cela, cependant, elle pouvait partir, se faire conduire à Grenoble, prendre le chemin de fer pour Lyon, puis la grande ligne jusqu'à Beaune où elle trouverait facilement une voiture qui la conduirait avec ses enfants jusqu'à Saint-Amand.

Mais depuis longtemps elle n'avait pas payé ses gages à Marianne. Combien lui devait-elle ? Elle fit le compte. Il était dû à la vieille domestique deux cents francs. Et comme Paule ne voulait pas s'en aller laissant cette dette derrière elle, elle ne possédait plus réellement que soixante-dix francs. Cette somme était loin d'être suffisante pour le long trajet qu'elle avait à faire avec deux enfants. C'était une centaine de francs qui lui manquaient.

Elle ne pouvait songer à emprunter cette somme au fermier avec promesse de la lui rendre dès qu'elle serait à Saint-Amand ; elle savait que Verdret et sa femme n'avaient peut-être pas vingt francs dans leur bourse.

Elle se dit que ce qu'elle avait de mieux à faire était d'écrire à sa mère, pour la prévenir de sa prochaine arrivée à Saint-Amand et la prier de lui envoyer immédiatement, dans une lettre chargée, cent francs dont elle avait absolument besoin.

La domestique était encore dans sa cuisine, Paule l'appela.

— Marianne, lui dit-elle, je viens de faire votre compte ; je vous dois, ce mois compris, 200 francs. Les voici.

— Mais, madame.

— Prenez, Marianne, je le veux. Vous savez que la ferme a été vendue aujourd'hui ?

— Hélas ! madame, hélas !

— Dans deux ou trois jours, je partirai avec mes enfants ; je vais retourner en Bourgogne, près de mes parents.

— Est-ce que madame la comtesse ne m'emmène pas ?

— Je ne peux pas vous emmener, Marianne.

— Mon Dieu, qu'est-ce que je vais devenir ?

— Vous êtes connue à Grenoble, vous y trouverez facilement une bonne place.

La vieille domestique retourna à sa cuisine en sanglotant.

Paule voulut écrire sa lettre. Ah ! c'étaient des choses bien douloureuses qu'elle avait à dire, de terribles révélations qu'elle avait à faire.

Elle écrivit une dizaine de lignes, puis tout à coup ses idées se brouillèrent et elle eut beau chercher dans le désordre de ses pensées, elle ne parvint plus à trouver une phrase à mettre sur le papier.

— C'est la fatigue, j'ai un peu de fièvre, murmura-t-elle ; j'écrirai ma lettre demain ; j'ai tout le temps ; d'ailleurs, le facteur ne passe jamais à la ferme avant trois heures de l'après-midi.

Elle alla voir ses enfants ; ils dormaient, les lèvres souriantes.

— Chers mignons, pensa Paule, comme leur sommeil est paisible ; ils ne comprennent pas encore et ils sont heureux ; ce n'est que plus tard que les peines de la vie pourront les atteindre... Mon Dieu, faites qu'ils n'aient jamais à souffrir comme leur pauvre mère a souffert.

Elle se pencha sur le lit, et sur chaque front mit un baiser.

XVIII

LE NOUVEAU PROPRIÉTAIRE

Le lendemain, la comtesse Paule se leva à sept heures. Depuis une demi-heure déjà, Georges et Edouard babillaient et s'amusaient à faire des culbutes sur le lit. Le temps était superbe, l'atmosphère était saturée de l'odeur de résine des vieux sapins et dans le jardin, comme grisés par les rayons du soleil, les fauvettes, les rossignols, les rouges-gorges et les bouvreuils chantaient à plein gosier.

Comme tous les jours, Paule, ayant fait rapidement sa toilette, débarbouilla ses enfants, les peigna et les habilla. Ensuite, elle descendit avec eux au jardin et après les avoir laissé jouer avec Miro pendant une heure, elle leur fit prendre leur leçon à l'ombre d'un mélèze.

A dix heures elle les quitta, en priant la fermière, qui était occupée dans son potager, de veiller sur eux. Nous devons dire qu'un malheur comme celui de Verdraine n'était pas à redouter aux Bergères où il n'y avait ni vivier, ni rivière. Mais Paule n'aimait pas que ses enfants restassent seuls.

La comtesse avait sa lettre à écrire, et avec l'espoir qu'elle ne serait pas dérangée avant l'heure du déjeuner, elle s'installa dans le petit salon du pavillon.

La veille, avons-nous dit, elle avait écrit une douzaine de lignes; elle les relut, et trouvant que sa lettre était mal commencée, elle déchira la feuille de papier et en prit une autre.

Quand onze heures sonnèrent, elle avait déjà écrit quatre pages d'une écriture fine et serrée et elle jugea qu'elle avait peut-être encore deux ou trois pages à remplir. Il lui fallait dire tant de choses et surtout les expliquer ! Elle essuya ses yeux, car elle n'avait pu faire le récit de ses douleurs sans pleurer, prit une nouvelle feuille et se remit à écrire.

Mais presque aussitôt elle se redressa brusquement et tendit l'oreille. Elle entendait marcher dans les pièces du pavillon ; et ce pas, qu'elle ne connaissait point, ne pouvait être que celui d'un homme. Un homme chez elle !

Qui était-ce donc ? Bien sûr, ce n'était pas Verdret, puisqu'il travaillait aux champs et ne devait revenir qu'à une heure. Et d'ailleurs, ce n'était pas ainsi que marchait le fermier avec ses gros brodequins ferrés.

On ouvrait des portes et on les refermait, et certes, personne de la ferme ne pouvait prendre une pareille liberté.

La jeune femme se levait pour aller voir qui était là, lorsque la porte du salon s'ouvrit toute grande. Paule ne s'était pas trompée ; c'était bien un homme qu'elle avait entendu marcher dans le pavillon, et cet homme était devant elle.

C'était M. de Miray, le nouveau propriétaire du domaine de Verdraine et de la ferme des Bergères. Ah! on le voyait bien à son attitude de maître orgueilleux.

Le visage de la comtesse se couvrit d'une pâleur livide et elle poussa un cri qui exprimait en même temps la surprise et la terreur.

— Bonjour, madame la comtesse, dit M. de Miray, s'avançant le chapeau à la main et en s'inclinant.

Il se redressa et reprit:

— Je vois que vous ne vous attendiez pas à recevoir ma visite aujourd'hui; pourtant vous devez savoir que je suis devenu le propriétaire des Bergères et de Verdraine, puisque Jérôme Verdret était hier à Grenoble, probablement envoyé par vous. Or, il est assez naturel, n'est-ce pas, que je vienne voir dans quel état se trouve une de mes nouvelles propriétés?

Paule avait fait deux pas en arrière et restait immobile, frémissante, effarée.

— Vraiment, madame la comtesse, poursuivit M. de Miray, on dirait que vous êtes effrayée, que vous avez peur de moi... De grâce, veuillez vous rappeler que j'ai été votre ami et daignez croire que je n'ai pas cessé de l'être.

— Oh! vous, mon ami! prononça la jeune femme avec une amertume profonde.

— Vous en doutez, madame, et vous avez tort; oui, je suis votre ami et mes sentiments sont restés les mêmes. Peut-être avez-vous cru que je vous garderais rancune de certaines violences de langage; eh bien, non. Vous avez été dure pour moi, madame, vous m'avez traité avec une grande cruauté; mais vos paroles de colère, je les ai oubliées, j'ai voulu les oublier.

Alors, madame la comtesse, vous étiez malheureuse, plus malheureuse que vous ne l'êtes aujourd'hui, et votre emportement était excusable puisqu'il était la conséquence de votre douleur. On doit tout pardonner à ceux qui souffrent.

Vous m'avez chassé, madame la comtesse, chassé comme un indigne, en voulant me croire coupable envers vous. J'ai souffert, beaucoup souffert de ne plus vous voir, et bien souvent, si j'eusse écouté mon cœur, je serais accouru ici; mais je me disais: Je ne dois pas chercher à la voir, elle le veut! Et mon respect pour vous et votre volonté était un lien qui me retenait. Si je me permets de me présenter aujourd'hui devant vous, madame, c'est que j'ai pensé que vous pouviez avoir besoin de moi.

— Pourquoi avez-vous pensé cela, monsieur?

— Parce que je crois connaître maintenant la situation pénible dans laquelle vous vous trouvez.

— Mais, monsieur!...

— Hé, mon Dieu, madame, vous n'avez pas à en rougir, elle n'est pas votre œuvre. Enfin, je me suis dit que vous pouviez avoir besoin d'un ami et je viens à votre secours.

— Vous venez à mon secours, vous?

— Oui. Il y a quelques jours, vous avez été forcée de vendre vos bijoux; ce fut un sacrifice, une femme comme vous devait le faire. Mais vos diamants étaient votre dernière et unique ressource, et s'il vous reste maintenant quelques centaines de francs, c'est tout.

— Vous êtes bien renseigné, monsieur, dit Paule d'un ton sec.

— Oui, n'est-ce pas? Cela prouve que je me suis constamment occupé de vous et que je sais comment vous et vos enfants avez pu vivre depuis votre abandon.

La jeune femme soupira et baissa la tête.

— Donc, continua M. de Miray, vous êtes à peu près sans argent, et vous ne pouvez pas espérer que vos parents vous viendront en aide, car ils sont fort endettés, d'après ce que j'ai appris, et par cela même plus pauvres encore que vous.

Paule appuya fortement sa main sur son cœur et jeta sur sa lettre inachevée un regard d'indicible angoisse.

M. de Miray avait déjà vu la lettre, et il surprit le regard ; mais comme s'il n'eût rien remarqué, il poursuivit :

— Avant qu'il soit peu, madame la comtesse, votre bourse sera vide, absolument vide, et vous manquerez de tout, même du strict nécessaire... Oh ! je sais bien que vous pourriez trouver à Grenoble quelques anciens amis qui ne voudraient pas vous voir dans le dénuement, mais je sais aussi qu'il répugnerait à votre fierté de vous adresser à eux. Mais de moi, de moi vous pouvez tout accepter. C'est à moi, madame la comtesse, de réparer les injustices du sort envers vous. Je vous le répète, je viens à votre secours ; je ne veux pas que vous et vos enfants connaissiez la misère.

Paule eut un mouvement de tête douloureux.

— Monsieur, répondit-elle tristement, comme vous venez de le dire, je suis fière, je ne veux m'adresser à personne dans ma détresse, à personne, monsieur, et à vous moins qu'à tout autre.

— Ainsi, vous ne m'accordez même pas une faveur qu'on ne refuse jamais à un ami ?

— Je ne crois pas que vous soyez mon ami.

— Ah ! le malheur vous a singulièrement aigrie !...

— Oui, monsieur, le malheur et plus encore l'expérience que j'ai acquise en apprenant à connaître le monde.

M. de Miray se mordit les lèvres.

— Mais, madame, dit-il, si vous ne voulez vous adresser à personne et si vous repoussez les offres de ceux qui vous aiment, qui vous ont toujours aimée, que ferez-vous ?

— Je ne le sais pas, monsieur ; mais je crois en la Providence et ma confiance en Dieu est grande. Dieu est bon et miséricordieux, il est le défenseur des innocents, il prendra en pitié les abandonnés, il veillera sur eux, il nous protégera, mes enfants et moi !

— Voilà des paroles qui font toujours bien prononcées du haut d'une chaire dans un sermon, répliqua ironiquement M. de Miray, mais il y a loin de la terre au ciel et les choses spirituelles sont fort différentes des choses de la vie terrestre. A en juger par ce que nous voyons tous les jours, Dieu, s'il existe, ne s'occupe guère des choses d'ici-bas. Depuis longtemps vous espérez en la Providence, vous comptez sur Dieu, eh bien, voyez ce qu'il a déjà fait pour vous.

— Il m'a donné le courage et la force de supporter mes peines, monsieur, il m'a donné la résignation ! répondit Paule gravement.

— Oui, sans doute, vous avez été forte et vous avez eu du courage, mais parce que vous n'êtes pas une femme comme les autres. Quant à votre résignation, elle est admirable ; seulement, laissez-moi vous le dire, la résignation se courbe sous les coups du malheur et ne fait rien pour les éviter ; enfin, je ne pense pas que votre résignation puisse aller jusqu'à assister à l'agonie de vos enfants mourant de faim.

Ces paroles eurent un écho douloureux dans le cœur de la pauvre mère. Sa pâleur s'accentua encore et de grosses larmes jaillirent de ses yeux.

— Madame la comtesse, poursuivit de Miray, vous avez été assez longtemps résignée, assez longtemps vous avez souffert ; vous avez fait beaucoup plus que le monde ne vous demandait ; il faut maintenant, d'une autre manière, songer à vous et à vos enfants.

Le comte de Verdraine est ruiné, si complètement ruiné que la vente de tout ce qu'il possédait ne le libérera pas entièrement envers ses créanciers ; et l'on peut se demander ce qu'il va faire, ce qu'il va devenir, si, après avoir entretenu la danseuse Flora, surnommée la Papillonne, celle-ci ne l'entretient pas à son tour, lui rendant ainsi une partie des sommes folles qu'il a dépensées pour elle.

Dans tous les cas, à moins que vous n'alliez retrouver le comte à Paris, ce qui est loin de votre pensée, j'en suis sûr, vous ne reverrez jamais le père de vos enfants. Vous pouvez être assurée qu'il ne reparaîtra jamais dans le Dauphiné. Le fou, il vous a abandonnés tous les trois, et comme il est incapable d'avoir des regrets, de se repentir, il ne viendra pas vous retrouver. Et d'ailleurs le voudrait-il qu'il ne le pourrait pas ; est-ce à vous qui, pour le sauver de la prison, pour anéantir la preuve du crime de faussaire, avez vendu vos diamants, le dernier morceau de pain de vos enfants, est-ce à vous qu'il viendra dire : — « Je veux encore tenir mon rang dans le monde, je veux encore avoir des maîtresses, donnez-moi l'argent qui m'est nécessaire pour me livrer à mes goûts, pour satisfaire mes passions ? Non, n'est-ce pas ?

Il importe peu au comte que sa femme et ses enfants soient dans la misère, mais il ne veut pas de la misère pour lui. Mais pense-t-il seulement qu'il a une femme et des enfants. Depuis qu'il est parti de Grenoble, emportant tout et ne vous laissant que ce qu'il n'avait pas pu prendre, sa conduite prouve bien qu'il s'est considéré comme n'ayant plus ni femme ni enfants.

Ah ! comtesse, tout ce qui est arrivé, je vous l'avais prédit, et je n'étais pas prophète... connaissant bien de Verdraine, il ne m'était pas difficile de deviner l'avenir. Pourquoi ne m'avez-vous pas écouté ?... Ah ! si vous ne m'aviez pas repoussé alors, que de tourments vous auraient été épargnés !

Il fit un pas de plus, se rapprochant de la comtesse et resta un instant silencieux, la couvant d'un regard où le feu des désirs s'allumait comme à l'époque à laquelle il faisait allusion.

— Paule, reprit-il d'une voix douce et qu'il réussit à rendre un peu tremblante, je vous aime, je vous aime toujours avec toutes les ardeurs d'un cœur que vous avez rajeuni et qui s'est donné à vous pour la vie.

— Monsieur !...

— Paule, le temps et l'éloignement n'ont fait que rendre mon amour plus vif, mon dévouement pour vous plus grand, mon respect plus profond encore. Paule, je vous aime, je n'ai pas cessé un instant de vous adorer.

Le jeune femme hocha la tête en le regardant avec plus de tristesse que d'indignation.

— Vos paroles ne me causent pas une grande surprise, monsieur de Miray, dit-elle, je m'attendais à les entendre. Il fallait bien que vous fussiez venu, ici, aujourd'hui, pour quelque chose. Vous m'avez dit, il est vrai, que vous aviez pensé à me venir en aide, que vous accouriez à mon secours ; mais, continua-t-elle d'un ton amer, je sais qu'un ami sincère comme vous ne fait rien pour rien, je sais le prix qu'il faudrait mettre à l'aide que vous offrez.

Depuis hier vous êtes le maître des Bergères et je ne suis plus ici chez moi ; mais ne trouvez-vous pas que vous dépassez un peu les droits du propriétaire ? Ah! monsieur, monsieur, vous n'avez pas même pitié de mon malheur !

Elle le regarda fixement, et d'une voix plus forte:

— Eh bien non, monsieur, non, vous n'auriez pas dû oser me tenir un langage qui renouvelle l'outrage que vous m'avez déjà fait en le rendant plus sanglant encore, car, hélas ! je ne suis plus dans la même position qu'autrefois.

M. de Miray se redressa comme s'il eût reçu un coup de fouet.

— Si votre position n'est plus la même, madame

la comtesse, répliqua-t-il d'un ton peiné qui contrastait avec l'expression hautaine de sa physionomie, vous êtes toujours aussi injuste envers moi, je ne mérite pas que vous me traitiez avec une pareille rigueur ; non, je ne mérite pas d'être traité ainsi, quand je ne pense qu'à votre avenir, à celui de vos enfants et au moyen de vous arracher à une existence malheureuse.

Pas plus aujourd'hui qu'autrefois, madame, mes paroles ne sont pour vous un outrage ; est-ce qu'un homme a jamais outragé une femme en lui avouant l'amour qu'elle lui a inspiré ?

Avant que votre mari vous eût abandonnée, quand vous l'aimiez encore, vous pouviez avoir des scrupules et je l'ai compris ; mais maintenant vous êtes libre.

— Libre, monsieur, libre ! exclama la jeune femme.

— Sans doute, puisque vous n'avez plus d'époux.

Le visage de Paule parut s'illuminer et elle répondit, avec un accent que rien ne saurait rendre :

— Monsieur, j'ai mes enfants !

— Oh ! vous les aimez, je le sais; mais faites donc quelque chose pour eux !

— Je ferai pour eux tout ce que je pourrai ; mais je ne pourrai jamais faire ce que vous voudriez !

— Comtesse, vous ne voulez donc pas croire à mon amour ?

Elle répondit par un regard de mépris.

— Pourtant il est sincère, continua-t-il, et je vous le dis encore aujourd'hui, si vous vouliez m'aimer... un peu, je consacrerais ma vie tout entière à faire de vous la plus heureuse des femmes.

Elle haussa les épaules en même temps qu'un sourire nerveux crispait ses lèvres.

— Comtesse, vous ne savez pas, vous ne pouvez pas savoir ce que mon amour est capable de faire pour vous ; laissez-vous convaincre et vous verrez... Je vous en prie, Paule, autant pour vous que pour moi, ne me repoussez pas.

— Vous devriez voir, monsieur, que je vous écoute avec une patience que je n'aurais pas eue dans un autre temps; mais, sachez-le, si vous n'étiez pas le maître de cette maison, je vous aurais déjà montré la porte.

Un sombre éclair sillonna le regard de M. de Miray ; il blémit de colère ; mais, s'efforçant de se contenir, il répliqua :

— Madame la comtesse, je ne parviens pas à admirer votre vertu, que je trouve d'ailleurs fortement exagérée ; je ne l'admire pas parce que j'en souffre d'abord et ensuite parce qu'elle se place dans votre situation comme un non-sens. Voyons, comtesse, à quoi vous sert-elle, votre intraitable vertu ?

— A rester digne de mes enfants et de moi-même ! riposta froidement la jeune femme.

De Miray resta un instant tout décontenancé et cherchant vainement une réplique.

Mais il retrouva bientôt son aplomb et son audace.

— Il me semble, dit-il, que la comtesse de Verdraine, libre comme elle l'est, a parfaitement le droit, sans avoir aucun reproche à s'adresser, d'aimer un galant homme.

— Peut-être, en effet, ai-je ce droit, monsieur.

— Eh bien, alors, aimez-moi !

— Je peux avoir le droit d'aimer, monsieur, mais

je n'ai pas le droit de déshonorer le nom que portent mes fils,

— Hé, comtesse, une femme ne commet pas un crime en prenant un amant!

— C'est votre morale, monsieur, mais ce n'est pas la mienne.

— En vérité, madame la comtesse, vous avez une manière de voir les choses qui n'est plus de ce temps. Si c'est un jeu, cessez-le ; à quoi bon avec moi y mettre tant de coquetterie? Allons, soyez à moi, et je vous rends le bonheur que vous avez perdu, et je donne à vous et à vos enfants la fortune que vous n'avez plus.

— Mon Dieu, vous voulez que j'entende de pareilles choses ! murmura la comtesse écœurée.

— Paule, dites un mot, un seul, et pas plus tard que demain, vous rentrerez triomphante au château de Verdraine.

La malheureuse laissa échapper une plainte sourde et cacha sa figure dans ses mains.

— Paule, continua de Miray, qui croyait voir dans les angoisses de la pauvre comtesse les derniers scrupules d'une vertu prête à capituler, Paule, je vous aime, je vous adore, cet amour que vous m'avez inspiré me brûle, me consume... Je n'ai jamais aimé comme je vous aime ; c'est plus que de l'amour, c'est une passion ; c'est de la folie, de la fureur, c'est tout ce que vous voudrez ; je ne peux plus vivre avec cette fièvre que vous avez mise en moi ; il faut que je vous possède, il faut que nous soyons l'un à l'autre et qu'à mes baisers d'amour répondent les vôtres. Paule, Paule, aimez-moi !

Il lui prit la main, qu'elle retira vivement en

poussant un cri, comme si elle eût touché un fer rouge.

—Monsieur de Miray, dit-elle en le tenant sous son regard écrasant de mépris, je sais bien qu'à une pauvre femme comme moi on peut se permettre de dire bien des choses ; mais s'il y avait encore en vous quelque chose d'honnête, vous rougiriez de l'indignité de votre conduite, vous ne seriez pas sorti du respect que l'on doit à mon malheur.

Je croyais avoir droit à certains égards, au moins à un peu d'estime ; eh bien, non, il se trouve un homme, qui se disait autrefois mon ami, qui me parle comme il parlerait à une femme de rien, à une courtisane, à une fille perdue ! C'est odieux, cela, monsieur de Miray, c'est odieux !

Après une pause, elle continua.

— Pour le comte de Verdraine et moi, monsieur, vous avez été un homme néfaste ; et, tenez, quelque chose me dit que votre funeste influence n'a pas été étrangère à ce faux en écriture commis par M. de Verdraine.

De Miray ne put s'empêcher de tressaillir. Paule reprit :

— Et vous venez me dire, avec cette audace d'homme riche qui se croit tout permis vis-à-vis d'une femme à bout de ressource, vous venez me dire : Aimez-moi !... Moi, vous aimer ! Ah ! que Dieu me garde d'un pareil malheur, qu'il me préserve de cette honte ! Mais non, je n'ai pas ce malheur à redouter. Et, puisqu'il faut vous le dire, monsieur, sachez que je ne hais qu'un homme au monde, et cet homme, c'est vous !

Plus je vous entends, plus je sens grandir le

mépris que vous m'inspirez, et plus je vous vois, plus vous me faites horreur.

M. de Miray ne se courba point sous ces terribles paroles; il grinça des dents, ses traits se contractèrent affreusement et son regard chargé d'éclairs prit une expression d'atroce méchanceté. Il n'avait plus à se contenir.

— Ma foi, belle comtesse, répliqua-t-il d'une voix sourde et railleuse, vous avez raison de me malmener de la bonne façon; vous me faites reconnaître que je me suis conduit vis-à-vis de vous comme un véritable niais. En vérité, qu'avais-je besoin de faire du sentiment? Pourquoi suis-je venu vous parler de mon amour, de mon dévouement, de la part que je prends à vos peines, de l'intérêt que j'ai pour vous, de toutes choses, enfin, qui vous laissent parfaitement froide?

J'aurais dû me rappeler que le plus court chemin est toujours le meilleur et vous dire tout de suite : Comtesse, avant qu'il soit peu vous allez être dans la misère, si vous ne trouvez pas un moyen de l'éloigner de vous; eh bien, ce moyen, je viens vous l'offrir. Faisons un marché : je vous désire, il faut que vous soyez à moi, à quel prix puis-je vous posséder?

— Oh! oh! fit la pauvre jeune femme dont les yeux flamboyaient.

— Voilà ce que j'aurais dû vous dire tout d'abord, continua le misérable, mais il est toujours temps de réparer une sottise; vous savez que je suis riche à millions; je veux vous avoir pour maîtresse et je ne marchande pas; voyons, dites, belle comtesse, quel prix dois-je mettre à votre possession?

Paule, qui était restée un instant comme frappée

de stupeur et n'en pouvant croire ses oreilles, bondit enfin sous l'outrage et fit entendre un rugissement de lionne blessée. Puis toute frémissante, livide, dardant sur le cynique et infâme personnage la flamme de son regard, elle s'écria :

— Monsieur de Miray, vous êtes un lâche, le plus lâche de tous hommes, et je me demande si vous n'êtes pas le plus horrible monstre que la terre ait jamais porté.

A ce moment, la porte du salon s'ouvrit brusquement, et Georges et Edouard entrèrent; mais à la vue de M. de Miray, ils s'arrêtèrent comme effrayés.

— Mes enfants! mes enfants! cria la mère.

XIX

LE DÉPART

Paule, pliant les jarrets, s'était accroupie et avait ouvert ses bras.

Les deux petits ne firent plus attention à l'homme qu'ils reconnaissaient, mais dont ils avaient peur par instinct.

Ils s'élancèrent vers leur mère avec ce doux cri des enfants :

— Maman, maman !

Paule les reçut sur son cœur, les étreignit fiévreusement et les couvrit de baisers.

— Tableau charmant ! fit de Miray en ricanant, oui, vraiment, tout à fait charmant et encore plus touchant.

La jeune femme se redressa comme mue par un ressort.

— Monsieur de Miray, dit-elle d'une voix tremblante de colère, si mes fils avaient l'âge d'homme, savez-vous ce que je leur dirais? Je leur dirais : Vous voyez cet homme, c'est un misérable, un être vil, abject, il vient d'insulter votre mère; demandez-lui raison de ses outrages, vengez-moi!

De Miray se mit à rire.

— Hé, hé, fit-il d'un ton narquois, il est fort heureux pour moi que je n'aie affaire qu'à deux moutards; mais pour peu que vous y teniez, charmante comtesse, j'attendrai qu'ils grandissent et aient la force de tenir une épée.

Le petit Georges s'approcha de M. de Miray et se campa fièrement devant lui.

— Monsieur de Miray, dit-il, je ne vous aime pas.

— Ah! vraiment? Et pourquoi ne m'aimes-tu pas?

— Parce que vous avez insulté maman; vous êtes un vilain homme, monsieur de Miray, et si j'étais grand...

— Que ferais-tu si tu étais grand?

— Je me battrais avec vous et je vous tuerais!

— Bravo, comtesse, bravo, le bambin vous a comprise. Hé, mais, il promet, ce rejeton des Verdraine, et si rien ne l'arrête en chemin, il ira loin.

Oui, ma foi, ajouta-t-il cruellement, il y a de l'étoffe dans ce petit bonhomme; il ne lui manque rien pour être un jour digne de son père.

Ces odieuses paroles produisirent sur le cœur de la comtesse l'effet d'une morsure. Mais elle ne se donna pas la peine de les relever; elle se contenta de détourner la tête avec un mouvement de suprême dégoût.

— Maintenant, comtesse, que vous avez près de vous ces deux terribles défenseurs, reprit ironiquement de Miray, je prends le parti de me retirer; mais laissez-moi vous dire que je ne me tiens pas pour vaincu. Vous réfléchirez ; la nuit porte conseil... et puisque j'en suis à citer des proverbes, je vous engage à méditer celui-ci : La faim fait sortir le loup du bois; moi, de mon côté, je méditerai cet autre : Qui veut la fin veut les moyens.

Je reviendrai demain matin, madame la comtesse, et, si vous le voulez bien, nous causerons de nouveau de nos petites affaires.

Il marcha vers la porte qui était restée ouverte ; mais avant d'en franchir le seuil il se retourna,

— Ah ! fit-il en regardant sournoisement la jeune femme qui était haletante et se soutenait à peine, une idée, une excellente idée, vient de me venir subitement; les Bergères sont un délicieux séjour et je vais, dès demain, m'y installer pour un ou deux mois. Que pensez-vous de cela, madame la comtesse? Oh! je ne vous gênerai pas beaucoup ; il y a justement dans le pavillon une chambre et un cabinet qui ne sont pas occupés.

Je me trouverai admirablement près de vous, ajouta-t-il avec une ironie mordante, et puis nous aurons le plaisir de nous voir tous les jours.

Paule se sentit frissonner de la tête aux pieds.

De Miray attendit un instant et voyant que la jeune femme restait muette :

— A demain donc, madame la comtesse, dit-il.

Et il disparut.

Paule laissa échapper un sourd gémissement, regarda ses enfants avec une indicible angoisse et s'affaissa sur un siège comme une masse.

C'était dans la terreur et l'horreur que lui inspirait M. de Miray qu'elle avait puisé la force de lui répondre; c'était son indignation, c'était une juste colère qui l'avait soutenue; et maintenant qu'elle n'était plus surexcitée, que ses nerfs s'étaient détendus, il lui semblait que tout son courage, toute son énergie l'avaient pour toujours abandonnée.

Elle était brisée, anéantie; jamais, dans ses plus mauvais jours, elle n'avait été accablée ainsi, jamais elle ne s'était sentie aussi profondément découragée.

Elle jeta autour d'elle des regards éperdus, il y avait de l'égarement dans ses yeux.

— Oh! cet homme, cet homme! prononça-t-elle d'une voix étranglée.

Il y avait dans ces seuls mots toutes les imprécations, toutes les malédictions.

Et il avait dit, cet homme : Je reviendrai demain!

Quoi, Paule subirait-elle une fois encore l'odieuse présence de M. de Miray? Fallait-il qu'elle eût encore des frissons d'épouvante et d'horreur à la vue de ce misérable? Non, non, c'était impossible!

N'avait-il pas dit aussi, cet homme : Je vais venir demeurer aux Bergères? Evidemment ces paroles contenaient une menace. Quels pouvaient donc être ses projets? Mais peut-être avait-il voulu faire comprendre à la comtesse qu'elle n'était plus chez elle aux Bergères et qu'elle devait s'en aller. Cependant, si telle avait été son intention, il aurait pu tout aussi bien parler en maître et dire nettement à la malheureuse : Les Bergères m'appartiennent, il ne me plaît pas que vous y restiez plus longtemps, je vous chasse de ma maison.

Quoi qu'il en soit, la pauvre Paule s'était déjà dit que lorsqu'il arriverait aux Bergères le lendemain, M. de Miray ne l'y trouverait plus.

Mais comment allait-elle faire avec le peu d'argent

qui lui restait? Elle n'en savait rien et n'avait pas le temps de songer aux difficultés. Elle n'avait qu'une seule idée: partir ou plutôt s'enfuir pour échapper au misérable qu'elle savait capable de tout.

D'ailleurs, elle ne raisonnait plus. Elle avait l'esprit singulièrement troublé, était en proie à une sorte de délire. C'était un autre genre de surexcitation.

Les deux garçonnets jouaient dans un coin du salon, faisaient un assez grand bruit et elle ne les entendait pas.

Dans son cerveau, il y avait un chaos de pensées qui s'agitaient, se heurtaient tumultueusement; toutes étaient confuses, se confondaient, s'absorbaient les unes dans les autres et se noyaient dans le vague.

La malheureuse était tout étourdie et comme prise de vertige.

A un moment, s'obstinant à vouloir saisir une pensée qui lui échappait toujours, elle crut qu'elle devenait folle et poussa un cri d'épouvante.

Les deux enfants accoururent près d'elle et la regardèrent avec effroi.

— Mon Dieu, mon Dieu! s'écria-t-elle en les embrassant, laissez-moi ma raison!

Puis, après un silence, elle reprit avec une expression d'angoisse horrible:

— Mon Dieu, mais vous ne voulez donc pas avoir pitié de moi et de mes enfants!

Marianne vint faire diversion à cette douleur navrante en annonçant que le déjeuner était prêt.

Paule prit ses enfants par la main et les conduisit dans la salle à manger. Les chers petits mangèrent d'assez bon appétit ; mais ils avaient le cœur gros, car ils voyaient que leur mère avait un grand chagrin, qu'elle n'était pas dans son état naturel,

Elle avait essayé de manger aussi un peu, mais cela lui avait été impossible, le morceau n'avait pu passer.

— Maman, lui dit Georges, prêt à pleurer, pourquoi ne manges-tu pas ?

— Je n'ai pas faim, mon chéri, répondit-elle.

Cependant Marianne lui ayant fait du thé, elle parvint à en boire une petite tasse.

Le repas des enfants terminé, elle les envoya jouer dans le jardin auprès de madame Verdret.

Elle rentra dans le salon. Sa lettre presque entièrement écrite, l'encre et la plume étaient toujours là, sur le guéridon. Elle prit les feuilles couvertes de son écriture, y attacha longuement son regard.

— A quoi bon leur dire toutes ces choses ? murmura-t-elle d'une voix creuse. Et puis envoyer cette lettre est maintenant inutile.

Comme prise d'un nouvel accès de désespoir, elle froissa le papier entre ses mains fébriles et le glissa dans la poche de sa robe.

Elle avait dans la gorge des sanglots qui l'étranglaient, l'empêchaient de respirer ; elle aurait voulu pleurer ; cela l'aurait sans doute soulagée, mais elle ne pouvait pas. Ce sont presque toujours les plus grandes douleurs qui sont sans larmes. Ses yeux restaient secs, effarés, et avaient cet éclat de mauvais augure qui précède certaines agonies.

Elle se jeta dans un fauteuil et essaya de réfléchir, de donner une forme nette au projet qu'elle avait conçu ; mais elle retrouva dans sa tête le même désordre qu'avant le déjeuner, tout y était dans une épouvantable confusion. Et de nouveau elle eut peur de perdre la raison. Et elle pensait malgré elle à madame de Brogniès, cette femme fatale, qu'il lui semblait voir enchaînée dans un cabanon d'une maison d'aliénés.

Jusque vers quatre heures, elle resta comme clouée sur son fauteuil, gardant une immobilité effrayante et dans un état de prostration et de torpeur non moins effrayant.

Elle se ranima en entendant les voix de ses enfants qui venaient demander leur goûter à Marianne, sans oublier la tartine destinée à Miro.

Ils demandèrent où était leur mère et pourquoi elle ne venait pas avec eux au jardin.

— Votre maman se repose, répondit Marianne, il ne faut pas la déranger.

La domestique était bien triste en disant cela; cependant elle ne savait pas dans quel pitoyable état se trouvait sa maîtresse. Dans la matinée elle avait vu écrire la comtesse et elle pensait qu'elle écrivait encore.

Les enfants s'éloignèrent, marchant sur la pointe des pieds pour ne pas faire de bruit.

Paule, qui avait un instant prêté l'oreille, n'entendit plus rien. Alors elle se dressa debout, sombre, farouche.

— Il le faut, il le faut! prononça-t-elle sourdement.

Elle avait définitivement pris une résolution désespérée. Elle parut retrouver subitement toute son énergie, probablement par suite d'une nouvelle irritation du système nerveux.

Elle entra dans sa chambre et dans celle des enfants et avec une vivacité étonnante, une sorte de fureur, vida les armoires, les tiroirs des commodes et remplit trois grandes malles de tout ce qui appartenait à ses fils, de son linge et de ses effets d'habillement, robes, manteaux, costumes déjà vieux et passés de mode, qui lui rappelaient le temps où elle se figurait qu'elle était heureuse, où elle ne pensait guère que le malheur pût jamais l'atteindre.

Elle rangea les malles contre la muraille et avec intention, sans doute, ne les ferma point.

Ce que venait de faire la comtesse était bien les préparatifs d'un départ précipité; mais à la façon dont elle avait résolu de se mettre en route et de voyager, elle devait abandonner ses bagages.

A cinq heures et demie, les enfants remontèrent. Paule resta avec eux dans la salle à manger jusqu'à l'heure du dîner. Elle les encouragea à faire un bon repas et elle-même parvint à manger suffisamment pour ne pas avoir à redouter une faiblesse causée par la faim.

Tout de suite après le dîner, la comtesse mena les enfants dans leur chambre, leur fit dire la prière du soir qu'elle leur avait apprise, pria avec eux, puis les déshabilla et les mit au lit, les embrassant et bordant leur couverture comme d'habitude.

Les pauvres petits étaient fatigués; ils avaient beaucoup joué, beaucoup couru dans la journée, ils ne trouvèrent pas que leur mère les couchait plus tôt qu'à l'ordinaire.

Paule aussi avait besoin de prendre un peu de repos; mais elle ne voulait pas se mettre au lit.

Dans la chambre des enfants il y avait un canapé sur lequel la mère s'étendit.

Les enfants ne tardèrent pas à s'endormir.

La comtesse entendit sonner huit heures, huit heures et demie, neuf heures. Un bruit de pas au-dessus de sa tête lui apprit que Marianne avait terminé son ouvrage et se couchait. Elle avait entendu le fermier qui marchait dans la cour et parlait à Miro après l'avoir attaché.

Tout était devenu silencieux; le chanteur des nuits, le rossignol lui-même se taisait. Il n'y avait plus que le vent qui se faisait entendre en agitant les cimes des vieux sapins.

La lampe, dont la comtesse avait baissé la mèche et l'abat-jour, ne jetait plus dans la chambre qu'une faible lueur.

A dix heures Paule dormait. Le sommeil l'avait vaincue. Mais ce fut un sommeil agité, tourmenté par d'incessants cauchemars et augmentant la fièvre au lieu de la calmer.

Soudain, sentant comme un poids très lourd sur sa poitrine, elle se réveilla en sursaut, bondit sur ses jambes et promena autour d'elle ses yeux hagards. Elle venait de rêver que M. de Miray avait le pied sur sa poitrine et l'écrasait. Ce n'était qu'un cauchemar succédant à d'autres également horribles; mais elle était haletante, moite de sueur et fortement oppressée.

Elle releva l'abat-jour de la lampe, haussa la mèche, fit remonter l'huile, et alla voir l'heure à la pendule de sa chambre. Une heure était sonnée.

— Oh! je n'aurais pas dû dormir! murmura-t-elle. Verdret se lève toujours entre deux et trois heures pour donner à manger à ses chevaux, et je ne veux pas qu'il me voie partir.

Les deux enfants dormaient comme des bienheureux, à poings fermés. Doucement, avec des baisers, elle les réveilla. Ils se frottaient les yeux, et les deux têtes lourdes de sommeil retombaient sur l'oreiller. La mère les embrassa encore; elle avait de l'eau sucrée dans un verre, elle les fit boire. Enfin, au bout d'un instant, ils furent complètement éveillés.

Sans perdre une minute, la comtesse les habilla le plus chaudement qu'elle put ; elle avait dans sa chambre, tout prêt, son petit sac de voyage, elle le mit à son bras, puis prit par la main Edouard, qui donna son autre main à son frère.

— Venez, mes chéris, dit-elle, marchons doucement et ne parlez pas.

Ils sortirent sans bruit du pavillon. Mais Miro avait l'oreille fine, le sommeil léger ; il fit entendre un grognement sourd, puis un aboiement sonore. La comtesse tressaillit. Mais le chien n'aboya plus, ayant déjà senti que c'étaient sa maîtresse et ses jeunes maîtres. Il s'élança hors de sa niche et fit des bonds terribles qui auraient pu rompre sa chaîne, si elle n'eût pas été d'une solidité à toute épreuve. Les enfants voulaient aller près de leur bon ami Miro pour lui faire une caresse avant de partir ; mais Paule les en empêcha et les entraîna rapidement vers la porte de sortie, qui n'était jamais autrement fermée qu'au loquet.

Le comtesse et ses enfants furent bientôt hors de la ferme, et vingt minutes plus tard ils se trouvaient en rase campagne, au milieu des champs cultivés et sur un chemin raboteux, étroit, aux ornières profondes, que Paule ne connaissait pas. Où ce chemin, dont la pente était assez raide, allait-il la conduire? Elle l'ignorait, elle ne pouvait pas le savoir. Mais que lui importaient les étapes, du moment qu'elle s'enfuyait des Bergères où elle avait senti que ses enfants et elle n'étaient plus en sûreté?

Elle n'avait ni peur des ténèbres qui l'environnaient, ni de ces noirs et terribles fantômes que les âmes faibles croient voir se dresser menaçants dans la nuit, ni de l'inconnu qui s'ouvrait devant elle.

— Que Dieu nous conduise ! disait-elle.

Elle pouvait se trouver en face de quelque bête dangereuse, en face d'un loup, par exemple; mais pour elle, le plus hideux reptile, le plus féroce carnassier étaient moins à redouter que M. de Miray.

Et elle marchait aussi vite que les petites jambes d'Edouard et de Georges le permettaient.

Elle s'était écartée de la route qui conduisait à Grenoble et de celle qui menait à Saint-Marcellin et cela volontairement. Elle craignait que M. de Miray ne se mît à sa poursuite et elle voulait échapper à toutes les recherches. Pour cela, elle était bien décidée à se tenir à distance des villes et même des villages autant que possible. Elle se serait enfoncée dans un désert, si un désert se fût trouvé devant elle.

A un moment où elle s'était arrêtée pour que ses enfants se reposassent, elle leur avait dit :

— Les hommes sont méchants, nous les fuyons; nous en rencontrerons sans doute sur notre chemin, et s'ils nous demandent qui nous sommes, nous ne leur répondrons pas. Personne ne doit savoir que la comtesse de Verdraine et ses enfants sont sans asile, et s'il nous faut implorer la charité, tendre la main pour recevoir un morceau de pain, nous le ferons avec moins de honte.

Georges et Edouard avaient répondu :

— Oui, maman.

Pauvre comtesse Paule ! Elle est loin encore du sommet de son calvaire, elle n'est pas encore à la fin de ses souffrances.

Mais il arrive un moment où Dieu dit :

— C'est assez !

Marche, Paule, marche ! Tu l'as dit ; il faut que ta destinée s'accomplisse ! Marche ! la Providence veille sur les malheureux, sur les mères et les enfants.

. . . .

. . . .

Quand M. de Miray arriva à la ferme, à peu près à la même heure que la veille, il trouva Marianne en larmes et Verdret et sa femme dans la consternation.

Il devint blême de fureur en apprenant que la comtesse et ses enfants avaient disparu.

— Ils sont partis à pied, monsieur, dit Marianne en sanglotant.

— Depuis longtemps?

— La nuit dernière.

— Comment, elle est partie la nuit avec ses enfants, et vous ne l'avez pas retenue?

— Mais nous ne savions rien, monsieur, répondit le fermier; c'est seulement ce matin, à huit heures, que nous avons appris la chose quand nous avons entendu Marianne appeler à grands cris sa maîtresse et les deux petits.

— Partie, partie! murmura de Miray; quelle route a-t-elle prise? Peut-être n'est-elle pas bien loin encore?

— Dame, fit Verdret, des enfants ne marchent pas comme des hommes et leurs jambes sont vite lassées ; malgré cela, ils doivent avoir fait déjà un bon bout de chemin, car c'est à deux heures du matin qu'ils sont partis.

— Comment le savez-vous?

— Miro a aboyé.

— Ah! le chien! Mais où est-il? Est-ce que la comtesse a emmené Miro?

— Non, monsieur, Miro était encore à l'attache ce matin à dix heures. Pauvre Miro, je ne pensais pas à lui... Et il faisait un vacarme... Je l'ai détaché et aussitôt il a pris la clef des champs.

— Il court après elle.

— Oh! ça monsieur, c'est sûr.

— Ainsi, reprit de Miray, elle n'a rien emporté?

— Rien, monsieur, rien, répondit Marianne; pourtant, hier soir, sans que je me sois doutée de rien, elle avait fait ses malles.

— Ah!

— Et les malles sont dans la chambre.

— Ceci indique qu'elle a l'intention de faire prendre son linge et ses effets par un messager quelconque. Seulement je vous préviens que les malles doivent rester où elles sont jusqu'à nouvel ordre; elles ne sortiront pas du pavillon sans ma permission.

M. de Miray était venu à cheval. Il se remit en selle, et pensant avec raison que la fugitive ne s'était pas dirigée vers Grenoble, il piqua des deux et se lança à fond de train sur la route de Saint-Marcellin.

Au premier village, il s'arrêta et demanda si l'on n'avait pas vu passer une jeune femme avec deux enfants. On lui répondit non.

Au deuxième et au troisième village il fit les mêmes questions qui eurent la même réponse.

— Diable, fit-il en tordant rageusement sa moustache, est-ce qu'elle m'échapperait? Oh!. nous verrons cela... Il faudra bien que je la retrouve!

Jugeant inutile d'aller jusqu'à Saint-Marcellin, il tourna bride et reprit le chemin des Bergères.

XX

RÉVÉLATION TERRIBLE

Nous n'avons pas oublié le vieux père Rouget, Etienne Denizot, Mélie la bossue, les époux Pérard, ces personnages de la première partie de notre drame ; le moment est venu de les faire rentrer en scène.

Nous prions donc le lecteur de revenir avec nous à Saint-Amand-les-Vignes, en reprenant notre récit quelques jours avant le départ précipité de la comtesse Paule de la ferme des Bergères.

Nous passons sans nous arrêter devant la maison reconstruite où demeurent Jacques Pérard et sa femme, qui ont beaucoup, beaucoup vieilli depuis le mariage de leur fille, et c'est chez l'ancien sous-officier Pierre Rouget que nous prions le lecteur de nous accompagner.

La maison, qui, nous le savons, est à l'extrémité du bourg, a toujours, extérieurement, le même aspect ; à l'intérieur également, rien de changé : les choses sont à la même place et tout est propre, sinon aussi luisant qu'au temps où Paule s'occupait du ménage de son grand-père.

Il est vrai que madame Pérard vient aussi souvent qu'elle le peut mettre tout en ordre chez son père, et que, de plus, une voisine du vieillard, moyennant une modeste rétribution, passe chaque jour deux ou trois heures dans la maison.

Bien que Pierre Rouget soit toujours droit comme un *i* et conserve une apparence de vigueur, il commence à se casser et l'on voit qu'il décline chaque jour. Il est dans sa quatre-vingt-deuxième année, et si le poids des ans n'est pas encore parvenu à le courber, il le sent à sa faiblesse, que, par une sorte de coquetterie de vieillard, il voudrait cacher. Cependant, depuis deux ans, ses jambes étant devenues chancelantes, il est forcé, quand il sort, de s'appuyer sur un bâton. Mais il ne sort guère. Aller jusque chez sa fille et à l'église les grands jours de fête est tout ce qu'il peut faire.

Peut-être regrette-t-il le bon temps où il travaillait aux champs, où le fusil sur l'épaule il courait par monts et par vaux; mais il ne se plaint jamais, il ne se plaint de rien; il ne laisse même pas voir combien il serait content, heureux si, avant de mourir, il lui était accordé la faveur d'embrasser Georges et Edouard, les enfants de sa petite-fille. Pierre Rouget est un stoïque.

Il sait qu'il peut passer l'arme à gauche, — c'est son expression, — d'un moment à l'autre, c'est-à-dire mourir d'une paralysie ou de toute autre chose, mais il n'a pas peur de la mort.

— Le coffre est solide, dit-il, et tant que j'aurai le cœur chaud pour ceux que j'aime tout ira bien.

Quand il porte son verre à sa bouche et que sa main tremble ; quand il veut marcher et qu'il sent ses jambes gourdes et récalcitrantes, il fait un peu la grimace ; mais aussitôt il se console et se rassure en se disant :

— Si je n'ai plus ni bons pieds, ni bonnes jambes, ni bons bras, j'ai toujours de bons yeux, de bonnes oreilles et encore d'assez bonnes dents pour casser une croûte.

Pierre Rouget pouvait d'autant mieux se rassurer que sa mémoire était toujours excellente, qu'il avait encore l'esprit vif, la pensée active, qu'il n'avait enfin rien perdu de ses facultés intellectuelles.

Un matin, comme il était seul et se chauffait au coin de son feu, il vit entrer Etienne Denizot.

— Tiens c'est toi, Etienne, fit-il, sans cacher ni sa surprise ni sa satisfaction ; quel bon vent t'amène chez le vieux Rouget ? Sais-tu qu'il y a des années que tu ne m'as pas fait l'amitié d'entrer chez moi ? Pourtant, mon garçon, tu savais que tu serais bien reçu. Enfin, te voilà ! Mieux vaut tard que jamais ! Et vrai, Etienne, je suis content de ta visite ; vois-tu, les vieux comme moi aiment qu'on pense à eux. Allons, viens t'asseoir, prends cette chaise, c'est ça. Comment va ta mère ?

— Très bien, père Rouget.

— Dame, tu lui fais une douce et belle existence.

— C'est mon devoir.

— Sans doute. Et la Mélie, en êtes-vous toujours contents ?

— Mélie est une brave fille, d'un dévouement rare, qui nous rend de très grands services et dont ma mère et moi ne pourrions plus nous passer.

— Oui, je sais; Mélie était un caillou que ta mère a changé en diamant, une mauvaise graine que vous avez mise en bonne terre et qui a vite donné les meilleurs fruits. Je sais aussi comment tu marches, toi, mon garçon.

— Je fais ce que je peux.

— Et ce que tu fais est bien, mon ami, très bien. Marche, marche, tu n'as plus le droit de t'arrêter; tes succès en appellent d'autres; tu es l'orgueil de Saint-Amand et rien ne dit que tu n'en seras pas un jour la gloire. Eh ! eh ! il ne faut pas que ce que je te dis te fasse rougir; on peut être modeste, mais on a le droit de se rendre justice à soi-même. Enfin c'est bien, laissons cela. Qu'est-ce que je vais bien pouvoir t'offrir ?

— Rien, père Rouget, rien.

— Si, si, il faut que nous trinquions; tiens, un petit verre de vieille eau-de-vie de marc.

— Soit, je ne veux pas vous refuser.

— Tu aurais tort, Etienne, car ça me fait grand plaisir de boire une petite goutte avec toi.

Le vieillard se leva, prit la bouteille sur le bahut et remplit deux petits verres.

—Etienne, reprit-il en regardant fixement le jeune homme, tu as l'air soucieux et vraiment il me semble que je vois des larmes dans tes yeux; qu'est-ce que tu as ?

— D'abord, père Rouget, je suis profondément touché de l'accueil que vous me faites; et puis il y a autre chose...

— Ah !

— Et c'est cette autre chose qui m'a amené chez vous.

— Eh bien, qu'est-ce que c'est ?

— Vous me connaissez, père Rouget, vous savez que je ne sais pas déguiser ma pensée, que chez moi tout est franchise.

— Oui, Etienne, tu es un garçon franc et loyal.

— Et je vous prie de ne point prendre en mauvaise part ce que je vais vous dire.

— Tu n'as pas besoin de me prier ; à moi tu peux tout dire franchement, nettement, je t'en donne le droit.

— Merci, père Rouget. J'aurais pu aller trouver madame Pérard, mais il m'eût été impossible de lui parler comme à vous, et je me suis dit que c'était avec vous, avec vous seul que je pouvais causer.

— Etienne, tu me rends inquiet. Enfin parle, je t'écoute.

— Eh bien, père Rouget, je vais droit au but : Savez-vous ce qui se passe là-bas, dans le département de l'Isère ?

— Hein ! mais c'est donc de Paule qu'il s'agit ?

— Oui, répondit le jeune homme, dont la voix oppressée trahissait la violente émotion, c'est de Paule... de madame la comtesse de Verdraine, veux-je dire, qu'il s'agit.

Le vieillard resta un instant comme étourdi.

— Voyons, voyons, fit-il, tu me demandes si je sais ce qui se passe dans l'Isère ?

— Oui.

— Mais certainement, mon garçon, je le sais.

— Oh ! dites plutôt que vous croyez le savoir.

— Etienne, que signifie ?... Explique-toi !

— Je m'expliquerai, bien sûr, il le faut. Madame

la comtesse de Verdraine écrit-elle souvent à vous et à ses parents ?

— Chaque semaine une lettre, quelquefois deux.

— Alors vous savez que depuis plusieurs mois elle n'habite plus ni à Grenoble, ni au château de Verdraine.

— Parfaitement. Ma petite-fille demeure actuellement au château des Bergères.

— Pierre Rouget, il ne faut ni vous étonner ni vous offenser de mes questions, car je vous le jure, mes intentions sont honnêtes.

— J'en suis convaincu, Etienne.

— Madame la comtesse de Verdraine vous dit-elle dans ses lettres qu'elle est heureuse ?

— Mais, balbutia le vieillard un peu embarrassé, elle ne se plaint pas de son sort.

— Savez-vous qu'elle vit seule aux Bergères, seule avec ses deux enfants ?

— Oui, nous savons cela.

— La comtesse de Verdraine vous a-t-elle appris pourquoi elle a quitté Grenoble, pourquoi elle n'est pas allée à Verdraine, comme les années précédentes, pourquoi enfin son mari n'est pas avec elle aux Bergères ?

— Mon cher Etienne, Paule a quitté Grenoble parce qu'il ne lui plaisait plus de rester à la ville, et elle n'est pas allée demeurer à Verdraine, comme les autres années, parce qu'elle préfère vivre aux Bergères où elle jouit d'une tranquillité plus parfaite. Son mari n'est pas là, avec elle, en ce moment, parce que des affaires importantes l'ont forcé à faire un long voyage.

— Voilà ce que vous a écrit votre petite-fille ?

— Oui.

— Eh bien, père Rouget, madame la comtesse de Verdraine vous trompe ou plutôt elle n'ose pas vous faire connaître la vérité.

— Etienne, que dis-tu ?

— Je dis que vous ne savez absolument rien de ce qui se passe.

— Oh !

— Je dis que votre petite-fille, qui ne se plaint pas à vous, est maintenant dans la douleur, dans les larmes !

— Tu es sûr de cela ? exclama le vieillard dont les prunelles s'enflammèrent.

— Oui, je suis sûr.

— Ainsi, Paule est malheureuse ?

— Très malheureuse, père Rouget, la plus malheureuse des femmes... Et sans l'avoir mérité, la chère et douce créature, ajouta-t-il avec des larmes dans la voix et dans les yeux.

L'ancien sergent regarda le jeune homme en hochant la tête.

— Etienne, mon garçon, reprit-il, c'est donc bien vrai ce que disent les gens ?

— Je ne sais pas ce que disent les gens.

— Ils prétendent que tu aimes toujours Paule.

— Je ne fais connaître mes pensées secrètes à personne ; mais je ne peux pas empêcher que l'on suppose ou que l'on devine telle ou telle chose. Quand j'ai refusé dix fois, quinze fois de me marier, en déclarant que je voulais rester garçon, il n'était pas difficile vraiment d'en deviner la cause.

Il y a des cœurs blessés qui se guérissent, qui oublient, le mien n'est pas de ceux-là. A vous, père

Rouget, à vous qui avez vécu, et qui aimez toujours votre petite-fille, je n'ai rien à cacher : oui, j'aime toujours Paule, je l'aime comme je l'aimais avant son mariage ; et tenez, Pierre Rouget, je crois même que je l'aime plus encore depuis que je sais qu'elle est malheureuse !

— Paule est malheureuse ! prononça lentement le vieillard.

Après un court silence :

— Et, Etienne, reprit-il tristement, c'est pour me dire cela que tu es venu ?

— Oui, père Rouget, pour vous dire cela et aussi pour que nous avisions.

— Je ne comprends pas bien.

— D'un moment à l'autre, la comtesse de Verdraine peut avoir besoin d'être protégée par ceux qui l'aiment.

— Eh bien ?

— Eh bien, père Rouget, je suis un de ceux qui l'aiment ; il y a longtemps que je lui ai donné mon cœur et mon âme ; aujourd'hui, je suis prêt à tout sacrifier pour elle, même ma vie, et je viens vous le dire.

— Etienne, répondit le vieillard prêt à pleurer, tu es le plus brave garçon, le plus noble cœur que j'aie jamais connu. A ton tour, écoute-moi : tu ne m'as pas trop surpris en m'apprenant que Paule est malheureuse; nous voyons bien dans ses lettres qu'elle cache quelque chose, qu'elle ne veut ou n'ose pas tout nous dire. Mais que nous cache-t-elle donc ? Est-ce que tu le sais, Etienne ?

— Oui, je le sais.

— Et tu vas me le dire ?

— Oui.

— Parle, parle, mon garçon.

— Apprenez d'abord, père Rouget, qu'aucune affaire importante n'a appelé au loin le comte de Verdraine; si Paule vous a écrit cela, c'est qu'elle a cru devoir vous cacher la vérité ou peut-être qu'elle ignore elle-même où est son mari.

Le comte n'est point parti pour un long voyage; il ne s'est embarqué ni au Havre ni à Saint-Nazaire pour aller en Amérique, en Asie, en Océanie ou ailleurs. Il a abandonné sa femme et ses enfants et il est à Paris.

— A Paris !

— A Paris, père Rouget, à Paris, où, ne pensant ni à sa femme, ni à ses enfants, oubliant tous ses devoirs, il mène une conduite scandaleuse, honteuse. Pour toutes les honnêtes gens, il est devenu un être méprisable et vil.

— Oh ! Etienne !

— Méprisable et vil, père Rouget, et à l'heure où je vous parle, le malheureux achève de se ruiner. La pente sur laquelle il s'est engagé est rapide et glissante; rien ne peut plus l'arrêter, il faut qu'il roule au fond de l'abîme. Il entretient une danseuse de l'Opéra, une danseuse espagnole appelée Flora et surnommée la *Papillonne*, une fort belle fille, paraît-il, pour laquelle il a déjà dépensé près d'un million.

Le vieillard leva ses yeux et ses mains vers le ciel.

— C'est affreux, c'est épouvantable ! murmura-t-il.

Puis, saisissant la main du jeune homme :

— Etienne, Etienne, fit-il, est-ce sérieux ce que tu dis ?

— Hélas ! oui.

— Mais, malheureux, si tu te trompais, si l'on t'avait mal renseigné !

— Je suis exactement renseigné ; je vous le répète, père Rouget, je suis sûr, absolument sûr.

Le vieillard laissa tomber sa tête sur sa poitrine, resta un moment pensif et comme accablé, puis se redressant brusquement :

— Etienne, s'écria-t-il, comment as-tu appris cela ?

— Vous connaissez M. André Le Clerc ?

— Sans doute.

— Il est maintenant, vous le savez, sous-inspecteur des forêts à Remiremont.

— A Remiremont, c'est dans les Vosges, je crois; c'est bien, Etienne, après ?

— Quand le comte de Verdraine est venu à la Chaumelle, André Le Clerc fut un des quatre ou cinq jeunes gens que M. de Vaucreux invita à chasser avec son hôte. M. Le Clerc devint un peu l'ami du comte, et si vous vous le rappelez, il fut un des témoins à son mariage.

— Je me souviens, Etienne. Continue.

— C'était entre M. le comte et M. André une camaraderie de hasard, une amitié de passage et, après le mariage, ils se perdirent complètement de vue.

Il y a un mois, André Le Clerc, en congé, alla passer quelques jours à Paris. Mieux renseigné que nous ne le sommes ici, sans doute par des journaux qu'il reçoit, M. André savait que le comte de Verdraine habitait à Paris. Il n'alla point le voir, pourtant, jugeant que sa dignité ne lui permettait pas de faire cette visite.

Mais un soir qu'il se trouvait dans une assez nombreuse réunion de jeunes gens, on vint à parler de la Papillonne ou si vous aimez mieux de la danseuse Flora, et naturellement aussi du comte de Verdraine.

André Le Clerc savait déjà quelque chose, mais pas tout ; il écouta de ses deux oreilles, et sans avoir besoin d'adresser aucune question, il fut bientôt complètement édifié sur la déplorable conduite de M. de Verdraine et ce que l'on appelle à Paris ses étranges folies.

Le vieillard laissa échapper un profond soupir et essuya furtivement deux grosses larmes.

— Après son séjour à Paris, poursuivit Etienne, M. André revint passer une semaine avec sa mère. La veille du départ de son fils pour Remiremont, madame Le Clerc donna un grand dîner auquel je fus invité ; madame Le Clerc me témoigne beaucoup d'amitié, j'ai été un camarade d'enfance d'André et, en acceptant leur invitation, je savais leur être agréable à tous deux. On se mit à table à onze heures et on y était encore à trois heures. Un vrai repas bourguignon, où l'on vida force bouteilles de nos meilleures côtes.

Le temps étant très beau, on descendit au jardin, les hommes pour fumer un cigare, pendant que les dames causaient ensemble, réunies dans la grande charmille.

A un moment, M. André prit mon bras et après m'avoir adressé quelques questions sur mes travaux agricoles, il m'entraîna dans une allée solitaire et me dit brusquement :

— « Etienne, pourquoi ne vous mariez-vous pas ?

Je restai un instant tout interdit, puis je répondis :

— » Je ne me marie pas et je ne me marierai jamais parce que je ne peux aimer aucune des jeunes filles à marier que l'on m'a proposées, pas plus que d'autres que l'on me proposera encore sans doute.

— » Je comprends, mon ami, vous n'avez pu chasser de votre cœur l'image de celle que vous avez aimée avant son mariage.

— » C'est vrai, répondis-je, en pressant sa main.

— » Ah ! mon cher Etienne, c'était vous que la belle Paule devait aimer et épouser, car vous l'auriez rendue heureuse.

— » Mais elle est heureuse ! m'écriai-je.

— » Ah ça ! Etienne, fit-il, vous ne savez donc rien ?

— » Monsieur André, que voulez-vous dire ?

— » Je veux dire, mon ami, que la belle Paule s'est trompée et qu'elle est cruellement punie de vous avoir dédaigné. Si vous croyez qu'elle est heureuse, vous êtes dans l'erreur. La pauvre comtesse est, au contraire, aussi malheureuse qu'une femme, épouse et mère, peut l'être.

J'étais devenu si pâle et si tremblant qu'il s'arrêta brusquement et dit :

— » Ah ! mon pauvre Etienne, si j'eusse pensé que mes paroles produiraient sur vous un pareil effet, j'aurais gardé le silence.

— » Vous auriez eu tort, répliquai-je, et maintenant je vous prie, je vous supplie de ne me rien cacher, de me dire tout ce que vous savez concernant la comtesse de Verdraine.

— » Voyez-vous, Etienne, reprit-il, je croyais que vous étiez instruit de la chose.

— Je ne sais rien, je vous le répète, et je crois bien que les parents de la comtesse sont à peu près dans la même ignorance que moi.

Après avoir un peu hésité, il se décida à parler. Il me raconta ce qu'il avait entendu dire à Paris dans cette réunion de jeunes gens dont il faisait partie; et ce qu'il avait précédemment appris par les journaux.

J'étais stupéfié, comme frappé d'épouvante, et je fus un long instant avant de pouvoir me remettre de ma terrible émotion.

Enfin la voix me revint et je dis à M. André :

— » Ce que vous venez de me révéler est effrayant, horrible.

De tout cela on ne sait rien encore à Saint-Amand et je demeure convaincu que M. Rouget, M. Pérard et madame Pérard ignorent que le comte de Verdraine a lâchement abandonné sa femme et ses enfants, et que la pauvre comtesse Paule, une victime, est condamnée à la souffrance, au malheur

Monsieur André, continuai-je en m'emparant de ses deux mains que je serrai fortement, au nom de tout ce qu'il y a de plus saint, de plus sacré, au nom de Dieu, ne parlez à personne ici de ces affreuses choses; oui, oui, gardez-en le secret. C'est dans l'intérêt du père et de la mère de la malheureuse comtesse que je vous adresse cette prière; le père est déjà malade, au lit; s'il apprenait cela brusquement, brutalement, le coup serait terrible et le tuerait peut-être. Et la mère ? Oh ! la pauvre femme ! mais elle deviendrait folle de douleur et de désespoir !

— Ah ! mon cher Étienne, s'écria le père Rouget en pleurant ; comme tu as bien parlé ! Va, tu es un brave garçon. Et qu'est-ce que t'a répondu M. Le Clerc ?

— Il m'a répondu que je n'avais à redouter aucune indiscrétion de sa part, qu'il ne s'occupait jamais des affaires qui n'étaient pas les siennes et que s'il m'avait parlé de la chose, à moi, c'était parce qu'il savait très bien que, quoiqu'elle fût mariée et loin de Saint-Amand, je pensais toujours à la comtesse de Verdraine et que rien de ce qui la touchait ne m'était indifférent.

Enfin, père Rouget, continua le jeune homme, M. André Le Clerc a gardé le secret, et je vous assure qu'à Saint-Amand nul autre que vous et moi ne connaît la situation douloureuse dans laquelle se trouve madame de Verdraine.

— Et jusqu'à nouvel ordre, Étienne, on ne doit rien savoir, dit vivement le vieillard.

— Si l'on apprenait quelque chose, père Rouget, ce n'est pas moi qui aurais parlé.

— Oh ! toi, malgré le passé, malgré tout, tu es resté notre ami.

— Oui, et je vous en donnerai des preuves. Mais je ne vous ai pas tout dit.

— Hein, pas tout ?

— Non. Dans ce que m'avait raconté M. André, il y avait des choses que je ne comprenais pas bien, qui me paraissaient obscures. Mais, en causant, il m'avait donné, approximativement, les dates de certains des faits qu'il m'avait fait connaître.

Ayant résolu de savoir aussi exactement que possible tout ce qui s'était passé, j'écrivis à Paris au directeur de la *Gazette des Tribunaux*, en lui envoyant de l'argent pour qu'il me fît tenir les trente numéros de son journal du mois que je lui indiquais. Je fis de même pour recevoir des numéros des deux principaux journaux de Grenoble.

Cependant je ne crus pas devoir m'en tenir là; je me rendis à Dijon, chez un avoué avec lequel je suis en relations d'amitié, et je le priai d'écrire à un de ses confrères de Grenoble afin d'être renseigné exactement sur les affaires du comte de Verdraine, et aussi pour savoir dans quelle situation se trouvaient réellement la comtesse Paule et ses enfants.

— Eh bien, Étienne, eh bien?

— Les journaux de Paris et de Grenoble m'ont été envoyés, et l'avoué de Grenoble s'est empressé de répondre à l'avoué de Dijon, lequel m'a fait parvenir la lettre de son confrère.

— Alors, Étienne?

— J'ai lu la lettre, j'ai lu les journaux, et j'ai dû reconnaître que non seulement M. Le Clerc n'avait rien exagéré, mais que, au contraire, il n'avait appris qu'en partie l'affreuse vérité.

— Mon Dieu, mon Dieu! gémit le vieillard.

— Tout ce qui s'est passé à Grenoble et ensuite à Paris, reprit Étienne, je le sais comme si j'en avais été le témoin, et je n'hésite pas à vous dire, père Rouget, que le comte de Verdraine est un homme odieux, un misérable!

L'ancien sergent laissa échapper une plainte sourde, courba la tête et cacha sa figure dans ses mains.

— Allons, père Rouget, dit le jeune homme, du courage! Ce n'est pas le moment de vous laisser abattre; non, non, il faut faire voir, au contraire, que vous êtes toujours vaillant et fort.

— Tu as raison, mon garçon, dit le vieillard, qui redressa la tête et dont les yeux avaient de sombres lueurs, tu as raison, je dois me tenir ferme comme autrefois, quand je répondais à l'attaque de l'ennemi. Mais, vois-tu, apprendre que ma petite-fille souffre, qu'elle est malheureuse, qu'en ce moment peut-être elle pleure toutes les larmes de ses yeux, ça me brise!... Et puis, Étienne, je pense aussi aux deux pauvres petits!

On a beau vieillir, c'est la peau qui durcit, pas le cœur; et, tu vois, il y a encore des larmes dans ma vieille carcasse.

Il essuya ses yeux, hocha la tête, comme répondant à une de ses pensées, et reprit:

— Étienne, mon garçon, tu m'a promis de me tout dire!

— Oui, père Rouget.

— Je sais d'avance que ce sera terrible.

— Terrible, père Rouget.

— Va, va, j'aurai du courage, je serai fort.

— Voilà ce qu'il faut me promettre.

— Sois tranquille, tu verras; seulement ce que je ne saurais te promettre, c'est de ne pas me mettre en colère. Maintenant, Étienne, parle, je t'écoute.

XXI

CE QUE RACONTE ÉTIENNE

Après quelques instants de silence, le jeune homme prit la parole en ces termes :

— Il y a déjà au moins trois ans, père Rouget, que le comte de Verdraine devint tout à coup très froid avec sa femme, la mère de ses enfants, et commença à la délaisser, à la traiter avec dédain, je n'ose pas dire avec mépris, et cela sans cause, sans raison, car on fait unanimement l'éloge de la comtesse, qui n'a rien à se reprocher à l'égard de son mari, de ses enfants et du monde.

Mais le comte de Verdraine est d'une nature inconstante, frivole ; il n'a l'âme ni grande ni forte et il se laisse facilement entraîner ; il est avec cela profondément égoïste. Il aime le plaisir, il a des passions, des vices auxquels il sacrifie tout.

Il passait la plus grande partie de son temps au cercle, souvent des nuits entières, avec des amis ou soi-disant tels, des viveurs, aimant comme lui la vie facile, les soupers fins et le jeu. Le comte jouait, perdait des sommes plus ou moins importantes, et se livrait en même temps, d'autre part, à des dépenses excessives.

Dès lors, la comtesse Paule eut de sérieuses inquiétudes sur son avenir et celui de ses enfants.

Le comte, vivant pour ainsi dire hors de chez lui, cessa de recevoir.

La comtesse, qui voyait le bonheur lui échapper, se retira peu à peu du monde, ne fit plus de visites, n'en reçut plus, et se trouva ainsi dans un abandon à peu près complet. Mais que lui importait? Elle avait ses enfants, et c'était pour son cœur de mère une douce tâche de se donner à eux tout entière, de leur consacrer sa vie.

Elle souffrait, souffrait beaucoup, car elle sentait chaque jour augmenter ses appréhensions; mais déjà le courage et la résignation ne lui manquaient point.

— Elle souffrait, la chère enfant, dit le vieillard, elle souffrait et elle ne nous disait rien!

— Comme aujourd'hui encore elle vous cache la vérité sur sa situation. Il y a des choses qu'une femme ne peut pas dire, même à ses parents; la comtesse Paule est trop fière pour laisser voir ses larmes; elle est de ces femmes qui savent souffrir sans faire entendre une plainte.

— C'est vrai, Etienne, mais continue.

— La mort de la petite Isabelle, noyée dans le vivier de Verdraine par un misérable, un scélérat, au lieu d'amener un rapprochement entre le père et la mère désolés, rendit la situation de la malheureuse comtesse pire encore qu'elle ne l'était avant. Le comte eut pour elle, paraît-il, d'incroyables duretés;

il alla jusqu'à l'accuser d'être la cause de la mort de l'enfant.

— Oh! oh!

— M. de Verdraine n'aimait plus sa femme, il s'éloigna d'elle complètement; on dit qu'il adorait sa petite fille, cependant il s'est vite consolé de l'avoir perdue; il se lança avec une fougue nouvelle dans la vie de plaisirs, se livra sans frein à ses déportements, s'abandonna à ses passions funestes et devint un objet de scandale pour les honnêtes gens.

Il était déconsidéré à Grenoble, il n'y pouvait plus rester. Un jour, il partit sans avoir prévenu sa femme, sans lui dire adieu, sans avoir embrassé ses enfants. On a su cela par les domestiques qu'il avait congédiés. Où allait-il? A Paris, rejoindre sa maîtresse, une certaine madame de Brogniès qui, dans un temps, s'était dite l'amie de la comtesse Paule, et qui avait elle-même quitté Grenoble trois semaines ou un mois avant le comte.

Voilà la comtesse et ses enfants abandonnés.

— Etienne, mais c'est infâme, cela! exclama l'ancien sergent; mais le comte de Verdraine est plus qu'un misérable, c'est un lâche, un monstre!

— Oh oui! un lâche! murmura sourdement le jeune homme.

Il reprit à haute voix :

— Très peu de temps après que son mari l'eût quittée, ainsi que je viens de vous le dire, la comtesse apprit que l'hôtel de Verdraine était vendu et que l'acquéreur allait immédiatement entrer en possession de l'immeuble.

La comtesse n'avait plus d'habitation à Grenoble. Il fallait s'en aller. Où? Pensa-t-elle à se retirer au château de Verdraine? Je ne sais. Mais au château, il lui eût fallu plusieurs domestiques et elle ne se serait pas trouvée là aussi isolée qu'elle le voulait. D'ailleurs, elle avait le pressentiment de la ruine du comte, et, comme si elle eût deviné ce qui devait fatalement arriver, elle se dit sans doute que c'était aux Bergères qu'il lui fallait chercher un asile.

Qu'est-ce que c'est que les Bergères? Une ferme. Il n'y a pas là un château, comme vous paraissez le croire, père Rouget, mais simplement une toute petite maison de maître, construite autrefois pour servir de rendez-vous de chasse.

Donc, ne gardant pour la servir qu'une vieille femme qui lui est très dévouée, ayant remercié les autres domestiques restés près d'elle, la comtesse Paule s'installa aux Bergères.

On devait lui servir une pension de mille francs par mois ; mais ce n'était qu'une promesse. Il n'y a pas d'argent pour elle, M. le comte en dépense tant!

— Mon Dieu, mais comment vit-elle?

— Comment? Elle avait des bijoux, d'anciens bijoux de famille, elle les a vendus, elle les vend pour qu'elle et ses enfants ne meurent pas de faim.

— Oh! ma pauvre Paule, ma pauvre Paule! s'écria le vieillard, qui se remit à pleurer.

— Père Rouget, reprit Etienne, vous n'ignorez pas que l'on m'a un instant soupçonné d'être l'auteur du crime de Verdraine; le juge d'instruction de Grenoble s'était imaginé que j'avais pu commettre cet horrible forfait pour me venger de la comtesse Paule.

— C'était trop bête! fit l'ancien sous-officier.

— Maintenant, père Rouget, savez-vous que l'on a

fini par découvrir l'assassin de la petite Isabelle?

— Mais non, mais non, Paule ne nous a pas écrit ça.

— Je comprends pourquoi. La comtesse ne vous a point parlé de cela dans ses lettres parce qu'il lui eût fallu en même temps vous apprendre d'autres choses qu'elle voulait vous cacher.

Eh bien, oui, père Rouget, grâce au bon chien Miro, qui l'avait mordu à la cuisse et qui un jour l'a reconnu, l'assassin de la petite fille a été arrêté par les gendarmes et jeté dans un cachot.

Le misérable a été forcé d'avouer son crime; mais le scélérat avait un complice qui lui avait donné une forte somme d'argent pour jeter la pauvre petite dans la pièce d'eau. Il ne voulait pas le faire connaître; mais, cette fois, le juge d'instruction se montra plus malin que lorsqu'il mettait les gendarmes à mes trousses; il sut si bien s'y prendre, que le gredin, un Italien appelé Castori, finit par dire le nom de son complice.

Qui était-il ce complice? Vous ne le devineriez jamais, père Rouget. Mais je ne veux pas vous faire chercher. Eh bien, ce complice, père Rouget, c'était une femme, c'était madame de Brogniès, la maîtresse du comte de Verdraine.

— Juste ciel! Est-ce possible?

— Oui, père Rouget, oui. La coquine était bien tranquille à Paris, où elle se faisait appeler comtesse de Verdraine, où elle filait le parfait amour avec le comte, quand un beau matin un commissaire de police escorté de ses agents se présenta pour l'arrêter.

Je ne vous dirai pas ce qui s'est passé alors entre l'amant et la maîtresse; je n'en sais rien; car si bien renseignés que soient les journaux, ils ne parviennent pas à tout savoir. Toujours est-il, père Rouget, qu'au moment où le commissaire de police allait faire empoigner la dame de Brogniès par ses agents, elle devint folle tout à coup, mais folle à lier! Les agents s'emparèrent d'elle, néanmoins, et l'emmenèrent. Seulement au lieu de la mener à la prison, c'est dans la maison des fous qu'elle a été conduite. Elle y est encore et elle n'en sortira plus.

— Ah! la gueuse, s'écria le vieillard, elle ne l'a pas volé. Voilà au moins une juste punition!

— Et comme le ciel devrait en avoir en réserve pour d'autres femmes de la même espèce, ajouta le jeune homme d'une voix sombre.

Mais, continua-t-il, cette odieuse madame de Brogniès ne pouvait se soustraire au châtiment qu'elle avait mérité; si Dieu ne l'eût pas frappée, vengeant ainsi du même coup la petite Isabelle, victime d'une atroce méchanceté, les deux autres enfants abandonnés et l'épouse outragée, trois nouvelles victimes, la justice des hommes ne lui aurait pas fait grâce. Elle aurait été jugée en même temps que l'Italien Castori, son complice, et certainement condamnée comme lui aux travaux forcés à perpétuité.

— Tu as raison, Etienne; oui, il y a toujours une punition pour les méchants; s'ils parviennent à échapper à la justice des hommes, Dieu est là!

— Je ne sais pas, père Rouget, si le comte de Verdraine fut un peu ou pas du tout affecté de la folie de madame de Brogniès; dans tous les cas, son chagrin ne dura pas longtemps; il continua de plus belle sa vie de débauché et tint mieux que jamais sa place parmi les viveurs de Paris.

Un viveur, père Rouget, est un homme qui n'a dans la tête que le plaisir, un désœuvré, un inutile, un égoïste, un sans-cœur qui jette son argent par les fenêtres, se livre à des orgies sans nom, est avide de toutes les jouissances et qui, enfin, ne songe qu'à bien vivre et à satisfaire ses passions, c'est-à-dire les appétits de ses vices.

Eh bien, voilà ce qu'est aujourd'hui le comte de Verdraine.

L'ancien sous-officier, qui tenait sa tête baissée, poussa un long soupir.

— Mais, à un viveur, il faut une maîtresse, reprit Etienne ; il paraît qu'à Paris, dans un certain monde, cela fait bien, cela pose un homme. A madame de Brogniès a succédé la danseuse Flora. Je veux bien croire que cette demoiselle Flora n'est pas une misérable comme l'autre, mais elle n'en est pas moins une fille odieuse, puisqu'elle tient attaché à ses jupes un homme marié, père de deux enfants, et qu'elle le ruine.

Cette danseuse a un appétit rare, des dents solides, de fameuses dents qui croquent vite et bien ; car, comme je vous l'ai déjà dit, elle a dévoré au comte de Verdraine un million, peut-être plus, et, bien sûr, elle ne se trouvera rassasiée que lorsqu'elle aura mis le malheureux fou sur la paille.

Hélas, oui, père Rouget, le comte de Verdraine est un insensé qui semble ne plus savoir ce qu'il fait et ne voit pas où il va. Quand on parle de lui, tout le monde, même ses amis, disent :

« C'est un fou ! »

Fou, il ne l'est peut-être pas encore tout à fait, mais il le deviendra. On dit qu'il boit, qu'il s'enivre d'absinthe et que, depuis quelque temps surtout, on ne le voit jamais dans son état naturel.

Je ne sais pas ce qu'il y a de vrai dans tout cela; mais je dis, moi, que si le comte de Verdraine avait toute sa raison, il ne jetterait pas sa fortune en pâture à une Flora, sans plus songer à sa femme et à ses enfants, que s'ils n'avaient jamais existé.

Ah! tenez, je sens tout mon sang bouillonner dans mes veines, quand je pense que cette danseuse, magnifiquement habillée, couverte de diamants, se pavane sur les promenades de Paris, dans des voitures traînées par quatre chevaux; quand je pense qu'elle a un superbe hôtel, de nombreux domestiques, qu'elle fait parade de son luxe honteux, et que, à ce moment peut-être, la comtesse Paule et les deux pauvres petits sont déjà, eux, aux prises avec la misère.

Car, il faut que vous le sachiez, père Rouget, la fortune du comte de Verdraine n'était pas aussi considérable qu'on le disait ici, et il n'a pu se livrer à tant de folles dépenses sans contracter successivement des emprunts onéreux, donnant en garantie son domaine de Verdraine, ses fermes et ses bois. Ah! la race des usuriers prêteurs d'argent à trente et même cinquante pour cent n'est pas éteinte!

Eh bien, le domaine de Verdraine, les forêts et les fermes sont surchargés d'hypothèques; si le comte a encore de l'argent, il le garde pour la danseuse, mais il ne peut plus trouver à emprunter et il est poursuivi par ses créanciers, et avant qu'il soit longtemps ceux-ci s'abattront sur les propriétés du Dauphiné comme une bande de corbeaux affamés sur un cheval mort et tout sera vendu par autorité de justice, à vil prix, et quand chaque corbeau aura pris sa part, il ne restera rien. Voilà où en sont les choses, père Rouget, voilà la vérité sur la situation.

— Elle est affreuse, la situation, elle est épouvantable! Mais que faire, mon Dieu, que faire?

— Rien pour le comte de Verdraine; on ne peut plus le sauver, il est trop tard. Vous ne devez plus penser maintenant qu'à la comtesse et à ses enfants.

— Oui, oui.

— Tout est à craindre, père Rouget; la malheureuse mère peut succomber à un accès de douleur et de désespoir.

— Tu me fais frémir.

— Il ne faut pas qu'elle reste là-bas, il faut qu'elle revienne à Saint-Amand.

— Mais elle ne veut pas revenir, elle attend, dit-elle. Mon Dieu, qu'est-ce qu'elle peut attendre ?

— Je n'en sais rien; peut-être la mort!... Mais elle a des enfants, elle ne doit pas mourir; il faut la secourir, la sauver du désespoir, père Rouget; elle ne veut pas revenir, eh bien, il faut aller la chercher.

— C'est cela, Etienne, c'est cela, voilà ce qu'il y a à faire! s'écria le vieillard; et c'est moi, Etienne, c'est moi qui irai la chercher.

Puis, secouant la tête et avec un accent de tristesse profonde :

— Cela coûte pour aller là-bas et en revenir avec une femme et deux enfants, cela coûte, et je suis à peu près sans argent, et ma fille est encore plus pauvre que moi.

— Oh! dit le jeune homme, la question d'argent ne serait pas embarrassante, car j'ai chez moi quelques milliers de francs qui n'ont rien à y faire. Mais, permettez-moi de vous le dire, père Rouget, ce n'est pas à votre âge qu'on entreprend un pareil voyage; non, ce n'est pas vous qui pouvez aller chercher la comtesse Paule et ses enfants, non point par défaut de courage, mais parce que vous ne pouvez plus assez compter sur vos forces.

— C'est vrai, tu as raison, mon ami, dit l'ancien sergent en soupirant.

— C'est le père de la comtesse qui devrait partir; il déciderait certainement sa fille à le suivre, en usant, s'il le fallait, de son autorité. Mais M. Pérard est cloué sur son lit par cette cruelle maladie qui, bien qu'elle ne menace pas ses jours, paraît devoir durer trop longtemps encore.

Quant à votre fille, elle est si impressionnable, si peu maîtresse d'elle-même, que ce serait lui confier une tâche difficile et, j'en suis convaincu, au-dessus de ses forces. Il peut se présenter telles ou telles difficultés devant lesquelles madame Pérard s'arrêterait. D'un autre côté, il ne lui est pas possible de s'éloigner de son mari, car les soins que réclame le malade sont de tous les instants. Et puis, si elle partait, il faudrait dire la vérité à votre gendre, ce qui pourrait avoir des conséquences graves, le médecin ayant déclaré qu'une émotion un peu forte aggraverait son état et même pourrait le tuer.

— Tout cela est bien raisonné, Étienne; mais alors, comment faire ?

— Père Rouget, avez-vous confiance en moi ?

— Si j'ai confiance en toi ! Oh ! peux-tu me demander ça !

— Eh bien, avec votre permission, votre autorisation, si vous me la donnez, c'est moi qui irai trouver la comtesse de Verdraine, et je lui dirai : « — J'ai été votre ami, je le suis toujours; c'est donc un ami dévoué et sûr qui vient à votre secours. Votre père et votre mère ignorent encore ce qui se passe; mais Pierre Rouget, votre grand-père, sait tout, lui, et c'est lui qui m'a envoyé vers vous; je viens vous chercher.

Et si quelqu'un voulait s'opposer à son départ, je lui répondrais.

— Ainsi, Étienne, mon garçon, c'est bien vrai, tu veux faire cela?

— Oui, et je n'ai pas à vous le cacher, je suis venu avec l'intention de vous faire cette proposition. Il faut que je vous le dise, père Rouget, depuis quelques jours je suis affreusement tourmenté, j'ai de sinistres pressentiments, je suis assailli par toutes sortes de craintes; quelque chose me dit que la comtesse Paule est menacée de quelque grand danger. La nuit, j'ai d'horribles cauchemars dans lesquels la comtesse et ses enfants, pâles, éplorés, m'apparaissent et me crient, leurs mains tendues vers moi:

« Venez à notre secours, sauvez-nous! »

« Je ne suis pas supertitieux, père Rouget, non, je ne le suis pas! Mais ce rêve, toujours le même, qui vient chaque nuit troubler mon sommeil, il signifie quelque chose... On ne peut pas avoir de ces troubles d'esprit sans cause; c'est surnaturel et cela m'effraye, me glace de terreur... Je me demande, — oh! ne riez pas, ne vous moquez pas de moi, — je me demande si ce n'est pas l'âme de Paule qui vient ainsi parler à la mienne.

Je ne peux plus vivre dans cet état d'exaltation, je me sens poussé par une force irrésistible, il faut que j'aille là-bas, que je voie de mes yeux ce qui s'y passe, que j'entende de mes oreilles ce qui s'y dit et que je me fasse le protecteur de Paule et de ses enfants, s'ils ont besoin d'être protégés.

Je ne serai tranquille que lorsque je les aurai vus, et ne serai tout à fait rassuré sur leur sort que lorsqu'ils seront ici, dans les bras du père, de la mère et dans les vôtres, père Rouget.

Le vieillard avait écouté avec une émotion croissante.

— Donc, Étienne, dit-il, ta résolution est prise, tu veux aller dans l'Isère?

— Oui, il faut que j'aille là-bas, il le faut, il le faut!

— Étienne, mets ta main dans la mienne. Bien.

Le vieillard resta un moment silencieux et reprit d'une voix lente et grave :

— Étienne, je te savais un brave garçon, mais je ne croyais pas que tu eusses un aussi grand cœur. Non seulement je t'autorise à aller trouver ma petite-fille de ma part pour la ramener à Saint-Amand avec ses enfants, mais je t'en fais la prière et je te remercie de ce que tu veux bien faire pour nous tous.

— Père Rouget, à mon tour je vous remercie de la preuve de confiance et d'amitié que vous me donnez. Comptez sur moi et mon dévouement; je vous ramènerai la comtesse et ses enfants.

— Étienne, quand partiras-tu?

— Je voudrais partir ce soir même; mais plusieurs affaires à terminer, à régler, affaires qui sont plus celles des autres que les miennes, vont me reteuir jusqu'à la fin de la semaine ; mais dans quatre jours, c'est-à-dire dimanche, je me mettrai en route.

— Je te verrai avant ton départ ?

— Certainement.

— Et nous ne dirons rien à mon gendre et à ma fille ?

— Rien, père Rouget, rien.

— Mais à ta mère, que diras-tu ?

— La vérité. Je ne cache rien à ma mère ; à elle, et aussi à Mélie, on peut en toute assurance confier un secret.

— C'est bien.

Le jeune homme se leva.

— A bientôt, Etienne, dit le vieillard en se levant aussi.

— A bientôt, père Rouget.

L'ancien sous-officier ouvrit ses bras et dit :

— Viens, viens donc que je t'embrasse.

Ils s'embrassèrent. Tous deux pleuraient.

Et quand le jeune homme l'eût quitté, le vieillard poussa un long soupir et murmura :

— Ah ! si j'avais su !

Il y avait bien des choses dans cette exclamation. Il y avait des regrets, plus encore que des regrets, des remords.

Le vieillard retomba sur son siège, et absorbé dans ses pensées, s'enfonça dans ses souvenirs.

Tout à coup, il eut comme un mouvement de colère, et du fond de ses yeux jaillit un éclair.

— Pourtant, s'écria-t-il, la vieille femme du Trocadéro m'a prédit que je mourrais heureux !

XXII

VISITE INATTENDUE

Le vendredi, dans l'après-midi, Etienne Denizot était revenu voir Pierre Rouget pour lui dire que sa mère était prévenue, qu'il avait pris toutes ses dispositions pour que chez lui rien ne souffrît de son absence et que, comme il l'avait annoncé, il partirait le dimanche dans la matinée.

— Mais, avait-il ajouté, avant de monter dans la voiture qui doit me conduire à Beaune, je viendrai vous embrasser ; cela me portera bonheur.

Une singulière visite, à laquelle Pierre Rouget était loin de s'attendre, allait rendre nécessaire une nouvelle entrevue du vieillard et du jeune homme.

Le lendemain matin, à huit heures, comme tous les jours, le courrier qui faisait le service des dépêches de Beaune à Saint-Amand et *vice versa*, s'arrêta devant le bureau de poste du village. Aussitôt la portière du coupé s'ouvrit et l'unique voyageur amené par le courrier, un grand jeune homme, qui paraissait avoir de vingt-deux à vingt-quatre ans, sauta lestement à terre.

Ce jeune homme était bien vêtu, sinon richement; il avait les pieds dans des brodequins de gros cuir, était coiffé d'un chapeau de feutre mou et portait un pardessus marron sur sa jaquette de drap de fantaisie à petits carreaux, pareille au pantalon et au gilet.

A sa chaîne de montre pendaient de lourdes breloques de formes bizarres, d'un métal qui n'était ni or ni argent, et qui ne pouvaient être que d'une fabrication étrangère.

Le voyageur, d'ailleurs, bien qu'il s'exprimât parfaitement en français, était lui-même un étranger. Son teint, olivâtre comme celui du créole, indiquait qu'il n'appartenait pas à la race blanche pure, et ses cheveux courts, crêpus, frisant naturellement, ses lèvres épaisses, ses dents très blanches et le bistre de ses yeux qu'on remarquait également sur ses ongles révélaient que du sang de la race noire coulait dans ses veines.

A part cela, il était fort bien : sa figure était douce et sympathique et ses grands yeux noirs, pleins de vivacité, avaient une expression saisissante. Il était imberbe, toutefois une fine moustache naissante ombrait légèrement sa lèvre supérieure.

Des personnes qui passaient s'arrêtaient pour le regarder curieusement.

Dans un village, un étranger est tout de suite remarqué et, quand ce village est éloigné des grands centres de population, l'apparition d'un inconnu est presque un événement.

— Monsieur, dit le courrier au voyageur, votre intention étant de retourner à Beaune avec moi, n'oubliez pas que je repars dans deux heures.

— Soyez tranquille, je ne me ferai pas attendre.

— Alors, à tout à l'heure.

Et le courrier se mit en devoir de décharger ses dépêches.

Le voyageur traversa la rue et alla droit à une femme qui le regardait, debout sur le seuil de sa porte.

— Madame, lui dit-il en portant la main à son chapeau, voulez-vous avoir l'obligeance de m'apprendre si M. Pierre Rouget, un ancien soldat, est encore de ce monde.

— Mais oui, monsieur, mais oui, il vit encore, le bon vieux; ainsi c'est le père Rouget que vous venez voir?

— Oui, madame.

— Il ne sort plus guère, vous le trouverez certainement chez lui.

— J'en suis heureux. Mais j'ai encore une chose à vous demander, madame.

— Dites, monsieur.

— C'est de vouloir bien m'indiquer la demeure de M. Pierre Rouget.

— Vous êtes justement dans sa rue et vous n'avez qu'à la suivre jusqu'au bout; la maison du père Rouget est l'avant-dernière que vous verrez à votre droite; il y a devant un gros tilleul, vous ne pouvez pas vous tromper.

— Et c'est de ce côté?

— Oui.

— Je vous remercie beaucoup, madame.

— Toujours devant vous, monsieur, jusqu'au bout de la rue.

Le voyageur salua la femme et d'un bon pas,

sans regarder ni à droite ni à gauche, se dirigea vers la maison de l'ancien sergent.

Il arriva au gros tilleul, s'arrêta, regarda la maison, qui avait une sorte d'apparence bourgeoise, et se dit :

— C'est là.

Il frappa à la porte.

De l'intérieur une voix répondit :

— Entrez.

Le voyageur entra.

Pierre Rouget, qui était assis à sa place habituelle, au coin de la cheminée, se dressa sur ses jambes et examina avec surprise ce jeune inconnu qui s'avançait vers lui.

— Je ne me trompe pas, dit le voyageur, le visage épanoui, le sourire sur les lèvres et montrant ses dents blanches, vous êtes monsieur Pierre Rouget, je vous reconnais.

— Oui, monsieur, je suis Pierre Rouget ; et vous dites que vous me reconnaissez ?

— Oh ! Parfaitement.

— Mais où donc m'avez-vous vu déjà ?

— Ici-même, à Saint-Amand, sur la place publique.

— Sur la place publique ? fit le vieillard cherchant à se rappeler.

— Il y a près de huit ans de cela, monsieur, et malgré le temps écoulé, c'est à peine si vous avez un peu vieilli.

— Mais dans quelles circonstances ?...

— Vous allez vous souvenir, j'espère : c'était un dimanche, après les vêpres, une troupe nomade composée d'hommes, de femmes et d'animaux arriva à Saint-Amand-les-Vignes et donna sur la place une représentation.

— Je me souviens, monsieur, alors vous étiez là?

— Je faisais partie de la troupe de saltimbanques.

— Vous? en vérité!

— Mon Dieu oui, monsieur; c'était moi qui marchais en tête du cortège, conduisant par la bride un chameau, lequel avait sur son dos, entre ses bosses, un singe.

— Ah! vraiment, c'était vous?

— C'était moi, monsieur Pierre Rouget, Ali ben Chaon pour vous servir.

— J'ai peine à revenir de ma surprise.

— Naturellement vous ne vous attendiez pas à recevoir ma visite. Enfin, vous vous rappelez maintenant?

— Comme si la chose était d'hier.

— En ce cas, monsieur Pierre Rouget, vous n'avez pas oublié une jeune fille qui faisait aussi partie de la troupe?

— Vous voulez parler de la jolie Espagnole appelée Mercédès?

— C'est cela même.

— Qu'est-elle devenue, cette charmante et gracieuse jeune fille?

— La visite que j'ai l'honneur de vous faire, monsieur, a justement pour objet de vous donner des nouvelles de la senora Mercédès d'Argélias, fille d'Inès Ramon de la Cuenta.

— Est-ce possible? Elle se souvient donc encore de moi?

— La senora Mercédès d'Argélias est une noble fille d'Espagne, monsieur Pierre Rouget; elle n'oublie rien ; elle se souvient, elle se souviendra toujours du bien qui a été fait aux siens et qu'elle considère comme ayant été fait à elle-même.

— Oui, elle m'a dit cela, il y a huit ans ; elle est bonne et reconnaissante. Mais donnez-moi donc de ses nouvelles; elle se porte bien?

— A merveille.

— Elle est heureuse?

— Très heureuse.

— Ah! tant mieux, vous me rendez bien content. Est-ce qu'elle est toujours...

— Avec les saltimbanques?

— Oui, voilà ce que je voulais vous demander.

— La senora Mercédès est aujourd'hui dans une situation différente ; elle est devenue une grande artiste, une artiste célèbre.

— A la bonne heure, ce sont là de bonnes nouvelles et qui me font grand plaisir.

— Grâce à son talent, la senora gagne beaucoup d'argent.

— En Espagne?

— Non, monsieur Rouget, en France, à Paris.

— C'est de mieux en mieux.

— Vous voyez en moi un de ses fidèles serviteurs.

Le vieillard s'inclina.

— Et que fait-elle, Mademoiselle Mercédès? demanda-t-il.

— Elle est danseuse.

— Danseuse, dites-vous, danseuse? fit le vieillard ouvrant de grands yeux.

— Danseuse au grand Opéra de Paris, monsieur Pierre Rouget, première danseuse.

Le vieillard ne put s'empêcher de tressaillir. Il se disait que, puisque Mercédès était première danseuse à l'Opéra, elle devait certainement connaître la danseuse Flora surnommée la Papillonne. Il se disposait à interroger Ali à ce sujet, lorsque le mulâtre reprit la parole.

— Maintenant, monsieur Pierre Rouget, dit-il, je dois m'acquitter de la commission dont m'a chargé pour vous la senora Mercédès, ma maîtresse.

— Ah ! mademoiselle Mercédès vous a chargé d'une commission pour moi?

— Avant-hier, la senora m'a appelé devant elle et m'a dit :

» Ali, tu te rappelles le temps où nous faisions partie de la troupe de don Stéphano, de ce temps où l'on avait fait de moi une diseuse de bonne aventure. Il y a huit ans, nous parcourions la Bourgogne, allant d'une bourgade à une autre. Un jour, c'était un dimanche, nous nous sommes arrêtés dans un gros village appelé Saint-Amand-les-Vignes, et si tu as bonne mémoire, tu dois te souvenir que j'ai causé assez longuement avec un beau vieillard et que j'ai embrassé deux fois sa petite-fille qu'on appelait alors la belle Paule, et qui était bien, en effet, la plus charmante, la plus jolie créature qu'on pût voir.

» Ce vieillard, Ali, se nomme Pierre Rouget : il a été soldat et il porte à la boutonnière de son vêtement rustique, le ruban rouge, signe du courage et de l'honneur. Un jour, en Espagne, il y a de cela bien des années, Pierre Rouget a eu pitié d'Inès Ramon, ma mère, il s'est fait son défenseur, son protecteur, l'a préservée des brutalités d'un soldat et l'a remise fidèlement, comme il l'avait promis, entre les mains du général espagnol Lopès Banos, qui était son parent.

» Le service rendu à ma mère par Pierre Rouget ne peut pas s'oublier, et les enfants et petits-enfants d'Inès doivent en garder le souvenir jusqu'à la cinquième génération.

» Ainsi a parlé ma mère à son lit de mort, et la reconnaissance qui était dans son cœur est un legs qu'elle a fait à ses enfants et que nous avons pieusement recueilli.

» Ali, continua ma maîtresse, Beaune est la ville la plus rapprochée de Saint-Amand-les-Vignes, tu t'arrêteras à Beaune et tu te rendras à Saint-Amand, et si, comme je l'espère, Pierre Rouget vit encore, c'est lui que tu verras. Si, cependant, contre mon espoir, il n'existait plus, c'est chez sa fille et son gendre que tu te présenterais, et si tu ne les trouvais point, tu demanderais à voir celle que l'on appelait la belle Paule et qui, aujourd'hui, doit être mariée et à son tour mère de famille.

Le mulâtre resta un moment silencieux et reprit, tirant une bourse de sa poche :

— Après m'avoir parlé ainsi, la senora me mit dans la main cette bourse qui contient mille francs en or et me dit :

« Je ne sais pas quelle est la situation de fortune de Pierre Rouget; mais il ne peut pas être riche ; il doit avoir sa pension de retraite d'ancien militaire et ce qui lui est donné en plus pour sa croix de chevalier de la Légion d'honneur ; mais cela ne doit pas faire une bien grosse somme chaque année, et un vieillard de son âge a besoin de bien des petites choses qu'il pourra se procurer tout de suite, en attendant que je fasse davantage pour lui et les siens.

— Monsieur Pierre Rouget, continua Ali, prenez donc cette bourse que vous envoie la fille d'Inès Ramon.

Et il mit la bourse dans la main du vieillard.

L'ancien sous-officier était sous le coup d'une émotion violente. Il ne trouva pas un mot pour répondre.

Ali tira de sa poche une autre bourse qu'il posa sur la table.

— Cette seconde bourse, dit-il, dans laquelle il y a aussi mille francs en or, est pour votre fille.

Le vieillard n'en pouvant croire ses yeux et ses oreilles avait l'air tout ahuri.

— Pour moi, par ma fille ! balbutia-t-il.

— Oui, monsieur; et je vous le répète, ceci n'est qu'un faible témoignage de la reconnaissance de la senora Mercédès, en attendant ce qu'elle se propose de faire pour votre famille.

— Mais elle ne nous doit rien, ni à moi, ni aux miens ! s'écria le vieillard, et sa mère a exagéré sa reconnaissance comme elle exagère la sienne.

— Ce n'est point ainsi que pense ma maîtresse; je n'ai pas connu Inès Ramon, monsieur Pierre Rouget; mais je connais ma maîtresse, que je n'ai pas quittée depuis huit ans: la senora Mercédès a la grandeur des femmes de sa race : elle a le sang généreux d'une noble fille d'Espagne; enfin, monsieur, elle n'est pas une femme comme les autres femmes et elle ne fait rien comme les autres.

— Je le vois, murmura le vieillard.

— Monsieur Pierre Rouget, il me reste à vous demander où je pourrai voir votre petite-fille, la belle Paule.

— Hein, vous voulez voir ma petite-fille ?

— J'ai aussi quelque chose à lui remettre de la part de ma maîtresse.

— Ah ! mademoiselle Mercédès a aussi pensé à ma petite-fille ? C'est très bien, monsieur, seulement...

— Eh bien ?

— Paule n'est plus à Saint-Amand.

— Où donc est-elle ?

— Loin d'ici, loin de nous.

— Elle est mariée ?

— Oui.

— Elle a des enfants ?

— Deux.

— Et elle est heureuse ?

— Oui, répondit le vieillard avec effort, mais d'une voix frémissante.

— Alors, monsieur Pierre Rouget, c'est à vous que je vais remettre ce qui est destiné à madame votre petite-fille, en vous priant de lui faire accepter, comme souvenir d'une amie, ce don de la senora Mercédès.

Tout en parlant, Ali avait tiré de ses poches et placé sur la table quatre écrins.

— Qu'est-ce donc que cela? demanda l'ancien sergent avec cette curiosité irrésistible qu'ont tous les vieillards.

— Vous allez voir, répondit le mulâtre.

Et l'un après l'autre il ouvrit les écrins.

C'était une parure complète de jeune femme: un

bracelet porte-bonheur, des boutons d'oreilles, une broche, une bague.

Chaque bijou avait la même pierre fine, un beau rubis entouré de brillants. Le tout pouvait bien valoir de six à huit mille francs.

Le vieillard regardait, écarquillant les yeux.

— Je ne me connais pas en ces choses-là, dit-il, mais je trouve que c'est beau.

— Comme doit l'être un souvenir offert par la senora Mercédès.

— Ainsi votre généreuse maîtresse vous a envoyé de Paris tout exprès?

— Non, pas tout exprès : je me rends en Algérie, dans le Sahara, où je pense rester deux mois auprès de ma mère que je n'ai pas vue depuis plusieurs années. La senora Mercédès n'a pas voulu me laisser passer si près de Saint-Amand sans me charger de la rappeler à votre souvenir. Je me suis donc arrêté à Beaune comme elle me l'avait dit, et j'ai pris, ce matin, la voiture des dépêches qui m'a amené et que je reprendrai tout à l'heure pour retourner à Beaune où j'attendrai le premier train express de Lyon et Marseille.

— Alors, je ne peux pas vous charger de mes remerciements et de ceux de ma famille pour mademoiselle Mercédès?

— Je dois lui écrire aussitôt arrivé près de ma mère et je ne manquerai pas de lui dire que je vous ai vu, que vous êtes en bonne santé, que vous n'avez pas oublié son passage à Saint-Amand-les-Vignes et que vous m'avez demandé de ses nouvelles avec intérêt.

— C'est vrai, avec intérêt.

— Je lui apprendrai aussi que votre petite-fille est mariée, mère de deux enfants et heureuse; mais que je n'ai pu la voir, comme elle le désirait, parce que votre petite-fille ne demeure pas à Saint-Amand.

— Oui, vous pourrez lui dire cela... Mais, continua le vieillard, je crois que de mon côté le moins que je puisse faire est de lui écrire aussi pour la remercier.

— Il sera certainement très agréable à la senora de recevoir une lettre de vous, monsieur Pierre Rouget.

— Oui, n'est-ce pas? Eh bien, dites-moi, s'il vous plaît, où elle demeure à Paris.

Ali sortit de sa poche un carnet, écrivit au crayon l'adresse de sa maîtresse sur un feuillet, le détacha et le remit au vieillard.

Celui-ci regarda l'écriture, sourit, secoua la tête et dit :

— Au temps de mon enfance, on n'allait pas à l'école comme maintenant; je ne sais pas lire. Dites-moi donc ce que vous venez d'écrire sur ce papier?

— L'adresse de ma maîtresse, mademoiselle Flora, en son hôtel, avenue du bois de Boulogne, à Paris.

Un rouge vif avait subitement envahi le visage du vieillard, puis, presque aussitôt, il était devenu affreusement pâle.

— Flora! exclama-t-il, le regard chargé d'éclairs, pourquoi Flora?

— C'est juste, je dois vous expliquer cela : Flora est le nom que la senora Mercédès d'Argélias s'est donné en entrant au théâtre, et c'est sous ce nom ou encore sous celui de la Papillonne qu'elle est connue à Paris.

Le père Rouget tressaillit violemment, et comme si la bourse qu'il tenait encore lui eût brûlé les doigts, il la jeta sur la table avec un mouvement qui exprimait en même temps le mépris, la colère et l'horreur.

Ali, qui ne pouvait pas comprendre, regardait le vieillard avec étonnement, avec stupéfaction.

— Oh ! oh ! fit l'ancien sergent d'une voix sourde, Flora, Flora la Papillonne !

— Mais qu'avez-vous donc, monsieur? demanda le mulâtre.

Le père Rouget avait dans le cœur toutes les imprécations, toutes les malédictions ; il était sur le point de jeter à la face d'Ali avec fureur tout ce qu'il pensait de sa maîtresse ; il allait lui dire : reprenez cet or, reprenez ces bijoux, remportez tout cela, je n'en veux ni pour moi, ni pour ma fille, ni pour ma petite-fille; cet or, ces bijoux viennent d'une source impure, ils me font frémir d'horreur, à leur vue mon cœur se soulève de dégoût !

Il allait dire tout cela, le père Rouget, et peut-être beaucoup plus encore, car la colère, comme le fleuve qui rompt ses digues, a des débordements épouvantables que rien ne peut arrêter ; mais une idée subite jaillit de son cerveau ; il eut assez d'empire sur lui-même pour imposer silence à son indignation et les premières paroles qu'il allait prononcer expirèrent sur ses lèvres.

Sur sa figure grave toute trace d'agitation avait disparu ; seule la flamme de son regard ne s'était pas complètement éteinte ; c'était à l'intérieur que soufflait le vent de tempête.

— Ce que j'ai, ce que j'ai, répondit-il avec un calme dont il s'étonna lui-même, mais je n'ai rien; je suis content d'avoir l'adresse de mademoiselle Mercédès, voilà tout; oui, oui, ajouta-t-il avec un sourire forcé, je suis content, très content de pouvoir la remercier de ce qu'elle a fait pour moi et les miens, surtout pour ma petite-fille. Je ne savais pas, vraiment, qu'elle pût être à ce point reconnaissante du petit service que j'ai autrefois rendu à sa mère,

— Je vous l'ai dit, monsieur Pierre Rouget, la senora Mercédès est un cœur d'or; je ne crois pas qu'il y ait au monde une femme meilleure et plus noble. Tous ceux qui la connaissent, qui la connaissent bien, rendent hommage à la délicatesse de ses sentiments.

— Oui, oui, je vous crois, répliqua l'ancien sergent avec ironie et en forçant les sourcils. Mademoiselle Mercédès a bien, comme vous le dites, toutes les délicatesses. Mais pourquoi donc a-t-elle pris ce nom de Flora?

— C'est encore par délicatesse, monsieur; elle n'a pas voulu livrer au public le nom de Mercédès que sa mère lui a donné, qu'elle a reçu à son baptême et qui a été le nom de plusieurs femmes de sa noble famille. D'ailleurs, au théâtre, cela se voit souvent, et en changeant de nom la senora Mercédès d'Argélias a suivi l'exemple de beaucoup d'autres.

— Est-ce qu'elle est réellement de famille noble?

— De très noble et très ancienne famille, monsieur; plusieurs de ses ancêtres ont occupé des postes importants dans les armées, à la cour des rois d'Espagne et dans la haute magistrature. Malheureusement les descendants de ces vieux hidalgos ont été ruinés par les révolutions successives qui ont bouleversé l'Espagne, et depuis un demi-siècle on voit les derniers rejetons de cette noble race chercher dans leur courage, leur volonté, leur talent, leur mérite, des moyens d'existence.

— C'est pénible, c'est triste, murmura le vieillard, qui pensait à tout autre chose qu'aux malheurs des descendants des vieux hidalgos.

— Oui, répondit philosophiquement Ali; mais cela, c'est la vie.

Pierre Rouget n'avait plus rien à dire, plus de questions à faire; il en savait assez, trop même.

Le serviteur de la danseuse Flora salua le vieillard et se retira.

XXIII

L'IDÉE DU PÈRE ROUGET

A peine Ali avait-il disparu que le père Rouget s'affaissa plutôt qu'il ne s'assit dans son vieux fauteuil.

Pendant quelques instants, les yeux brillants et fixes, il resta absorbé dans ses sombres pensées. La colère sourde allumée dans son cerveau et ses déchirements intérieurs se reflétaient sur son visage aux traits contractés et dans les plis de ses lèvres crispées. Il serrait les poings et battait l'air de ses bras comme s'il eût voulu se défendre contre un être invisible ou le frapper.

Il tremblait comme s'il eût eu la fièvre ; sa poitrine se soulevait violemment et il respirait bruyamment, avec effort.

Soudain il se redressa brusquement, comme galvanisé, ses prunelles ardentes semblèrent se dilater et son regard, éclairé par des lueurs sombres, prit une expression terrible.

— Oh ! la coquine ! Oh ! la misérable ! Oh ! l'affreuse fille ! s'écria-t-il avec une sorte de rage ;

malheur, malheur à elle !.. Qu'elle soit maudite!

Après cette explosion de fureur, qui était pour lui un soulagement, il parut se calmer. Sa poitrine et son cœur s'étaient dégonflés. Les crispations nerveuses cessèrent et il respira plus facilement.

Alors, il se leva en murmurant :

— Oui, allons chez Etienne; il faut qu'il soit instruit de cela.

Il s'approcha de la table et le regard fixé sur les deux bourses et les écrins, il hocha tristement la tête.

— Ça, prononça-t-il d'une voix rauque, ça, c'est une partie du pain que la danseuse Flora a volé à ma petite-fille et à ses enfants. Oh ! oh ! oh! elle envoie ces bijoux à la comtesse de Verdraine, à l'épouse de son amant, de l'homme qu'elle a ruiné ! Quelle amère et lugubre raillerie ! La malheureuse ignore-t-elle donc que le comte a une femme et deux enfants qu'il a abandonnés ? C'est possible. Dans ce cas elle est moins coupable... Ah! si elle ne sait pas cela, je le lui apprendrai, moi ! Il faut qu'elle sache ce qu'elle a fait, quel crime elle a commis; il faut qu'elle sache que la comtesse de Verdraine est la petite-fille de Pierre Rouget !

Elle a envoyé cet or et ces bijoux comme témoignage de sa reconnaissance... C'est horrible !... Oh! la malheureuse, la malheureuse, si elle savait !...

Le vieillard passa la main sur son front.

— Nous verrons, nous verrons ! grommela-t-il et comme répondant à une de ses pensées.

Il alla prendre un petit sac de cuir accroché à la muraille, revint près de la table et, dans le sac, mit les deux bourses et les quatre écrins.

Cela fait, il reprit sa place au coin de la cheminée et attendit assez patiemment la femme qui soignait son ménage et venait tous les matins, à dix heures, pour lui préparer son repas. La paysanne, qui était toujours plutôt en avance qu'en retard, arriva un peu avant dix heures.

— Annette, lui dit le vieillard, je vais sortir.

— Ah ! vous voulez aller chez votre fille ?

— Non, c'est une autre visite que j'ai à faire ce matin.

— Faudra-t-il vous attendre ?

— Oui. Je pense bien rentrer à onze heures pour déjeuner.

— Votre soupe sera trempée, père Rouget, et je vais vous faire cuire ce morceau de veau.

— Oh ! alors, je vais bien me régaler.

Sur ces mots, le vieillard mit le sac de cuir sous son bras, prit son bâton et sortit.

Dix minutes après, il entrait chez Etienne Denizot et était reçu par Mélie qui lui demanda si c'était à sa maîtresse ou à son maître qu'il désirait parler.

— Je dirai bonjour avec plaisir à madame Denizot, répondit le vieillard ; mais c'est avec Etienne que j'ai à causer.

— Madame Denizot est au jardin et M. Etienne, qui vient de revenir des champs, est monté dans sa chambre ; je vais lui dire que vous êtes là.

— Oui, Mélie, ma bonne fille, c'est ça.

La bossue disparut dans l'escalier que nous connaissons, et le père Rouget l'entendit frapper à une porte.

Presque aussitôt, Etienne descendit rapidement

l'escalier, accourut près du vieillard, lui serra la main en l'interrogeant du regard, et, ayant compris que quelque chose de grave amenait le père Rouget chez lui, il prit son bras pour l'aider à monter dans la chambre.

Quand Etienne eut refermé sa porte, il se tourna vivement vers le vieillard dont l'air mystérieux faisait naître en lui une inquiétude croissante.

— Père Rouget, qu'y a-t-il? demanda-t-il d'une voix mal assurée.

— Il y a, mon garçon, que j'ai appris ce matin d'étranges choses et que je viens en causer avec toi.

— Mais quoi, mon Dieu, quoi? Vous me faites trembler, j'ai peur!

— Ni toi ni moi n'avons à avoir peur, mon garçon; il n'y a rien de changé dans la situation que tu m'as fait connaître; je ne la vois ni meilleure ni pire.

— S'il en est ainsi, je me rassure. Voyez-vous, je ne puis chasser mes appréhensions; je m'étais tout de suite imaginé que vous aviez reçu quelque mauvaise nouvelle de votre petite-fille.

— Non, ce n'est pas cela.

— Alors, père Rouget, apprenez-moi vite quelles sont ces choses étranges...

— D'abord je vais te faire voir ce qu'il y a là-dedans, dit le vieillard, posant son sac de cuir sur la table-bureau du jeune homme.

— Et qu'y a-t-il dans ce sac?

— Oh! tu ne le devinerais jamais; mais attends.

Le vieillard ouvrit le sac et en versa le contenu sur la table.

Etienne, étonné, ouvrit de grands yeux.

— Mais c'est de l'or qu'il y a dans ces bourses ! fit-il.

— Oui, mille francs dans chacune, m'a-t-il été dit ; moi, je n'ai pas compté les pièces et je ne veux pas y toucher, j'aurais peur de me brûler les doigts et les yeux.

— Que dites-vous ? Je ne comprends pas...

— Selon l'intention de la personne qui m'a envoyé ces deux bourses et les bijoux qui sont dans ces écrins... Tu peux les ouvrir, Etienne ; ouvre, ouvre, mon garçon, et regarde. — Eh bien, qu'est-ce que tu dis de ça ?

— Je dis que ces bijoux sont très beaux : des rubis, des diamants... Mais je ne comprends toujours pas, expliquez-moi...

— Eh bien, ce sont des cadeaux qui m'ont été apportés de Paris ce matin.

— De Paris ? fit Etienne de plus en plus étonné.

— Oui, mon cher Etienne, oui ; l'une de ces bourses est pour moi, l'autre pour ma fille, la femme Pérard, et les bijoux...

— Les bijoux ? répéta le jeune homme.

— Sont pour Paule.

— En vérité !

— C'est comme je te le dis.

— Par exemple, voilà une singulière aventure ! Mais qui donc vous a envoyé cela ?

— Je te le dirai. Seulement, Etienne, je ne veux pas de l'une de ces bourses pour moi, je ne donnerai pas l'autre à ma fille qui en aurait cependant grand besoin, et Paule ne saura jamais qu'on a voulu lui faire cadeau de ces bijoux.

— Mon Dieu, mais pourquoi ?

— Tu vas comprendre, mon ami : la personne qui m'a fait remettre ce matin ces bourses pleines d'or et ces bijoux que tu trouves très beaux est la maîtresse du comte de Verdraine, c'est la danseuse Flora.

Le jeune homme sursauta.

— Oh ! oh ! oh ! fit-il avec des intonations différentes.

Il était stupéfait.

— Hein ! dit le vieillard, tu ne t'attendais pas à une pareille surprise ?

— Non, certes, et j'aurais pu tout supposer, excepté cela. Mais je comprends encore moins que tout à l'heure, père Rouget ; qu'est-ce que cela signifie ? Qu'est-ce que cela veut dire !

— Je vais t'expliquer ça, Etienne, aussi bien que je le pourrai ; alors, quand tu auras bien compris, je te ferai part d'une idée qui m'est venue et nous en causerons. Ecoute donc, Etienne, écoute.

Tous deux s'assirent et Pierre Rouget reprit :

— Tu dois savoir qu'au temps où j'étais soldat, je suis allé en Espagne ; j'ai pris part, avec le grade de sergent, à tous les combats qui ont précédé et suivi la prise du Trocadéro. Ah ! nous nous sommes crânement battus au Trocadéro, et les Espagnols s'en souviennent. Après un dernier combat où l'ennemi s'enfuyant de toute part nous laissait maîtres du champ de bataille, nous pénétrâmes, mes hommes et moi, dans une vieille maison aux murailles criblées de balles et nous nous trouvâmes en présence d'une vieille femme qui allait mourir, la poitrine trouée d'une balle ; elle avait auprès d'elle une fillette d'une douzaine d'années, jolie comme un amour, et qui pleurait à fendre l'âme.

Un de mes soldats, une brute, voulut s'emparer de la pauvre petite pour se livrer à un acte lâche et criminel. La colère me monta à la tête, j'arrachai l'enfant des bras du soldat et déclarai que je me faisais son protecteur. Alors la vieille Espagnole, qui avait tremblé pour l'enfant, — sa petite-fille, — me remercia et voulut me récompenser en me disant la bonne aventure.

Cette vieille femme, Etienne, était une gitana ; voici ce qu'elle me prédit :

« Tu te marieras et tu auras une fille unique ; ta fille se mariera et aura aussi une fille unique. A celle-ci, ta petite-fille, les plus hautes destinées sont promises. Toi, tu verras s'accomplir mes prédictions, car tu mourras dans un âge avancé et heureux. »

Je ne croyais pas plus aux sorciers, aux sorcières, qu'aux devins et aux devineresses qui révèlent l'avenir, et, sur le moment, les prédictions de la vieille gitana me firent bien rire.

Le soldat qui avait voulu violenter la petite Inès, — c'était le nom de l'enfant. — demanda à la vieille femme de lui dire aussi quel serait son avenir.

« Toi, lui dit-elle d'un ton grave, dans huit jours tu seras mort ! »

Eh bien, Etienne, six jours plus tard, le soldat en question était pris par des guérillas et fusillé.

Cette mort, que la vieille femme avait annoncée, me causa une très vive impression et je commençai à croire que la gitana avait eu réellement le pouvoir de lire dans l'avenir. Que te dirai-je, mon ami ? J'eus la folie de trop croire aux prédictions de la vieille Espagnole quand, m'étant marié, j'eus une fille qui fut mon unique enfant, et quand ma fille, mariée à son tour, eut Paule et pas d'autre enfant. Oui, ce fut ma folie, et je la fis partager à ma fille, à mon gendre et à Paule elle-même, et aujourd'hui j'en vois les conséquences terribles. Paule a épousé le comte de Verdraine, nous l'avons voulu, nous étions fous, fous!... Et le plus insensé, le plus coupable, c'est moi! Qu'est-ce que j'ai fait? Le malheur de ma pauvre Paule que j'adorais! Ah! son malheur, Etienne, son malheur... il retombe lourdement sur ma tête!

Et toi, mon ami, brave cœur que nous avons méconnu, repoussé, au lieu de nous en vouloir, tu viens prendre ta part de notre peine; tu rends le bien pour le mal... Et c'est ainsi que tu te venges! Ah! Etienne, Etienne...

Le vieillard s'arrêta. Il pleurait.

Le jeune homme lui prit la main et la serra silencieusement. Lui aussi avait des larmes dans les yeux.

Après un moment de silence, l'ancien sergent continua :

— La vieille Espagnole m'avait confié la petite Inès en me priant de la conduire le jour même, si c'était possible, ou le lendemain, au général espagnol Lopès Banos, qui était son parent.

Je n'ai pas besoin de te dire, Etienne, que je fis ce qui m'avait été demandé, et lorsque je quittai la petite Inès, elle se jeta à mon cou, m'embrassa et me dit : — « Monsieur Pierre Rouget, je n'oublierai jamais ce que vous avez fait pour moi et combien vous avez été bon pour ma pauvre grand'mère. »

Maintenant, Etienne, je franchis un grand nombre d'années pendant lesquelles je n'avais plus entendu parler d'Inès et j'arrive à ce jour, dont tu te souviens comme moi, où une troupe de saltimbanques, qui avaient avec eux un chameau, un ours, un âne, un singe, une pie et deux chiens, vinrent faire des tours sur la place de Saint-Amand.

Tu ne dois pas avoir oublié cette jeune et belle gitana qui faisait partie de la troupe et à laquelle tu as donné une pièce de 20 francs pour qu'elle te dise ce qu'elle allait lire dans ta main.

— Ah ! Mercédès, dit vivement le jeune homme.

— Oui, Mercédès ; ainsi tu te souviens même de son nom ?

— Je n'ai pas oublié non plus ce qu'elle m'a dit.

— Ah ! Et que t'a-t-elle dit ?

— Elle m'a dit, répondit Etienne tristement, que je ne devais pas perdre tout espoir, qu'un jour viendrait où je serais aimé de celle que j'aimais. Je n'ai pas à vous le cacher, père Rouget, pendant un certain temps j'eus pleine confiance dans les paroles de la gitana. Mais comme elle s'était trompée !... Le comte de Verdraine est venu dans le pays et c'est lui que Paule a aimé.

— Hélas ! oui, pour son malheur, mon cher Etienne.

— Et pour le mien, père Rouget.

— Va, la même cause nous fait tous souffrir. Je continue :

Avant de te parler, la jeune gitana avait causé avec moi et dit tout bas quelques paroles à ma petite-fille.

— Je me le rappelle ; j'avais les yeux fixés sur Paule ; deux fois la gitana l'a embrassée.

— C'est vrai. Mais tu ne sais pas pourquoi la jeune Espagnole a causé avec moi et a embrassé Paule. Je vais te le dire ! Elle m'entendit appeler Pierre Rouget ; mon nom la frappa et elle me demanda si je n'avais pas été soldat et si, étant soldat, je ne m'étais pas trouvé en Espagne à la prise du Trocadéro.

Je lui répondis affirmativement.

Alors elle me dit qu'elle était la fille de cette petite Inès que j'avais prise autrefois sous ma protection ; que souvent, très souvent, sa mère lui avait parlé du bon soldat français ; que mon nom avait toujours été dans ses prières, et que sa mère, en mourant, lui avait recommandé et fait promettre de ne jamais oublier le nom de Pierre Rouget.

« Enfin, monsieur, ajouta-t-elle, ma mère m'a légué sa dette de reconnaissance, et si jamais vous ou l'un des vôtres avait besoin de moi, que je sois à l'extrémité de la France ou en Espagne, ou plus loin encore, à l'appel qui me serait fait, je m'empresserais d'accourir.

Voilà ce qu'elle m'a dit, Etienne, je n'invente rien.

Assurément, il me parut fort douteux, il y a huit ans, que je pusse avoir besoin un jour de la pauvre gitana. Et cependant elle m'avait parlé très sérieusement, et la preuve c'est qu'elle s'est souvenue de moi et de ma petite-fille, puisque pour me faire savoir qu'elle pensait toujours à nous, elle m'a envoyé cet or et ces bijoux.

— Mais, père Rouget, vous m'avez dit que ces

cadeaux étaient faits par la maîtresse du comte de Verdraine, la danseuse Flora ?

— Oui, mon ami, je t'ai dit cela, et c'est vrai. Est-ce que tu ne me comprends pas ?

— Si, si, je crois comprendre.

— Eh bien, oui, Etienne, Mercédès, la fille d'Inès Ramon, ne fait plus partie d'une troupe de saltimbanques ; Mercédès est devenue une grande danseuse dont tout le monde parle à Paris : Mercédès a changé de nom, elle se fait appeler Flora et on l'a surnommée la Papillonne ; Mercédès, la fille d'Inès Ramon, est la maîtresse du comte de Verdraine ; et ces bijoux que j'ai reçus ce matin et qui sont destinés à ma petite-fille ont été achetés avec l'argent du comte de Verdraine, avec l'argent dont on fait tort à une malheureuse mère et qui appartient à deux pauvres petits innocents qui, en ce moment peut-être, sont dans la misère.

— C'est affreux, affreux ! murmura le jeune homme.

— Oui, n'est-ce pas, Etienne ? Ah ! il arrive dans la vie des choses bien extraordinaires.

— Mercédès ne sait donc pas que son amant, qui se ruine pour elle, est marié et a des enfants ?

— Elle sait peut-être cela, Etienne ; mais ce qu'elle ignore certainement, c'est que la comtesse de Verdraine est la petite-fille de l'ancien soldat Pierre Rouget.

— Oui, il faut qu'elle ne le sache point, autrement sa conduite serait monstrueuse et nous ne pourrions voir dans l'envoi de cet or et de ces bijoux qu'une action infâme, le plus sanglant de tous les outrages.

— Je pense absolument comme toi, mon cher Etienne ; aussi, ai-je la conviction que la fille d'Inès Ramon ignore que le comte de Verdraine a épousé la fille de Jacques Pérard, de Saint-Amand-les-Vignes.

Maintenant, mon garçon, je vais te dire l'idée qui m'est venue ; tu m'écoutes, n'est-ce pas ?

— Oui, je vous écoute.

— Tu penses bien, Etienne, que ni pour ma fille, ni pour moi, je ne veux de cet or et que je ne dois pas non plus garder ces bijoux pour les donner à Paule, comme on m'en a chargé.

— Je vous comprends, père Rouget, votre intention est de renvoyer tout cela à la danseuse Flora et de lui faire savoir en même temps pourquoi vous ne pouvez pas accepter ses présents. C'est bien, oui, c'est bien, et je vous approuve.

— Oh ! je savais d'avance que tu serais de mon avis, que tu aurais les mêmes répugnances que moi. Cependant, mon cher Etienne, tu n'as pas tout à fait deviné ce que je veux faire.

— Ah !

— Je ne renverrai pas cet or et ces diamants à la maîtresse du comte de Verdraine, je les lui reporterai moi-même.

— Quoi, vous voulez...

— Oui, je veux aller à Paris, je veux revoir cette Mercédès qui s'est souvenue d'un pauvre vieillard, qui, autrefois, n'oubliait pas mon nom dans ses prières et qui m'a parlé d'une dette de reconnaissance que je ne songeais certes pas à réclamer.

— Mais, père Rouget...

— Il faut que je la voie, te dis-je, il faut que je la voie, cette Flora la Papillonne, que je lui parle, que je lui dise tout ce que j'ai là, sur le cœur. Etienne, quelque chose me dit que dans l'intérêt de ma pauvre Paule et de ses enfants je dois voir la fille d'Inès Ramon.

Ecoute, Etienne, je ne crois pas, je ne peux pas croire que la danseuse Flora soit une mauvaise fille ; ce qu'elle m'a dit sur la place de Saint-Amand est resté gravé dans ma mémoire ; ses paroles, prononcées avec l'accent de la sincérité, venaient certainement d'un bon cœur. Eh bien, le cœur ne change pas, et tu sais que l'on dit : où il y a du cœur, il y a toujours de la ressource.

— On dit cela et c'est souvent vrai.

— Si Mercédès a pour amant le comte de Verdraine, c'est le hasard ou, si tu aimes mieux, la fatalité qui l'a voulu ; elle n'est pas allée chercher le mari de Paule à Grenoble ou dans son château de Verdraine ; ils se sont rencontrés à Paris ; le comte a fait la cour à Flora et elle a pris le comte pour amant comme elle en aurait pris un autre. Oui, voilà comment ce malheur est arrivé.

Après madame de Brogniès une autre maîtresse devait venir ; si ce n'eût pas été Flora, c'eût été une autre. Vois-tu, mon garçon, il y a là une fatalité ; il fallait que le comte de Verdraine se ruinât ; il fallait que ma petite-fille fût malheureuse !

Maintenant, dis, Etienne, est-ce qu'on peut faire un crime à une danseuse d'avoir un amant ? Non, n'est-ce pas ? D'ailleurs, j'ai ouï dire que les demoiselles de théâtre ont toutes des amants. Quant aux hommes qui se ruinent pour les femmes, c'est qu'ils le veulent bien ; et je trouve, moi, que ce sont des imbéciles ou des fous.

Comme tu le vois, Etienne, jusqu'à un certain point j'excuse Flora ; mais il y a à savoir ce que j'obtiendrai de la fille d'Inès Ramon lorsque j'aurai plaidé devant elle la cause de la comtesse Paule et de ses enfants. Si elle est toujours Mercédès, elle aura pitié des abandonnés, rompra ses relations avec M. de Verdraine et, s'il n'est pas trop tard, elle pourra peut-être sauver de la misère une mère et deux enfants. Tel est mon espoir, Etienne, et voilà pourquoi je veux aller à Paris.

— Oh ! je reconnais l'utilité de cette démarche que vous voulez faire, père Rouget, et je crois, comme vous, qu'elle peut avoir un heureux résultat si la fortune de M. de Verdraine n'est pas déjà complètement engloutie : mais vous écoutez votre cœur et ne consultez pas vos forces ; laissez-moi vous le dire, vous mettre en route pour Paris serait une grave imprudence.

— Etienne, quoi qu'il puisse m'arriver, je partirai, je l'ai résolu. Je voulais aller chercher Paule et ses enfants; tu m'as parlé des difficultés de ce voyage, tu m'as expliqué tes craintes et je me suis rendu à tes raisons ; mais le voyage de Paris n'est ni difficile à faire, ni trop fatigant pour moi. Une fois à Beaune, je prends le chemin de fer et en quelques heures j'arrive à Paris.

— Oui, sans doute, père Rouget ; mais vous en aller ainsi, seul.

— As-tu donc peur que je me perde ?

— Non. Mais sait-on jamais ce qui peut arriver ?

— Vraiment, mon garçon, je suis moins peureux que toi !

Le jeune homme resta un instant silencieux, réfléchissant.

— Enfin, reprit-il, vous êtes bien décidé à aller voir mademoiselle Flora ?

— Oui, et rien ne saurait m'en empêcher.

— C'est bien, vous partirez, mais pas seul ; je vous ferai accompagner.

— Par qui ?

— Par Mélie, qui aura soin de vous comme si vous étiez son père.

— Mais, Etienne, elle saura, il faudra lui dire...

— Père Rouget, Mélie ne voit et n'entend que ce que l'on veut qu'elle voie et entende ; elle sait garder un secret, et, comme je vous l'ai dit, on peut avoir en elle une entière confiance. Eh bien ! voulez-vous que Mélie vous accompagne ?

— Oui.

— A la bonne heure ; vous voilà raisonnable, et moi, je serai tranquille.

Rapidement le jeune homme remit dans le sac les bourses et les écrins, ouvrit la porte de sa chambre et du haut de l'escalier cria :

— Mélie ! Mélie !

La bossue accourut aussitôt à l'appel de son maître.

— Mélie, lui dit Etienne, tu sais que je pars demain matin à huit heures ; M. Rouget a aussi un voyage à faire et nous irons ensemble jusqu'à Beaune ; mais je tiens à ce que M. Rouget ne soit pas seul pour continuer sa route, et je désire que ce soit toi qui l'accompagne.

— Je suis votre servante, monsieur Etienne, je ferai ce que vous me demandez.

— Tu verras Paris, Mélie, car c'est à Paris que tu vas aller accompagner M. Rouget.

— Est-ce que nous serons longtemps partis?

— Trois ou quatre jours, et pendant ces trois ou quatre jours, M. Pierre Rouget sera ton maître, et tu devras lui obéir comme tu obéis à ma mère, et avoir de lui surtout les plus grands soins, car c'est pour cela que je te demande de l'accompagner,

— C'est bien, monsieur Etienne ; seulement...

— Parle!

— Est-ce que madame Denizot va rester seule ?

— Non pas ; une servante de la ferme, que je vais faire venir, te remplacera près de ma mère pendant ton absence. As-tu encore quelque chose à me dire?

— Non, monsieur Etienne, répondit Mélie.

Et elle se retira.

— Elle est gentille tout de même, dit le vieillard.

— Telle vous venez de la voir, telle elle est toujours ; jamais un mouvement de contrariété ou de mauvaise humeur; toujours la même simplicité, la même douceur dans ses paroles ; elle sera avec vous ce qu'elle est avec ma mère, vous n'aurez même pas besoin de la commander ; ce que vous voudrez, elle le lira dans vos yeux. Se rendre agréable, se dévouer, la pauvre Mélie ne connaît que cela.

Mais, autre chose, père Rouget; qu'est-ce que vous allez dire à votre fille et à votre gendre ?

— Ah! oui, c'est vrai; qu'est-ce que je pourrais bien leur dire ? Mais au fait, Etienne, si je ne leur disais rien du tout.

— Cela me paraît assez difficile ; si vous partiez sans les avoir prévenus, ils seraient inquiets.

— Oui, tu as raison. J'irai les voir ce soir et je leur conterai un petit mensonge. Pourquoi ne leur dirais-je pas que je vais aller passer trois ou quatre jours à Beaune chez mon vieil ami Leberteux ?

— Parfaitement, voilà le mensonge tout trouvé.

— Ça coupera court à des questions embarrassantes.

— Ah ! autre chose encore, père Rouget : Vous m'avez dit que vous étiez en ce moment à peu près sans argent ; eh bien, tenez, voici quatre cents francs pour votre voyage.

Le vieillard ne fit aucune difficulté pour prendre les billets de banque.

— Merci, mon cher Etienne, dit-il ; je n'ai pas à te le cacher, j'avais compté sur toi. Je te rendrai cette somme le plus tôt que je pourrai.

— C'est entendu, mais vous n'aurez pas à vous presser. Je pense que ces quatre cents francs vous suffiront ; dans tous les cas, Mélie aura sa bourse bien garnie.

Le père Rouget serra la main du jeune homme avec émotion, laissa échapper un soupir gros de regrets et l'on se sépara en se disant à demain.

XXIV

PIERRE ROUGET A PARIS

Comme il avait été dit, Étienne Denizot et Pierre Rouget, accompagnés de Mélie, étaient partis de Saint-Amand à huit heures du matin pour se rendre à Beaune, où ils allaient attendre le passage des trains qu'ils devaient prendre.

Ce fut Étienne qui se mit en route le premier, laissant le vieillard et Mélie à la gare, attendant le train remontant vers Paris. Ce train arriva et nos deux voyageurs s'installèrent dans un compartiment de deuxième classe.

Mélie fut d'abord tout étourdie des sifflements de la locomotive, de l'espèce de tangage du wagon, de ce bruit sourd, continuel, autant de choses auxquelles elle n'était pas habituée, et de cette marche rapide, fantastique pour elle, d'un train lancé à toute vitesse.

Mais après l'arrêt de Dijon, la servante s'était déjà aguerrie. Elle éprouva bien encore une surprise quand le train s'enfonça tout à coup sous la voûte du tunnel de Blaizy. Ensuite Mélie se trouva aussi à son aise dans son petit coin que dans la grande salle de la maison de son maître, et bientôt, devenant tout à fait hardie, elle trouva très agréable de mettre souvent la tête à la portière pour s'extasier à la vue des magnifiques et lointains paysages, pour voir les arbres, les maisons qui avaient l'air de courir et les sillons et les haies qui semblaient tourner.

Toutefois, si occupée qu'elle fût à regarder au dehors, elle n'oubliait pas pourquoi elle voyageait en chemin de fer, et elle était aux petits soins pour son vieux compagnon de route.

Celui-ci, quand on arriva à Montereau, se sentit très fatigué, mais il ne se plaignait pas; c'eût été indigne de lui, un ancien soldat! Cependant Mélie remarqua qu'il était fort pâle et le lui dit.

— Bah! bah! ne t'inquiète pas, ma fille, répondit le vieillard en souriant. Qu'est-ce que cela, quelques heures de route, assis comme nous le sommes? On est bien tout de même dans ces chemins de fer.

On arriva à Paris avant la nuit. Mélie, qui n'avait garde d'oublier une seule des instructions que lui avait données Étienne, prit une voiture de place qui les conduisit dans un hôtel de la rue de Richelieu, dont on avait pris l'adresse à Beaune dans l'*Annuaire Didot*.

Le maître de l'hôtel donna au vieillard, sur sa demande, deux chambres communiquant entre elles par une porte qui devait rester constamment ouverte.

Un garçon servit le dîner aux voyageurs. Mélie fit honneur au repas; d'abord elle trouva que la cuisine était excellente, meilleure qu'à Saint-Amand;

ensuite elle avait faim; aussi mangea-t-elle avec un superbe appétit.

Quant au père Rouget, il ne voulut prendre qu'un potage; et quand Mélie, rassasiée, se leva de table, il témoigna le désir de se coucher.

— Je veux me bien reposer, dit-il, afin d'être demain frais et dispos pour faire ma visite.

Mais le père Rouget ne se reposa point comme il l'espérait; pendant toute la nuit, il n'eut que de courts instants de sommeil agité. Il avait la fièvre. Il sentit qu'il avait peut-être trop compté sur ses forces, et comprit combien Étienne avait eu raison de l'empêcher de se rendre dans le Dauphiné.

Lorsque Mélie, qui avait parfaitement dormi et fait la grasse matinée pour la première fois de sa vie, se fut levée et habillée, le vieillard voulut se lever à son tonr. Mais à peine se fut-il dressé debout sur la descente du lit qu'il lui sembla que tout tournait autour de lui, et il eut une faiblesse qui était presque une syncope. Il était brûlant, couvert de sueur, et malgré cela il tremblait comme s'il eût été gelé. Mélie, fort inquiète, l'aida à se remettre dans son lit.

—Ça ne sera rien, dit-il; c'est égal, Mélie, Étienne a été bien inspiré en me faisant accompagner par toi. Vois-tu, si j'étais seul, qu'est-ce que je ferais? Hein! qu'est-ce que c'est que nous, Mélie? Quand je pense qu'autrefois j'étais un dur à cuire... On a bien raison de dire que quand on est vieux, on n'est plus bon à rien. Pourtant, je ne suis pas venu à Paris pour me dorloter dans un lit; il faut que je voie la danseuse... Mélie, je me sens mieux; tiens, je ne tremble plus; il n'y a plus que cette satanée sueur... pour un peu, je me croirais dans un bain.

A l'insu du vieillard, Mélie alla trouver un des garçons de l'hôtel et lui demanda qu'on fît venir un médecin.

Vingt minutes plus tard, le medecin entrait dans la chambre du père Rouget, qui fut bien surpris, mais n'en remercia pas moins du regard la brave Mélie.

— Une forte fièvre, dit le docteur, causée par une fatigue que l'âge du malade ne pouvait supporter, et aussi, je crois, par une violente irritation nerveuse; mais aucun danger sérieux n'est à redouter. Du repos, beaucoup de repos; il faut absolument garder le lit; si dans l'après midi la fièvre se calme, cela ira bien demain.

— Vous reviendrez, n'est-ce pas, monsieur le médecin? dit Mélie.

— Oui, demain matin.

Il ordonna une potion, des tisanes et se retira.

Mélie passa cette journée au chevet du vieillard qu'elle appelait son maître. Elle ne songea même pas à ouvrir une fenêtre pour voir au moins le bout d'une des rues de ce grand Paris qui renfermait, d'après ce qu'elle avait entendu dire, toutes les merveilles.

Le nuit, le malade dormit un peu, mais la fièvre persistait.

Le médecin vint faire sa visite comme il l'avait promis. Il constata un peu de mieux, mais défendit encore au malade de se lever et indiqua ce que l'on pourrait lui donner à manger et à boire.

C'était la tranquillité de l'esprit qu'il aurait surtout fallu au père Rouget, et il ne faisait que se tourmenter. Voilà deux grands jours perdus déjà à s'amuser à être malade; et le vieillard savait combien les jours, les heures même étaient précieux, s'il y avait encore, comme il voulait l'espérer, quelque chose de bon à attendre de sa démarche auprès de la Papillonne.

Enfin, ce second jour s'écoula; mais il avait paru long au père Rouget!

A sa troisième visite, le médecin déclara que le malade allait de mieux en mieux et que s'il ne faisait pas d'imprudence, les forces lui reviendraient rapidement. Il dit qu'il pourrait se lever après midi; mais qu'il défendait absolument qu'il sortît de sa chambre avant trois ou quatre jours.

Le père Rouget n'y tenait plus. Quatre jours encore!

Mais il faut moins de temps que cela pour bouleverser le monde, pour qu'une ville tout entière soit détruite dans un incendie ou un tremblement de terre; mais il ne faut pas même un jour pour renverser des trônes, témoins les révolutions de 1830 et de 1848.

Le vieillard dit à Mélie :

— Mon portefeuille est dans la poche de mon paletot, donne-le moi.

La servante obéit.

Dans le portefeuille, Pierre Rouget prit un papier et le mit dans la main de Mélie en disant :

— C'est l'adresse de la danseuse Flora. Toi, Mélie, tu es plus heureuse que moi, car madame Denizot t'a appris à lire et à écrire. Peux-tu lire ce qu'il y a sur ce papier?

— Je lis très bien, monsieur Rouget.

— Bon. Tu vas mettre tes beaux habits et tu iras trouver mademoiselle Flora de ma part.

— Je veux bien; mais qu'est-ce que je lui dirai?

Le vieillard, alors, donna ses instructions à la bossue qui, tout en l'écoutant, s'habillait; et quand elle fut prête à partir, il lui dit :

— Tu n'es pas manchotte, Mélie, tu sais toujours parfaitement te tirer d'affaire, tu n'es jamais embarrassée de rien et tu sauras très bien dire et faire. Va donc chez la danseuse Flora; tu prendras une voiture comme celle qui nous a amenés ici et elle te conduira à l'adresse que je t'ai donnée.

Mélie quitta son maître, se fit indiquer une station de voitures de place, s'y rendit, monta dans un coupé et, vingt-cinq minutes après, mettait pied à terre devant l'hôtel de la danseuse.

Elle sonna, la porte s'ouvrit et elle entra dans la cour.

— Qu'est-ce que vous voulez? Où allez-vous? lui demanda le concierge.

— Je suis chargée d'une commission pour mademoiselle Flora.

— Ah! Est-ce que c'est mademoiselle que vous devez voir?

— Oui, monsieur.

— Très bien. Seulement mademoiselle Flora ne reçoit pas comme ça tout le monde, dit le concierge, qui regardait avec une certaine méfiance cette messagère laide et difforme, et je ne crois pas que vous puissiez lui parler.

— Je suis sûre que mademoiselle Flora me recevra quand elle saura qui m'envoie vers elle, répliqua Mélie sans se déconcerter.

Ces dernières paroles de la bossue furent entendues par Flora elle-même, qui venait de s'appuyer au balcon d'une fenêtre. Elle avança la tête et sa voix douce et sympathique, au timbre mélodieux, laissa tomber ces mots :

— Laissez monter.

— C'est mademoiselle, dit le concierge, levant les yeux vers la fenêtre.

Mélie leva aussi la tête, vit la jeune fille, dont la beauté l'éblouit, puis s'inclina respectueusement.

— Venez, mon enfant, venez, dit Flora, je vous attends.

Le concierge montra à la servante la porte sous la véranda.

Pendant que Mélie traversait la cour, montait le perron et entrait dans le vestibule de l'hôtel, Flora avait déjà donné un ordre, car le domestique qui remplaçait Ali fit signe à la bossue de le suivre et la conduisit dans le petit salon du premier étage, où l'attendait la danseuse.

Dans toute autre circonstance, devant ces richesses, toutes ces magnificences féeriques, inouïes, qui s'offraient à sa vue, l'ex-mendiante aurait poussé des cris d'admiration, serait tombée en extase ; mais elle avait trop conscience de la mission qu'elle avait à remplir pour songer à autre chose.

Elle ignorait pourquoi Pierre Rouget était venu à Paris uniquement pour voir mademoiselle Flora; mais elle avait facilement compris qu'il s'agissait de quelque chose de grave.

— Est-ce que vous êtes mariée ? lui demanda tout d'abord la danseuse.

— Non, madame, répondit tristement la servante ;

une malheureuse comme moi, infirme comme je le suis, ne peut pas se marier.

— Alors je vous appellerai mademoiselle; comment vous nommez-vous?

— Mon seul nom est Mélie, madame, et vous pouvez m'appeler tout simplement Mélie, sans dire mademoiselle. D'ailleurs, je ne suis pas une demoiselle, je ne suis qu'une pauvre servante.

— Il n'y a pas longtemps que vous êtes à Paris?

— Depuis trois jours seulement.

— Est-ce que vous êtes venue pour vous placer?

— Non, madame.

— Ah!

— Je n'ai pas à chercher une place, continua Mélie, car j'ai bien la meilleure que l'on puisse trouver. Je suis servante chez madame Denizot, à Saint-Amand-les-Vignes.

— Quoi, s'écria Flora, vous êtes de Saint-Amand?

— Oui, madame.

— Oh! alors, je comprends, c'est M. Pierre Rouget ou quelqu'un de sa famille qui vous envoie vers moi.

— C'est M. Pierre Rouget lui-même, madame.

— Ainsi, le bon vieillard existe encore! Oh! j'en suis bien heureuse! Vous allez me parler de lui, Mélie; mais, avant tout, dites-moi vite de quoi il s'agit.

— Oui, madame. Pour commencer je dois vous apprendre que le vieux père Rouget est à Paris.

— A Paris! Pierre Rouget est à Paris! exclama Flora.

— Il est arrivé dimanche soir, moi avec lui, car à cause de son grand âge j'ai été chargée de l'accompagner. Il est venu à Paris rien que pour vous voir, madame.

— Pour me voir ! Mais pourquoi n'est-il pas avec vous ?

— Il est malade depuis que nous sommes arrivés ; mais il va mieux, beaucoup mieux que lundi et hier; ces deux jours il n'a pas quitté son lit; aujourd'hui, le médecin a dit qu'il pourrait se lever vers une heure; seulement il lui est absolument défendu de sortir avant trois, quatre, peut-être cinq ou six jours.

Oh ! comme il était contrarié de ne pouvoir vous faire sa visite, comme il se tourmentait ! car il paraît que ce qu'il a à vous dire est très pressé. Il faut bien le croire, puisque ce matin, il y a une heure de cela, il m'a dit :

— Mélie, tiens, voilà l'adresse de mademoiselle Flora; tu vas t'habiller, tu prendras une voiture et tu iras chez mademoiselle Flora. Je crois que quand on lui apprendra que tu viens de la part de l'ancien soldat Pierre Rouget, de Saint-Amand-les-Vignes, elle ne refusera pas de te recevoir.

Quand tu seras devant elle, tu lui diras : Le pauvre père Rouget est malade dans une chambre d'hôtel et le médecin l'empêche de sortir ; il m'envoie pour vous prier, au nom d'Inès Ramon, votre mère, de venir le voir aujourd'hui même, car il a absolument besoin de vous parler, et le plus tôt sera le meilleur.

Pierre Rouget a ajouté : Tu diras encore à mademoiselle Flora qu'elle aidera à ma guérison si elle peut ne pas remettre à demain pour venir me voir.

— Et vous ne savez pas ce qu'il a à me dire ? demanda la danseuse.

— Je ne le sais pas, madame.

— C'est bien; dites-moi où demeure M. Pierre Rouget.

— Place Louvois, hôtel Louvois.

— Merci, mademoiselle Mélie; vous pouvez retourner maintenant près de votre malade et le prévenir qu'aujourd'hui même, avant trois heures, il aura ma visite.

La pauvre bossue se retira enchantée de la belle Papillonne et fut bientôt près du vieillard pour lui rendre compte de sa mission et lui faire avec enthousiasme l'éloge de la belle danseuse, qui était certainement moins fière et plus avenante que plus d'une fille de vigneron de Saint-Amand-les-Vignes.

Dès qu'il eut la certitude que Flora viendrait le voir le jour même, Pierre Rouget éprouva une telle satisfaction, qu'il se sentit presque guéri.

A deux heures, il était levé et assis près de la fenêtre, dans un fauteuil, ayant à portée de sa main, sur une table, son vieux sac de cuir; il attendait Flora la Papillonne.

A deux heures et demie, une jeune femme voilée, mise très simplement, se faisait indiquer au bureau de l'hôtel la chambre de Pierre Rouget et montait d'un pas léger les trois étages.

C'était Flora. Mélie lui ouvrit et elle entra en relevant son voile. Pierre Rouget avait eu la force de se lever et il se tenait debout sur ses jambes chancelantes pour recevoir la visiteuse. Mais celle-ci s'approcha de lui vivement, et, prenant son bras, elle l'aida à se rasseoir en lui disant d'une voix câline :

— Vous êtes encore bien faible, bon papa Rouget ; et je ne veux pas que vous vous fatiguiez.

Le vieillard avait tout de suite reconnu Mercédès, bien qu'elle fût maintenant dans le complet épanouissement de sa merveilleuse beauté. D'un mouvement de tête, il la remercia ; puis il la regarda, poussa un soupir en pensant à sa petite-fille, et de grosses larmes jaillirent de ses yeux.

— Mon Dieu, mais vous pleurez ! s'écria Flora en s'asseyant près de lui et en lui prenant les mains.

Le vieillard essaya de parler, son émotion l'en empêcha. Sans brusquerie, doucement, il retira ses mains.

— De grâce, monsieur, qu'avez-vous ? continua la jeune femme attristée ; on m'a dit que vous étiez venu à Paris exprès pour me voir; il faut donc que vous ayez besoin de moi ; vous vous êtes rappelé ce que je vous ai dit sur la place de Saint-Amand, je vous en remercie et je répéterai mes paroles : si je puis faire quelque chose pour vous ou l'un des vôtres, disposez de la fille d'Inès Ramon; tout ce qu'il me sera possible de faire, je le ferai.

— Oui, répondit le vieillard, qui avait eu le temps de se remettre, je me suis rappelé ce que vous m'avez dit sur la place de Saint-Amand.

— Eh bien, bon papa Rouget, faites que je sois assez heureuse pour pouvoir acquitter aujourd'hui une partie de la dette de reconnaissance contractée envers vous par ma famille.

— C'est la fille d'Inès Ramon qui veut qu'il y ait une dette de reconnaissance. Ce que j'ai fait en

Espagne pour votre mère, mademoiselle, ne méritait pas qu'elle s'en souvînt, et moins encore que cette action si simple d'un soldat français restât dans la mémoire de sa fille. Enfin, vous m'avez dit à Saint-Amand que vous me deviez quelque chose; c'est bien. Ah! il fallait que la chose fût bien grave, bien terrible, pour que je me sois permis, plein de confiance en vos paroles, de venir vous implorer.

— M'implorer, moi! Que dois-je faire, monsieur Rouget? Dites, dites!

— Mademoiselle, dans votre prospérité, dans votre grandeur, au milieu de la richesse, vous vous êtes souvenue de l'ancien soldat de Saint-Amand, qui n'est qu'un homme pauvre, souvenue aussi de mes enfants, pauvres comme moi; cela prouve que vous êtes bonne, que vous avez du cœur; aussi, me suis-je mis en route avec confiance et plein d'espoir.

Le vieillard attira à lui son petit sac de cuir, l'ouvrit, versa ce qu'il contenait sur la table et reprit.

— Cet or et ces bijoux, mademoiselle, vous me les avez envoyés par un de vos serviteurs; mais comme vous le voyez, je n'ai disposé ni de l'or ni des bijoux. Malgré mon âge et le peu de force que j'ai, je me suis mis en route pour Paris, afin de vous rapporter moi-même vos présents.

— Mais pourquoi? fit la jeune femme très surprise.

— Parce que les miens et moi ne pouvons pas les accepter.

— Mon Dieu, mais pourquoi? demanda encore la danseuse.

— Ah! pourquoi, répondit le vieillard, avec un accent douloureux, vous allez le comprendre,

Tout à l'heure, vous me demandiez de vous dire ce que vous pourriez faire pour moi ; ah! ce n'est pas pour moi, qui vais bientôt mourir, que vous pouvez faire quelque chose ; mais pour ma petite-fille.

— Cette charmante personne que l'on appelait à Saint-Amand la belle Paule?

— Je n'ai que cette seule petite-fille.

— Oh! parlez, monsieur, parlez! Votre petite-fille est mariée, sans doute?

Le vieillard répondit par un mouvement de tête.

Il resta un moment silencieux, puis se redressant et tendant ses mains tremblantes vers la danseuse :

— Mademoiselle, dit-il d'une voix suppliante, c'est au nom de la senorita Mercédès d'Argélias et au nom d'Inès Ramon, sa mère, que je demande à la danseuse Flora grâce pour ma petite-fille et ses deux enfants.

— Mon Dieu, mais je ne comprends pas! s'écria la jeune fille avec une sorte de stupeur.

— Ah! je sais bien que vous ne comprenez pas encore, dit le vieillard, ne pouvant plus retenir ses larmes ; ah! je sais bien que vous ignorez... Eh bien, comprenez donc maintenant : Paule Pérard, ma petite-fille, a épousé le comte Maxime de Verdraine dont elle a deux enfants, deux petits garçons!

XXV

LA VENGERESSE

La danseuse avait bondi sur ses jambes comme poussée par un ressort et, frémissante, elle regardait Pierre Rouget avec effarement.

— Grand Dieu ! que viens-je d'entendre ! exclama-t-elle d'une voix étranglée et en devenant pâle comme un cierge, Paule Pérard est la comtesse de Verdraine !

Elle s'arrêta pour respirer avec force, car elle était haletante et suffoquait.

Au bout d'un instant, elle parvint à maîtriser son émotion. Alors, après avoir passé à plusieurs reprises sa main sur son front :

— Malheureuse, malheureuse que je suis ! prononça-t-elle d'une voix sourde et vibrante, qu'ai-je fait ? je croyais être un agent de la Providence, je croyais que Dieu m'avait donné une mission de vengeance et qu'il était avec moi ! Oui, je croyais cela et je me trompais !... Oui, je croyais que le Dieu de justice, qui châtie les misérables, les infâmes, m'avait substituée à sa Providence !

Ah! ah! ah! continua-t-elle avec une sorte de frénésie sauvage, je croyais cela et je n'étais qu'un noir démon sorti de l'enfer!... Paule Pérard, la petite-fille de Pierre Rouget! C'est à elle et à ses enfants que j'ai arraché le pain des mains.

Malheureuse! malheureuse que je suis!

Ah! ma mère, ayez pitié de moi, ne maudissez pas votre fille!

Elle tenait son front courbé, comme écrasée.

Soudain elle se redressa brusquement, le regard sombre, et se rapprocha du vieillard qui la regardait avec effroi.

— Monsieur Pierre Rouget, dit-elle, que pensez-vous de moi?

— A mon âge, mademoiselle Flora, on est indulgent; je pense que vous êtes plus à plaindre qu'à blâmer, que vous êtes plus malheureuse que coupable.

— Merci, monsieur Pierre Rouget. On vous a dit, n'est-ce pas, que j'étais la maîtresse du comte de Verdraine?

— On me l'a dit.

— Eh bien, on vous a trompé, c'est faux; je ne suis pas la maîtresse du comte de Verdraine, malgré les apparences, et bien que tout le monde soit autorisé à le croire. Non, le comte de Verdraine n'est pas mon amant... au moins je n'ai pas cela à me reprocher envers l'épouse lâchement abandonnée.

Après une pause, elle continua:

— Je ne suis qu'une danseuse, une fille de théâtre, monsieur, comme je n'étais autrefois, lorsque vous m'avez vue à Saint-Amand, qu'une pauvre petite gitana. Oh! je sais bien ce que l'on pense, tout ce que l'on peut penser et dire d'une jeune fille faisant partie d'une troupe de saltimbanques, d'une jeune fille qui se montre demi-nue sur les planches d'un théâtre; on ne croit guère à la vertu des femmes de théâtre et l'on ne fait pas grand cas de leur moralité. Eh bien, l'on nous juge souvent avec trop de légèreté, avec trop de sévérité.

Monsieur Pierre Rouget, sur la mémoire vénérée d'Inès Ramon, ma mère, je vous jure que je n'ai jamais eu d'amant! Pourquoi cela? Ah! pourquoi? D'abord pa[illegible]ue je n'ai jamais aimé et que je ne suis pas une femme capable de se vendre; j'aimerais mieux mourir, me tu[illegible]r de mes propres mains plutôt que de souiller ma conscience et de perdre l'estime de moi-même.

Je suis d'une noble race, monsieur, et je tiens à garder intacte en moi la noble fierté de ma race!

Je ne pourrais aimer qu'un homme qui m'aimerait pour moi-même et qui trouverait que je vaux assez pour qu'il m'épousât. A celui-là, monsieur, dont je serais la femme, je me donnerais tout entière.

Et ce n'est point parmi les gens titrés, les riches financiers, les millionnaires que je voudrais le trouver, cet homme.

J'ai gardé de Saint-Amand plus d'un souvenir, entre autres celui d'un grand et beau jeune homme qui était alors fortement épris de la belle Paule et à qui j'ai adressé quelques paroles encourageantes. Eh bien, monsieur Pierre Rouget, celui que je voudrais aimer serait un homme qui ressemblât par le cœur à ce jeune paysan de Saint-Amand-les-Vignes que votre petite-fille a dédaigné.

Le vieillard baissa tristement la tête.

— Oh ! la malheureuse Paule, poursuivit la danseuse, elle a passé à côté du bonheur sans le voir, elle a repoussé celui qui l'aimait sincèrement, uniquement, dont la vie n'aurait eu qu'un but : la rendre heureuse ; et pour épouser qui ? le comte de Verdraine, un misérable !

Pierre Rouget poussa un long soupir.

Hélas ! les paroles de Flora étaient comme une griffe de fer labourant la plaie saignante de son cœur.

La jeune fille reprit :

— Mais laissons les choses du passé et parlons du présent. Vous êtes venu à Paris pour me demander grâce pour la comtesse de Verdraine et ses deux fils, c'est-à-dire pour me crier : Rendez son mari à ma petite-fille et aux deux enfants leur père, et si le comte de Verdraine ne veut pas revenir à ceux qu'il a abandonnés, ne les ruinez pas, faites qu'il leur reste au moins un morceau de pain. Est-ce bien cela, monsieur Rouget, ai-je deviné votre pensée ?

— Oui, oui, oui !

— Malheureusement, hélas ! vous êtes venu trop tard ou, si vous aimez mieux, il eût fallu que j'apprisse plus tôt que la comtesse de Verdraine était votre petite-fille ; aujourd'hui, mon acte de vengeance est accompli, et, si je reçois encore le comte de Verdraine, c'est qu'après l'avoir frappé avec fureur, inexorablement, j'ai trouvé que j'étais peut-être allée trop loin, et je me suis sentie prise d'une espèce de sentiment de pitié pour lui.

Je l'ai fait souffrir cruellement, horriblement, comme il avait fait souffrir les autres, plus peut-être, et du même mal. Il avait déjà fortement ébréché sa fortune, mais il était riche encore et j'ai entrepris de le ruiner.

— On m'a dit qu'il avait dépensé pour vous au moins un million.

— C'est fort exagéré, monsieur Rouget, car le comte dépensait d'un autre côté des sommes énormes ; enfin, je crois bien que depuis un an le million a été englouti.

— Mais il n'est pas encore ruiné !

— Je ne puis vous laisser cette illusion ; le comte est absolument ruiné ; tout ce qu'il possédait vient d'être vendu par suite de saisies opérées par ses créanciers, et il ne lui reste plus rien.

— Ainsi, plus rien à faire ?

— Hélas ! oui.

— Ma pauvre Paule ! mes pauvres petits-fils ! gémit le vieillard.

— Je les plains ! murmura la jeune femme.

— Mais pourquoi la danseuse Flora, qui est toujours Mercédès d'Argélias, la fille d'Inès Ramon, a-t-elle commis cette abominable action ? s'écria le vieillard avec véhémence et les yeux étincelants.

— Pour venger ma sœur, Dolorès d'Argélias ! répondit Mercédès d'une voix creuse.

— Ah ! fit lentement Pierre Rouget, c'est votre sœur que vous avez vengée ?

— Oui, ma sœur, qui était douce, bonne, aimante, et que j'aimais comme on doit aimer une sœur aînée. Je n'ai pas cherché le comte de Verdraine, continua Mercédès d'une voix plus forte, c'est lui qui est venu à moi. La sombre fatalité l'a poussé vers Flora la danseuse ; il m'a été présenté par un de ses amis qu'il avait instamment prié de faire cela pour lui ; je l'avais vu déjà une ou deux fois, mais dans la rue, s'attachant à mes pas et sans savoir qui il était.

Quand l'ami qui me le présentait prononça son nom, je ne sais quelle espèce de terrible fureur gronda aussitôt en moi, sourdement, au souvenir de ma sœur et de son malheur; ce fut comme un souffle puissant de haine qui pénétra tout mon être, faisant passer dans mon âme toutes les ardeurs de la vengeance.

M. de Verdraine voulait m'avoir pour maîtresse, il se l'était juré à lui-même, et la passion insensée que je lui avais inspirée m'a trop facilement aidée dans mon œuvre de vengeresse.

— Le malheureux avait donc fait bien du mal à votre sœur? demanda le vieillard.

— Il l'a tuée !

— Tuée ?

— Oui, tuée, monsieur, et je vous dirai comment.

— La fille d'Inès Ramon a vengé sa sœur, je n'ai rien à redire à cela ; moi, je suis pour la justice. Il faut que les méchants, les coupables soient punis.

Mais quand le châtiment infligé au coupable atteint les innocents, je dis que ce n'est plus la justice et je m'indigne. Mercédès, Mercédès, vous ne saviez pas que la comtesse de Verdraine était la petite-fille de Pierre Rouget, l'ancien soldat du Trocadéro, mais vous n'ignoriez pas qu'il y avait une comtesse de Verdraine, abandonnée par son mari et mère de deux enfants. Oh ! Mercédès, n'avez-vous donc pas pensé à ces innocents, à ces malheureux dont vous faisiez des victimes?

— Si, monsieur Rouget, si, j'ai plus d'une fois pensé à eux, et si le comte de Verdraine y avait aussi pensé, lui, s'il eût eu des regrets de les avoir abandonnés, s'il eût manifesté seulement l'intention de retourner près de sa femme et de ses fils, j'aurais eu pitié de lui... Mais chez cet homme, qui n'a conscience d'aucun de ses devoirs, chez cet homme gangrené, égoïste, débauché, privé de sens moral, je n'ai rien trouvé, rien, pas un seul sentiment honnête, et il n'a pu m'inspirer que le mépris et le dégoût.

Et je ne me suis pas arrêtée : mon œuvre était commencée, je l'ai poursuivie; quand on veut jouer le rôle de la Providence pour châtier un criminel, il faut se faire un cœur de bronze et se rendre inaccessible à la pitié ; car si l'on s'apitoyait sur les innocents qui peuvent être frappés du même coup que le coupable, on ne pourrait jamais être un vengeur!

Peut-être suis-je allée plus loin que je ne l'aurais voulu, peut-être ai-je frappé trop fort... ceci est entre Dieu et ma conscience...

J'ai vengé Dolorès, j'ai vengé ma sœur!

Si j'ai dépassé le but, je demanderai pardon à Dieu, et Dieu, qui connaît mes intentions, Dieu me pardonnera... Je sais ce que je dois faire pour obtenir mon pardon!

Elle avait prononcé ces dernières paroles, superbe d'animation, d'énergie, le visage resplendissant et ayant sur le front comme une auréole.

Le père Rouget baissa tristement la tête.

— Tout est fini, murmura-t-il; mon Dieu, que vont devenir la mère et les enfants?

La danseuse eut un mystérieux sourire.

Mélie, assise dans un coin de la chambre, pleurait silencieusement.

Après un assez long silence, la Papillonne reprit :

— Monsieur Pierre Rouget, je ne peux pas vous demander de me pardonner le mal que, sans le vouloir, j'ai fait aux vôtres : mais pensez-vous qu'aux yeux du monde je puisse être excusée ?

— Oui, répondit faiblement le vieillard.

— Je ne puis vous demander plus ; merci.

Maintenant, continua-t-elle, je vous ai dit que je vous apprendrais comment le comte de Verdraine a tué ma sœur Dolorès. Ecoutez.

Ma mère, Inès Ramon, que vous avez connue, sortait d'une famille autrefois riche et puissante en Espagne, que des événements graves, l'ingratitude des princes et des malheurs de toutes sortes avaient ruinée.

Vainement les descendants essayèrent de refaire leur fortune, de reprendre dans le pays la place et le rang qui leur appartenaient par droit de naissance et que leur intelligence et leur dévouement à la patrie méritaient.

Don Ramon, mon aïeul, était colonel lorsqu'il tomba sur le champ de bataille frappé par une balle française. C'est la loi de la guerre. Mon père, don José d'Argélias, officier d'avenir dans l'armée espagnole, mourut prématurément, laissant sa veuve à peu près sans ressources avec quatre enfants jeunes encore qu'il fallait élever.

La pauvre femme a fait comme elle a pu, s'est donné beaucoup de peine, mais a eu la satisfaction de nous voir grandir.

Les deux aînés étaient des garçons ; tous deux aujourd'hui sont officiers. Dolorès était venue au monde la troisième et moi deux ans après elle.

A l'école où ma mère nous avait placées, ma sœur et moi, nous avons appris ce qu'il est indispensable que des jeunes filles sachent et aussi la langue française. Ma mère l'avait voulu. Comme je vous l'ai dit, monsieur Rouget, Inès Ramon se souvenait de vous, et bien que son père eût été tué par une balle française, à cause de vous elle aimait la France et les Français.

Je dois vous dire que nous habitions à Grenade.

Quand j'eus douze ans, j'entrai à l'école de danse de la ville ; c'était dans mes goûts et peut-être chez moi, déjà, une vocation. Ma sœur, de son côté, qui avait des dispositions pour la comédie et le drame, suivait un cours de déclamation.

Notre mère mourut et avec elle s'éteignait une petite pension qu'on lui avait accordée en récompense des services rendus par son père, mort au champ d'honneur, et comme veuve d'officier.

Dolorès et moi, nous nous demandâmes ce que nous allions devenir, car nous n'avions personne qui s'intéressât à nous et nous avions trop de fierté dans l'âme pour nous adresser à des gens plus hauts que nous et qui peut-être ne nous seraient pas venus en aide.

Nous avions nos frères soldats ; mais en Espagne comme partout les soldats ne sont pas riches.

Heureusement, ma sœur fut engagée au théâtre de Grenade. Toutefois, je ne pouvais pas compter sur elle, car elle ne gagnait que bien juste pour se suffire à elle-même.

J'étais d'une nature assez aventureuse; on me proposa de m'enrôler dans une troupe de saltimbanques nomades, qui se disposait à partir pour la France; n'ayant rien de mieux à faire, j'acceptai et je devins la pensionnaire de don Stéphano, qui m'a traitée avec beaucoup de bienveillance et comme si j'avais été sa fille. Je lui suis reconnaissante de m'avoir amenée en France et je fais pour lui et sa troupe ce que je peux, mais pas ce que je voudrais, car don Stéphano ne veut pas quitter son métier de saltimbanque.

Avec don Stéphano je me suis faite gitana, j'ai dit la bonne aventure, ce qui n'a rien de bien difficile, et c'est ainsi que j'ai parcouru la France jusqu'au jour où je suis arrivée à Paris pour devenir ce que j'étais réellement, une danseuse.

Après son engagement d'un an au théâtre de Grenade, ma sœur fut engagée à Madrid. Actrice au Théâtre-Royal, commençant à jouer des rôles d'une certaine importance, elle pouvait arriver au premier rang des comédiennes. L'avenir lui souriait.

Il y avait dix-huit mois que notre mère était morte, et c'était quelques mois avant l'époque où vous m'avez vue à Saint-Amand-les-Vignes.

La fatalité voulut que le comte Maxime de Verdraine, qui voyageait en Espagne, vînt se loger, à Madrid, dans l'hôtellerie où ma sœur avait loué une chambre en attendant qu'elle eût des économies suffisantes pour pouvoir se meubler un petit appartement.

Dolorés était jeune, elle n'avait pas encore dix-huit ans, et elle était belle à ravir. Et elle était honnête, sage et pure, monsieur Rouget. Élevée comme moi dans des principes sévères, elle savait ce qu'elle devait à la mémoire de notre mère, à l'honneur de notre nom et à elle-même.

Une après-midi, après une longue et fatigante répétition au théâtre, Dolorès rentra chez elle et comme toujours ferma sa porte. Elle était très altérée. Il lui restait de l'orangeade au fond d'une bouteille. Elle versa la liqueur dans un verre, la remplit d'eau fraîche et but.

Au bout d'un instant, elle se sentit tout étourdie et prise subitement d'un étrange besoin de dormir. Elle se jeta sur son lit, ses yeux se fermèrent malgré elle, et presque aussitôt elle s'endormit d'un profond sommeil.

Monsieur Rouget, d'après une lettre que ma sœur m'a écrite avant de mourir, lettre où elle m'apprend son malheur et me donne tous ces détails que je vous fais connaître, elle a été persuadée que le comte s'était procuré une seconde clef de sa chambre, qu'il était entré chez elle en son absence et avait mêlé un narcotique à l'orangeade.

— Oh ! fit le vieillard, c'est lâche !

— Ah ! vous trouvez que c'est lâche, monsieur; mais la lâcheté et l'infamie se touchent de près, et le comte Maxime de Verdraine allait être encore plus lâche et plus infâme.

Quand Dolorès d'Argélias se réveilla ou sortit de son singulier sommeil, qui était une espèce d'engourdissement du corps tout entier, elle se trouva dans les bras du comte de Verdraine. Dolorès d'Argélias venait d'être souillée, déshonorée.

— Le comte de Verdraine a fait cela ! exclama le vieillard, rouge d'indignation et les prunelles en feu.

— Il l'a fait !

— Oh ! le misérable, le misérable !

— Vous comprenez, monsieur, qu'il avait une seconde clef de la chambre, puisqu'il avait pu y pénétrer pour commettre son crime.

— C'est épouvantable ! Mon Dieu, mon Dieu, que de monstruosités sur la terre !

— Maintenant, monsieur, reprit Mercédès, vous pouvez déjà me juger, et cependant je ne vous ai pas encore tout dit.

Dolorès accabla le comte de reproches sanglants; elle pleura, sanglota; sa douleur, son désespoir étaient terribles. Mais que pouvait faire la malheureuse ? Par de belles paroles, par des promesses, des mensonges, le comte parvint à l'apaiser, à la calmer, et elle lui pardonna. Elle n'avait plus rien à défendre, plus rien à refuser au comte, qui lui avait promis de l'épouser, elle devint sa maîtresse; et la malheureuse, croyant qu'elle serait un jour sa femme, se mit à aimer cet homme, cet infâme qui l'avait déshonorée !

Dolorès était enceinte, monsieur Rouget; elle instruisit le comte de sa position et le pressa vivement de remplir sa promesse, le serment qu'il lui avait fait de l'épouser. M. de Verdraine promit et jura de nouveau. Mais quelques jours après, il quittait furtivement Madrid et s'enfuyait d'Espagne comme un misérable, un larron d'honneur qu'il est, abandonnant sa victime comme il a abandonné depuis sa femme et ses enfants.

En apprenant que le comte était parti, Dolorès faillit devenir folle; cependant, comme elle s'était imaginé, la pauvre crédule, qu'il l'aimait et qu'elle croyait à son honneur de gentilhomme, elle ne pouvait admettre qu'il eût aussi lâchement trahi ses serments et elle se disait : Il reviendra.

Elle attendit pendant deux longs mois et il fallut bien enfin qu'elle comprît que le misérable l'avait odieusement trompée.

La pauvre Dolorès ne pouvait plus cacher sa grossesse, ses camarades impitoyables la raillaient; elle en vint à ne plus oser se montrer. Alors, monsieur, alors, désespérée, ne voulant plus avoir à rougir, voulant échapper à sa honte, elle eut la sinistre pensée du suicide.

Un jour, elle s'enferma dans sa chambre bien close, alluma un réchaud rempli de charbon, s'étendit sur son lit et, sans doute, en priant le Seigneur de lui pardonner, elle attendit l'asphyxie, la mort.

Le lendemain, quand attiré par la forte odeur du charbon, on pénétra dans sa chambre, elle n'existait plus depuis plusieurs heures.

Sur la table, on trouva trois lettres qu'elle avait écrites avant d'allumer le réchaud; les deux premières étaient adressées à chacun de mes frères, l'autre à moi; je l'ai reçue deux mois plus tard.

C'est par cette lettre dont je vous ai parlé tout à l'heure, monsieur Rouget, que j'ai appris ce que je viens de vous raconter.

Vous savez, maintenant, pourquoi je me suis faite la justicière du comte de Verdraine. J'ai vengé ma sœur ! Si j'ai eu tort que Dieu me punisse à mon tour. Mais pourquoi me punirait-il ? C'est lui plus que moi qui a frappé l'assassin de Dolorès d'Argélias !

Le vieillard, qui pleurait, tenant sa tête baissée, se redressa.

— Oui, dit-il, c'est Dieu qui, en se servant de vous, a châtié le misérable... Oh ! quel monstre que cet homme !

Il resta un instant les yeux et la pensée au ciel, l'implorant sans doute en faveur des abandonnés ; puis, ramenant son regard sur la danseuse, il reprit :

— Je n'ai plus rien à dire à la fille d'Inès Ramon, plus rien à lui demander : j'ai fait un voyage inutile.

— Non, répliqua vivement Mercédès, non, vous n'avez pas fait un voyage inutile, et avant qu'il soit longtemps vous en aurez la preuve.

Elle s'approcha de la table et mit dans sa poche les quatre écrins.

— Je reprends ces bijoux, dit-elle, qui ne peuvent plus être un présent de Flora la danseuse à la comtesse de Verdraine. Mais, monsieur, au nom de ma mère, je vous prie de garder la petite somme contenue dans ces deux bourses, car vous en aurez grand besoin... Oh ! acceptez, monsieur, acceptez, vous le pouvez sans rougir et vous pourrez vous servir de cet argent sans honte ; il ne provient pas des largesses de M. de Verdraine, il est à moi, bien à moi, je l'ai gagné.

Après un silence elle continua :

— Vous ne quitterez pas Paris avant trois ou quatre jours, je reviendrai vous voir, et comme ces deux mille francs vous seraient insuffisants, vous me permettrez de vous en donner encore huit mille. Avec dix mille francs, ajouta-t-elle, ayant des larmes dans la voix et avec un accent de mélancolie profonde, vous défendrez à la misère de toucher à la comtesse de Verdraine et à ses enfants, avec ces dix mille francs, les abandonnés auront du pain.

Sur ces mots, elle s'élança hors de la chambre.

— Elle a agi selon sa conscience, murmura le vieillard, que Dieu lui pardonne!

Il laissa tomber sa tête dans ses mains et pleura.

XXVI

DOULOUREUSES ÉTAPES

Nous revenons à la comtesse Paule que nous avons laissée avec ses enfants sur un chemin inconnu, au milieu de la nuit, allant droit devant elle, à la grâce de Dieu.

Georges marchait bien; il avait de bonnes petites jambes; quant à Edouard, de deux ans moins âgé que son frère, et bien qu'il fût également robuste et plein de santé, il ne pouvait avoir que la force de son âge; aussi la mère était-elle obligée souvent de le porter dans ses bras.

De temps à autre, d'ailleurs, tous trois se reposaient.

Quand il fit grand jour et qu'ils virent le soleil paraître à l'horizon, au-dessus des grands pins qui couronnaient la montagne, les enfants étaient harassés, et Paule elle-même se sentait exténuée.

Tous trois s'assirent sur le bord d'un fossé, dans l'herbe, et bientôt les enfants s'endormirent tête contre tête sur les genoux de leur mère. Quand ils se réveillèrent, au bout de deux heures, ils se frottèrent les yeux puis tendirent en souriant leurs petits bras à la comtesse, ce qui voulait dire :

— Embrasse-nous.

Paule les embrassa et leur dit :

— Vous avez bien dormi, vous sentez-vous reposés ?

— Oui, maman.

La comtesse n'avait pas dormi, elle ; elle avait veillé sur le sommeil de ses enfants, éloignant les mouches et autres insectes qui les auraient tourmentés.

Les deux petits avaient faim, avaient soif.

— Maman, j'ai faim, j'ai soif, dit Georges.

— Maman, j'ai faim, j'ai soif, répéta Edouard.

Paule avait dans son sac de voyage du pain, de la viande, des œufs durs, du fromage, une bouteille de vin et un verre. Elle fit manger et boire les garçonnets et mangea aussi. Au fond du fossé coulait une eau fraîche et limpide ; pour ménager le vin, tous trois burent de cette eau légèrement rougie.

— Me voilà, avec mes enfants, errante comme une vagabonde, se disait Paule.

Et elle faisait de douloureuses réflexions sur son étrange destinée.

Toujours elle se demandait ce qu'elle allait devenir et surtout ce qu'allaient devenir ses enfants. Elle avait un peu d'argent ; mais tout en l'épargnant autant qu'il lui serait possible, aurait-elle assez pour le long et pénible voyage qu'elle avait à faire ? Et si elle n'avait pas assez, il lui faudrait pourtant trouver le moyen de nourrir ses enfants ! Et ce moyen était unique : il faudrait tendre la main, mendier.

Oh! la comtesse de Verdraine mendiante! Oh! les petits-enfants du marquis de Verdraine et de la baronne de Bressac mendiants! Elle se sentait frémir de honte.

Ils étaient loin des Bergères; mais où allaient-ils aller, maintenant? Elle ne pouvait faire marcher ses enfants constamment; il fallait au moins qu'ils se reposassent la nuit. Où passeraient-ils la nuit suivante? Si elle ne trouvait pas une auberge, oserait-elle demander un asile dans la grange ou le grenier d'une chaumière?

La malheureuse s'imaginait qu'elle ne rencontrerait que des cœurs durs, sans pitié; qu'elle serait repoussée de partout comme une pestiférée, comme une maudite. Alors, c'était pour elle et ses enfants la misere dans ce qu'elle a de plus horrible, la faim avec ses tortures, les nuits sans abri dans les champs ou les bois, par le vent, par la pluie, sous les orages.

Voilà donc où avait abouti cette brillante destinée qui lui avait été promise.

— Oh! ma mère! oh! mon père! s'écria-t-elle avec angoisse, saisie d'un subit et profond découragement.

Georges et Edouard paraissaient ne plus se ressentir de la fatigue de la marche, car ils couraient dans le pré, cueillant des marguerites et des renoncules dont ils faisaient chacun un bouquet pour leur mère.

— C'est pour maman, c'est pour maman, disaient-ils.

— Chers petits! soupira Paule.

Un bruit de grelots la fit tressaillir et elle releva la tête.

C'était, sur la route, venant de son côté, une solide carriole de paysan traînée par un cheval vigoureux. La voiture était loin encore, et cependant, mêlés à la sonnerie des grelots, de joyeux éclats de rire arrivaient aux oreilles de la comtesse.

— Je me sens découragée, murmura-t-elle, mais je ne dois pas me laisser abattre; sous peine de faillir à mon devoir, il faut que je sois forte, il le faut pour mes enfants!

La carriole n'était plus quelques pas; quatre personnes, dont deux enfants, s'y tenaient un peu serrées. Les enfants, un petit garçon de cinq à six ans, et une fillette qui pouvait avoir quatre ans, étaient assis sur la banquette entre un homme et une femme, le père et la mère, sans doute.

L'homme était un paysan dans la force de l'âge, à la figure réjouie, heureuse; la femme, jeune encore, avait le teint hâlé, mais ses yeux brillaient d'un vif éclat en regardant son mari et ses enfants, et tout en elle respirait la joie et disait qu'elle ne changerait pas son bonheur pour celui d'une reine.

Ils passèrent, et pendant un long instant la comtesse les suivit des yeux. Elle pensait à Etienne et à ce qu'elle aurait pu être; au bonheur pareil à celui de cette villageoise qu'elle avait dédaigné. Et avec plus de violence que jamais, elle sentit le regret la mordre au cœur.

Ils avaient un père, ces enfants qui venaient de passer, les siens n'en avaient plus!...

Oh! ses enfants! C'était plus encore que tout, leur destinée qui l'effrayait. Ah! s'il n'eût fallu que mourir pour les préserver des douleurs de la vie, pour qu'ils fussent à l'abri de l'adversité, comme elle eût fait avec joie le sacrifice de sa triste existence !

Si peu croyant que l'on soit, quand le malheur s'abat sur nous, c'est toujours à la prière qu'on a recours, c'est Dieu qu'on appelle à son aide ; et celui qui a blasphémé aux jours prospères, devient humble et suppliant aux heures mauvaises.

La comtesse Paule n'était pas dans ce cas ; mais elle avait à demander à Dieu de lui donner la force et de ne pas l'abandonner. Elle pria et fit prier ses enfants avec elle.

Après, l'âme un peu réconfortée, elle se remit en route.

A midi, on déjeuna assez convenablement dans une auberge, où l'on se reposa deux heures. Là, Paule demanda dans quelle direction se trouvait la ville de Dijon.

— Oh ! lui répondit-on, la ville de Dijon, c'est loin, bien loin d'ici.

Toutefois, on lui indiqua un point de la rose des vents en lui disant :

— Dijon est là.

Elle remercia et, quand elle sortit de l'auberge, elle prit le chemin qui se dirigeait le plus directement vers le point qu'on lui avait indiqué.

Le soir, nos fugitifs s'arrêtèrent dans un village où la mère eut le bonheur de trouver un lit pour elle et ses enfants.

Le lendemain et les trois jours qui suivirent, ce furent les mêmes fatigues, toujours augmentées des fatigues de la veille, les mêmes inquiétudes, les mêmes tourments. Presque constamment, Paule devait porter Edouard dont les petites jambes se gonflaient, dont les pieds mignons s'enflaient.

Ils étaient pourtant bien vaillants, les pauvres petits, Georges surtout, qui comprenait déjà les douleurs de sa mère et s'efforçait de la consoler par ses caresses, renfonçant ses propres larmes pour ne pas augmenter l'affliction de la malheureuse femme.

A Edouard, qui le regardait tristement en murmurant :

— J'ai mal !

Georges répondait :

— Ne pleure pas, petit frère, ça ferait de la peine à maman !

Et prenant un petit air brave, Georges disait, en caressant son petit frère :

— C'est fini, fini !

Parfois, cependant, le chagrin et la souffrance l'emportaient sur le courage et la résignation, et ces trois êtres que la fatalité poursuivait, se jetaient dans les bras l'un de l'autre, en éclatant en sanglots.

Au moins une fois chaque jour, tant elle avait peur de s'égarer ou de trop dévier de son chemin, Paule demandait à des piétons qu'elle rencontrait dans quelle direction se trouvaient Dijon et Chalon-sur-Saône. On ne pouvait pas toujours lui dire : c'est de ce côté; mais quand on lui avait répondu : Dijon se trouve là et Chalon-sur-Saône là, elle poursuivait sa marche vers ces points vagues et lointains de l'immense horizon.

D'ailleurs, les quatre points cardinaux lui servaient de boussole, et à l'aide des différentes positions du soleil pendant l'évolution diurne de la terre, elle commençait à s'orienter elle-même.

Elle était en route depuis cinq jours, et c'était à peine si l'on avait fait seize ou dix-huit lieues; pourtant, les trois premiers jours on avait bien marché, bien marché. Mais maintenant les enfants et elle-même se fatiguaient plus vite; il fallait s'arrêter souvent pour se reposer, reprendre des forces; elle sentait que les siennes diminuaient d'une façon inquiétante et qu'elle n'était réellement soutenue que par une espèce de fièvre.

Et elle calculait qu'il lui faudrait marcher encore pendant plus de vingt ou vingt-cinq jours pour arriver à Beaune. Etait-ce possible? N'était-ce pas à une folle entreprise qu'elle s'était laissé entraîner?

Elle avait déjà dépensé vingt francs; dans quelques jours il ne lui resterait plus un sou. Alors, comme elle se l'était dit, il faudrait mendier!

C'était épouvantable! C'était horrible!

N'importe, pour ses enfants elle tendrait la main, elle implorerait les âmes charitables; mais si, comme elle en avait peur, on la repoussait, que ferait-elle? Quand ses enfants lui diraient: « Maman, nous avons faim! » serait-elle donc forcée de leur répondre en pleurant, la gorge étranglée par la douleur: « Je n'ai plus un seul morceau de pain à vous donner! »

Quatre ou cinq fois déjà, des rouliers et des marchands forains ambulants les avaient pris en pitié, fait monter dans leur voiture et manger avec eux; mais la pauvre femme ne pouvait pas compter qu'elle rencontrerait constamment des rouliers et des marchands complaisants et compatissants.

Et puis, comme il était pénible à la comtesse de Verdraine d'avoir à répondre aux questions des uns et des autres.

— D'où venez-vous? Où allez-vous? Qui êtes-vous?

Paule mentait, n'osant pas et ne voulant pas dire la vérité. Elle répondait, rouge de confusion :

— Nous avions une modeste aisance; mais un événement, un malheur inattendu nous a ruinés ; je suis veuve, mon mari m'a laissée sans ressources avec mes deux enfants ; j'ai des parents en Bourgogne, je vais près d'eux chercher un asile.

Le soir de ce cinquième jour, nos trois infortunés couchèrent sur de la paille dans une grange hospitalière.

Le matin, Paule se sentit très faible, ses jambes fléchissaient sous le poids de son corps, elle avait des frissons ; si elle avait pu se regarder dans un miroir elle aurait été épouvantée. Elle était en proie à une fièvre ardente.

— Ce ne sera rien, se dit-elle, cela se passera.

Cependant, comme elle aurait voulu rester la journée tout entière dans cette grange, sur cete paille !

Mais comme le Juif-Errant il fallait marcher.

Elle se remit en route, tenant par la main les deux petits garçons, les traînant presque.

A midi, en se reposant pour la quatrième ou la cinquième fois, ils mangèrent le reste des provisions mises le matin dans le petit sac de voyage.

Tous trois étaient bien fatigués; mais on était

loin de toute habitation et Paule sentait la nécessité de faire une nouvelle étape et d'arriver à un village. On marcha encore pendant une heure. Tout à coup la mère s'arrêta, ne pouvant plus avancer; il lui sembla que ses jambes s'étaient subitement engourdies. Les enfants étaient également exténués, à bout de courage. Paule, rassemblant tout ce qui lui restait de force, prit Edouard dans ses bras, dit à Georges de s'accrocher à la jupe de sa robe, et tous trois pénétrèrent ainsi dans un bois qui bordait la route et où la pauvre mère voulait trouver, pour elle et ses chers petits, deux heures de repos et de sommeil.

La comtesse se fut à peine étendue au pied d'un arbre qu'elle s'endormit profondément, Mais était-ce bien un sommeil réparateur, un sommeil naturel qui lui apportait l'oubli momentané de son malheur, la délivrait pour un instant de ses souffrances et de ses noires pensées?

Les deux enfants n'avaient pas tardé à s'endormir aussi, aux côtés de leur mère, tenant chacun une de ses mains.

Rien ne vint troubler la solitude que Paule avait cherchée, et quand Georges et Edouard se réveillèrent, leur mère dormait encore, et cependant le soleil avait disparu derrière les montagnes de l'occident et la nuit commençait à venir. L'atmosphère s'était rafraîchie, car un aigre vent de bise s'était mis à souffler, faisant craquer les branches tordues des vieux châtaigners.

Edouard se rapprocha de son frère, et tous deux, éprouvant la sensation du froid, se pressèrent l'un contre l'autre pour se réchauffer et aussi pour se rassurer, car il leur semblait entendre au fond du bois des bruits étranges.

Au bout d'un long instant, voyant que leur mère ne se réveillait pas, Georges l'appela :

— Maman, maman !

Elle ne fit pas un mouvement.

Les deux petits couvrirent sa figure de baisers.

Rien.

Georges l'appela plus fort, la tirant par le bras. Il lui disait :

— Maman, voici la nuit, nous avons peur, j'entends hurler les loups, ils vont venir ; maman, réveille-toi !

Toujours rien, la mère ne se réveillait pas.

Alors les deux petits se mirent à pleurer et bientôt furent pris d'une profonde terreur.

— Au secours, au secours ! cria Georges de toutes ses forces.

Aucune voix ne répondit ; ils étaient comme au fond d'un désert. Georges, aiguillonné par l'épouvante, saisit la main de son frère et l'entraîna sur la route, continuant de crier au secours !

Et les voilà marchant, courant, espérant toujours qu'ils allaient rencontrer quelque voyageur.

Ne voyant personne, n'entendant rien, ils voulurent retourner près de leur mère ; mais la nuit était venue tout à fait, une nuit sombre, car le ciel s'était couvert de nuages, et en appelant : maman, maman ! les pauvres petits s'égarèrent.

Cela dura une heure, plus peut-être ; enfin, n'en pouvant plus, saisis par le froid, torturés par la fa'm et la soif, n'ayant plus la force de faire un pas, ils tombèrent sur le chemin en répétant d'une voix faible, lamentable :

— Maman, maman !

Personne, hélas ! personne ne vint à passer.

Le vent soufflait toujours, apportant de loin le bruit des aboiements des chiens errants. La lune et les étoiles restaient cachées dans les nuages epais. Il y avait de l'orage dans l'air.

Les enfants tremblaient de peur et pleuraient serrés dans les bras l'un de l'autre. Après avoir crié de toutes leurs forces, ils n'osaient plus parler. Les arbres, les buissons, les nuages, tout prenait à leurs yeux des formes effrayantes. Georges, en proie lui-même à une terreur insurmontable, essayait cependant de rassurer son frère.

Une longue heure s'écoula encore.

Enfin, tout à coup, un bruit de pas sur la route attira l'attention de Georges, qui se dressa debout et aida Edouard à se relever.

Un homme attardé, qui pressait le pas pour regagner sa demeure, parut. Cet homme était un cantonnier. Les deux enfants se placèrent résolument devant lui.

— Oh ! monsieur, monsieur, dit Georges d'une voix suppliante, venez au secours de maman, venez vite ; elle est là, dans le bois ; elle ne veut pas se réveiller et nous avons bien peur !

— Tu dis, petit, que ta mère est là, dans le bois ? où, à quel endroit ?

— Plus loin, là-bas ; oh ! venez, venez !

— Mais oui, petit, mais oui, conduis-moi.

Édouard s'était remis à pleurer, tant ses pauvres petits pieds endoloris le faisaient souffrir. Le cantonnier le prit dans ses bras et répéta, s'adressant à Georges :

— Petit, conduis-moi.

Hélas ! l'enfant ne se retrouva plus. Et, d'ailleurs, comment aurait-il pu reconnaître les lieux, la nuit ? Nous l'avons dit, il s'était égaré et marchait dans une direction opposée à celle qu'il aurait dû suivre.

Édouard s'était endormi, la tête sur l'épaule du brave cantonnier.

Au loin, l'orage s'annonçait par des éclairs et les sourds grondements du tonnerre.

— Voyons, mon petit homme, dit le cantonnier à Georges, avant peu la pluie va tomber et nous ne pouvons pas passer la nuit ici à chercher inutilement ta maman. Sans aucun doute, elle s'est réveillée et s'est rendue au village où nous allons aller et où nous la retrouverons demain ; car, bien sûr, elle doitvous chercher aussi.

Cela dit, le brave homme hissa Georges sur son autre épaule et partit au pas de course.

XXVII

LES ENFANTS PERDUS

Tout en rentrant dans sa pauvre maisonnette, le cantonnier dit à sa femme :

— Soigne ces deux enfants que j'ai trouvés sur la route.

Puis il sortit et parcourut le village, demandant à toutes les personnes qu'il put voir si l'on avait entendu parler d'une femme cherchant ses deux enfants.

Et il racontait ce qui lui était arrivé sur la route.

Partout on lui répondit :

— Nous n'avons entendu parler de rien.

Il revint chez lui très inquiet.

Cédant sans hésitation aux entraînements de son cœur, le brave homme avait bien pu emporter les deux petits garçons dans sa pauvre demeure, mais il ne pouvait pas les garder. Il avait une fillette qui commençait à travailler et le ménage était trop nécessiteux pour pouvoir s'imposer n'importe quelle charge.

— C'est dommage, lui dit sa femme, en regardant

les deux frères qui dormaient l'un contre l'autre, ils sont si gentils!

— Oui, ét bien sûr, ce ne sont pas des enfants de paysans comme nous.

— Enfin, qu'est-ce que nous allons en faire ?

— Je ne sais pas, fit l'homme en se grattant le front.

— Pourtant, tu ne peux pas penser à les reporter sur le grand chemin.

— Il faudra voir le maire. En attendant, laissons-les dormir. Ont-ils bien mangé?

— Comme des petits ogres; ils mouraient de faim.

— Bon. Il faut que demain matin je sois de bonne heure à mon travail. Toi, tu conduiras les deux petits chez M. le maire, il les fera parler, et l'on pourra savoir peut-être d'où ils viennent et qui ils sont.

— Et si l'on n'apprend rien ?

— Ce serait fâcheux, car il faudrait les mettre aux enfants trouvés.

— Pauvres chérubins! Et dire que leur mère, en ce moment, les cherche et se désole.

— A moins qu'elle ne les ait perdus volontairement.

— Veux-tu te taire; est-ce que ces choses-là arrivent?

— Hum, hum! Dis-moi donc un peu d'où viennent les enfants de la grande maison?

— D'abord, il y a les orphelins.

— Oui. Et les autres?

— Est-ce que je sais, moi; est-ce que je peux dire?... Non, vois-tu, non, je ne peux pas admettre qu'il y ait des mères capables d'abandonner leurs enfants la nuit, sur les grandes routes, exposés à être dévorés par quelque méchante bête; jamais, jamais je ne croirai ça! Mais regarde donc comme ils sont mignons, comme ils sont beaux malgré leur pâleur!

— C'est vrai, et j'en suis de plus en plus convaincu, ce ne sont pas des enfants de paysans ou d'ouvriers. Vois, Jeanne, comme leur peau est fine et blanche.

En parlant ainsi, l'homme avait écarté la chemise de Georges.

— Tiens, fit la femme, qu'est-ce qu'il a là, le petit?

— Une petite médaille, qui me paraît être d'or, une médaille de la Vierge. Regarde, l'autre a aussi la pareille médaille.

— Cela nous dit qu'ils sont baptisés et chrétiens comme nous.

A ce moment Georges s'agita en murmurant:

— Maman! maman!

— Oh! le cher mignon, fit la femme, il appelle sa mère.

Elle se pencha sur l'enfant et l'embrassa.

Georges, à demi réveillé par cette caresse, passa ses petits bras autour du cou de Jeanne et lui rendit son baiser en murmurant encore:

— Maman! maman!

Puis il ouvrit tout à fait ses yeux qui prirent aussitôt une expression de terreur:

— Ce n'est pas maman, fit-il, mon Dieu! mon Dieu!

Et le pauvre petit poussa des cris déchirants qui réveillèrent son frère.

Les larmes sont contagieuses comme le rire. Édouard se mit à crier et à pleurer aussi, en appelant sa mère.

Alors, la femme se mit à dorloter, à caresser le plus petit, pendant que son mari essayait de consoler le plus grand.

— Nous irons la chercher, ta maman, disait le cantonnier, et nous la trouverons. Mais, dis-moi, mon petit ami, comment t'appelles-tu?

— Georges.

— Et ton frère?

— Il s'appelle Édouard.

— Avez-vous encore votre père?

— Il est mort.

— Comment s'appelait-il, ton père?

Georges se rappela la recommandation que lui avait faite sa mère de ne dire à personne qui ils étaient et répondit :

— Il s'appelait papa.

— Qu'est-ce qu'il faisait, ton papa?

— Je ne sais pas, il était riche...

— Où demeuriez-vous?

— Là-bas, là-bas, bien loin.

— Dans une ville?

L'enfant secoua la tête.

— Dans un village, alors; quel est le nom de ce village?

— Je ne sais pas.

— Et tu ne sais pas non plus où vous alliez avec votre maman?

— Non, je ne sais pas.

Tout à coup, l'enfant fut pris d'un tremblement convulsif, et en se remettant à sangloter il s'écria :

— Les loups ont mangé maman dans le bois... Là, là... ils vont venir pour nous manger aussi !

Et se pressant contre le cantonnier, il ajouta :

— Monsieur, monsieur, défendez-nous; défendez Édouard... il est si petit !

Jeanne regardait son mari avec une sorte d'effroi.

— Le pauvre enfant aura fait quelque vilain rêve, dit le cantonnier.

Il ne se trompait pas. Georges s'était endormi sous l'impression d'une épouvante indicible. Souvent il avait entendu la vieille Marianne parler des loups, et dans un horrible songe qui l'avait agité dans son sommeil, il avait vu des loups se jeter sur sa mère et la dévorer.

La vive et terrible impression de ce rêve venait de ressaisir l'enfant, et dans son esprit troublé, dans son cerveau affaibli par les fatigues, la vision était devenue pour lui une réalité.

Son désespoir était navrant ; il se tordait comme pris de convulsions, en répétant sans cesse :

— Maman, maman ! Les loups, les loups !

Jeanne ne savait plus ce qu'elle pouvait faire pour apaiser cette immense douleur.

Ce fut sa fille, une enfant de douze ans, qui y parvint avec de douces paroles et à force de baisers.

Le matin, comme il avait été dit, le cantonnier étant parti pour se rendre à son poste, Jeanne habilla les deux frères et les conduisit chez le maire qui savait déjà, par la rumeur publique, que le cantonnier avait trouvé sur la route et amené chez lui deux jeunes enfants perdus.

Le magistrat municipal interrogea Georges dont les réponses furent à peu près les mêmes que celles faites au cantonnier et à sa femme. En somme, il ne put ou ne voulut fournir aucun renseignement pouvant servir à établir son identité et celle de son frère.

Edouard ne savait que répéter en balbutiant ce que disait Georges. Et quand celui-ci s'écriait :

— Les loups ont mangé maman !

Edouard répétait en frissonnant :

— Les loups ont mangé maman !

Cependant, pressé de nouvelles questions, Georges raconta comment sa mère, son frère et lui, se trouvant très fatigués, ils étaient entrés dans le bois pour dormir; comment son frère et lui, s'étant réveillés presqu'à la nuit, il leur avait été impossible de faire sortir de son sommeil leur mère, qui restait étendue sans mouvement au pied de l'arbre où elle s'était couchée ; comment enfin, épouvantés, ils avaient couru chercher du secours et s'étaient égarés, perdus dans la nuit.

Le maire avait pâli et était très agité.

Il pensait qu'elle ne dormait pas, cette mère que ses enfants n'avaient pu réveiller, mais qu'elle était morte et qu'on la retrouverait au pied de l'arbre où elle s'était couchée.

Il dit à la femme du cantonnier :

— Jeanne, jusqu'à nouvel ordre, ces pauvres petits sont confiés à vos soins ; ils ne sauraient être placés entre des mains plus sûres que les vôtres. J'ajoute qu'ils ne seront pas une charge pour vous ; sur ma demande, le conseil municipal vous votera d'urgence une somme convenable à titre d'indemnité.

Emmenez ces enfants, Jeanne, et momentanément soyez leur mère.

— Oui, monsieur le maire, répondit la cantonnière.

Et, ayant salué, elle prit Georges et Edouard par la main et se retira.

— Maintenant, se dit le maire, occupons-nous de la pauvre femme.

Au son de caisse il fit appel à tous les hommes de bonne volonté de la commune qui voudraient se joindre à lui, à son adjoint et au garde champêtre, pour explorer le bois de la Feuillade afin de trouver la mère des deux enfants perdus.

Presque tout de suite, une quarantaine d'hommes se rendirent sur la place de la mairie, indiquée comme lieu de rendez-vous et d'où l'on devait partir.

Le maire remercia ses administrés de la promptitude avec laquelle ils s'étaient mis à sa disposition et les félicita de n'avoir pas craint de quitter leur travail pour accomplir un acte d'humanité et de dévouement.

— Hélas! messieurs, ajouta-t-il avec un accent de tristesse profonde, j'ai bien peur que ce soit un cadavre que nous allons chercher!

La troupe se mit en marche, le maire et l'adjoint en tête. Au bout d'une demi-heure on arriva à la Feuillade et l'exploration du bois commença. Les premières recherches ne durèrent pas plus de vingt minutes.

Un homme cria tout à coup :

— Par ici, par ici!

Les autres accoururent vers lui. Il était près du

châtaigner sous lequel la mère et les enfants s'étaient couchés, et tenait à la main le sac de la comtesse.

— Voici ce que je viens de trouver là, dit-il, en remettant le sac au maire.

Et, continua-t-il, voyez : ces mousses piétinées, écrasées, arrachées, n'indiquent-elles pas que plusieurs personnes se sont reposées à cet endroit?

— Sans aucun doute, dit le maire, nous nous trouvons près de l'arbre dont a parlé l'aîné des deux enfants. Mais leur mère, leur mère, où est leur mère?

Il ouvrit le sac. Il contenait une bouteille vide, un verre; dans une moitié de feuille d'un vieux journal, un morceau de pain et un morceau de fromage durcis, puis au fond quelques sous et deux pièces d'or de vingt francs.

C'était tout. Pas un autre papier que la partie déchirée d'un journal.

— Messieurs, dit le maire, si cette trouvaille ne m'apprend point ce que je voudrais savoir, c'est-à-dire d'où viennent les deux enfants et qui ils sont, au moins elle me rassure un peu sur le sort de l'infortunée que nous cherchons. Elle n'est point morte, comme j'avais pu le supposer, comme je le craignais, car c'est à cette place que nous aurions trouvé son cadavre.

Elle dormait... qui sait? peut-être d'un sommeil léthargique. Il est vraisemblable que, en se réveillant à une heure avancée de la nuit, et en ne trouvant plus ses enfants près d'elle, saisie de terreur, d'épouvante, elle les a appelés et a couru de tous les côtés, les cherchant. Comme eux, elle s'est égarée, perdue; et, certainement, elle n'a guère songé à ce sac de voyage qui contient probablement toute sa petite fortune.

Messieurs, nos recherches ne sont point terminées, nous allons battre la Feuillade dans tous les sens et dans toute son étendue.

Alors, la troupe des explorateurs se dispersa.

Pendant plus de deux heures, le bois fut vainement fouillé partout. Plus aucune trace de la mère des deux enfants. Elle avait disparu. Que pouvait-elle être devenue?

On revint au village, découragé, et le maire envoya des exprès aux maires de toutes les communes voisines pour les instruire de ce qui se passait et les prier de l'aider dans ses recherches.

Dans quinze communes il y eut une enquête locale, des recherches ordonnées. Tout fut inutile. Nul ne vint réclamer les deux frères. La mère ne put être retrouvée.

C'était à croire que la malheureuse avait été dévorée par les loups, comme le disaient ses enfants. Mais il n'y avait pas de loups dans le bois de la Feuillade.

Cependant, dès le lendemain, le maire de Charnay, — c'était au village de Charnay qu'étaient Georges et Edouard, — le maire, disons-nous, avait réuni d'urgence le conseil municipal.

Le curé fut également appelé par le maire et prié de donner son avis sur l'événement et sur ce qu'il y avait à faire. Tout naturellement, car il en est toujours ainsi, les avis furent différents.

Les uns voulaient qu'on envoyât les deux enfants à Lyon pour être admis à l'hospice des Enfants-Trouvés.

A cela, le maire répondit qu'on aurait tort de trop se hâter, qu'il fallait attendre au moins quelques jours et qu'on eût perdu tout espoir de retrouver la mère des enfants.

D'autres pensaient que la commune devait adopter les orphelins et les faire élever à ses frais.

— Ils sont très intelligents ; qui sait s'ils ne nous feraient pas honneur un jour, s'ils ne deviendraient pas des hommes remarquables, peut-être des hommes célèbres ?

— Mais, fit observer le maire, nous ne pouvons rien faire sans l'autorisation du préfet.

— Et puis, ajoutèrent les esprits pratiques, quand la commune a déjà de lourdes charges, quand elle a tant à faire pour ses chemins, pour ses écoles, quand elle a tant de pauvres à secourir, et qu'elle ne peut pas toujours garantir de la misère, serait-il juste qu'elle grevât son budget au profit d'enfants étrangers ? D'ailleurs, la mère n'était pas morte, et rien ne prouvait que le père le fût, car on ne pouvait s'en rapporter au dire du petit Georges.

On discuta alors une proposition du curé.

Les deux enfants seraient placés dans un pensionnat tenu par des religieux, à quelques kilomètres de Charnay. Le curé se faisait fort d'obtenir pour le plus jeune une bourse entière, une demi-bourse pour l'aîné; la commune ferait le reste.

— A combien se monte le prix de la pension ? demanda le maire.

— A quatre cents francs par an.

— Ce serait donc deux cents francs à donner !

— Deux cents francs, jamais, jamais! exclamèrent plusieurs conseillers.

— En effet, monsieur l'abbé, dit le maire, la commune n'est pas assez riche pour pouvoir faire ce sacrifice.

— Hélas! je ne peux faire plus que ce que je promets.

— Oui, monsieur le curé ; mais ce que la commune ne peut pas faire, le maire le peut. Je donnerai les deux cents francs.

— Ah! vous êtes toujours le même, monsieur le maire.

— Et vous donc, monsieur le curé.

— Moi, c'est mon devoir.

— Et moi, c'est mon plaisir et celui de ma femme.

— Madame et vous, monsieur le maire, vous êtes deux grands cœurs. Ah! il serait à désirer qu'il y eût dans chaque commune de France même désintéressement, même dévouement!

— Combien vous faut-il de temps pour négocier votre affaire avec le directeur du pensionnat?

— Mais au moins une huitaine, il faut en référer à l'évêché qui subventionne l'établissement.

— Mettons quinze jours, monsieur le curé; il n'y a pas, Dieu merci, péril en la demeure ; les enfants sont bien chez le cantonnier et Jeanne aura pour eux les soins d'une mère; ma femme est allée les voir hier et ce matin, et je n'ai pas besoin de vous dire qu'ils ne manquent et ne manqueront de rien.

Comme on le voit, le maire de Charnay était un brave et excellent homme. Il avait accepté la proposition du curé, mais il espérait encore que les enfants perdus ne seraient point placés chez les religieux.

— Non, se disait-il, il est impossible que les deux pauvres petits ne soient pas réclamés d'ici quinze jours.

XXVIII

RENSEIGNEMENTS

Nous savons que pour être renseigné aussi exactement que possible au sujet de la comtesse de Verdraine, Étienne Denizot avait prié un de ses amis, avoué à Dijon, d'écrire à un de ses confrères de Grenoble ; nous savons également que ce dernier avait immédiatement répondu et que l'ami d'Étienne s'était empressé de lui transmettre la lettre de son confrère, lettre qui avait surtout motivé cette décision du jeune homme de se rendre sans retard auprès de la comtesse Paule afin de la déterminer à revenir à Saint-Amand.

Etienne arriva à Grenoble à une heure assez avancée de la nuit ; il descendit dans un hôtel non loin de la gare, où il passa le reste de la nuit. Le matin, à huit heures, il se présenta chez M. Douillon, l'avoué qui avait fourni les renseignements sur le comte et la comtesse de Verdraine.

On répondit à Étienne que l'étude n'était pas encore ouverte et que M. Douillon n'était jamais visible avant neuf heures. Étienne, dans son impatience, n'avait pas pensé que les avoués de Grenoble, aussi bien que ceux des autres villes, ne se lèvent pas au premier chant du coq comme les cultivateurs, et qu'ils ne sont dans leur cabinet qu'à des heures fixes.

Étienne fit une promenade à travers la ville, dont il ne songea même pas à regarder les monuments, et attendit ainsi que neuf heures sonnassent. Il était revenu devant la maison de l'avoué décorée de quatre panonceaux. Il entra, attendit encore un bon quart d'heure, puis fut introduit dans le cabinet de Me Douillon, un homme d'une quarantaine d'années, qui n'avait rien de majestueux, mais dont la figure souriante et l'air affable et bon mirent tout de suite Étienne à son aise.

— Monsieur, dit le jeune homme, je suis de Saint-Amand-les-Vignes, arrondissement de Beaune,

— Ah! vous êtes de Saint-Amand-les-Vignes; très bien, monsieur; le nom de cette localité ne m'est pas inconnu.

— Je dois aussi vous dire qui je suis, monsieur; je me nomme Étienne Denizot et suis cultivateur à Saint-Amand.

L'avoué eut comme un sourire sur les lèvres et examina le paysan avec intérêt.

— Votre nom ne m'est pas non plus inconnu, monsieur Denizot, dit-il; il y a trois ans on a parlé de vous à Grenoble.

— En effet, monsieur, répondit le jeune homme devenant très rouge, à cette époque j'ai été soupçonné...

— C'est une idée qui était venue à mon ami Daubrun, notre juge d'instruction; la justice n'est pas aveugle, ce sont les magistrats qui le sont quelquefois; mais ne parlons plus de cela; asseyez-vous, monsieur Denizot, et veuillez me faire connaître l'objet de votre visite.

— Monsieur, je suis un ami de la famille de madame la comtesse de Verdraine, et je n'ai pas besoin de vous faire un long discours pour vous donner l'assurance que je suis resté l'ami de madame de Verdraine et qu'elle n'en a pas un plus sûr et plus dévoué que moi.

— Peut-être, monsieur, êtes-vous pour madame la comtesse plus encore qu'un ami; ceci ne me regarde point; veuillez continuer, je vous prie.

— J'ai été l'ami d'enfance de madame de Verdraine, monsieur, et vous avez raison, je suis pour elle plus qu'un ami, je suis un frère.

— C'est ce que je voulais dire.

— A une demande de renseignements que vous a adressée M. Burel, avoué à Dijon, vous avez bien voulu répondre.

— Entre confrères, ces choses-là ne se refusent point.

— M. Burel est un de mes amis, monsieur, et c'est à ma prière qu'il vous a écrit.

— Ah!

— Il vous a remercié, et vous me permettrez, n'est-ce pas? de joindre mes remerciements aux siens.

L'avoué s'inclina.

— Monsieur, continua Étienne, nous savions un peu déjà à Saint-Amand ce qui se passait; votre lettre nous a tout confirmé, et c'est votre lettre qui m'a décidé à me rendre dans l'Isère, avec l'assentiment de la famille de madame de Verdraine, bien entendu. Nous avons pensé, monsieur, que la comtesse et ses enfants avaient besoin d'être secourus, peut-être même protégés. C'est pour cela que je suis à Grenoble et que je serai bientôt aux Bergères, afin de décider madame la comtesse de Verdraine à revenir immédiatement près de ses parents, qui l'attendent.

Je suis arrivé à Grenoble dans la nuit et avant de me rendre aux Bergères j'ai voulu vous voir, monsieur, pour vous remercier d'abord des renseignements que nous devons à votre obligeance, et pour vous prier de vouloir bien me donner encore ceux qui, depuis, seraient venus à votre connaissance. Le comte de Verdraine est-il réellement complètement ruiné?

— Complètement; pas plus tard qu'avant-hier, tout ce qu'il possédait, meubles et immeubles, a été vendu aux enchères publiques par autorité de justice, et il s'en faudra de beaucoup que ses créanciers soient tous intégralement payés. Toutefois, ces gens-là, qui sont d'ailleurs fort peu intéressants, ne perdront rien et gagneront gros dans cette affaire: on sait comment procèdent les usuriers; telle créance qui se monte à cent mille francs ne représente en réalité que cinquante mille francs déboursés tout au plus.

— Enfin la ruine est complète, définitive?

— Je vous l'ai dit.

— C'est affreux!

— C'est une des plus belles fortunes de l'Isère qu'un fou a engloutie.

— Hélas! Et vous croyez qu'il ne restera rien à la comtesse et à ses enfants ?

— Pas une obole, monsieur.

— Pauvre mère, pauvres petits!

— Oui, ils sont à plaindre.

— Mais madame de Verdraine n'a-t-elle pas des bijoux d'une certaine valeur qui lui ont été donnés par madame la baronne de Bressac?

— Ses bijoux, monsieur, oh! ses bijoux! Écoutez... A vous, je dirai cela!... Le comte de Verdraine est un homme tout à fait déconsidéré et qui n'a plus l'estime de personne; c'est un misérable! Il y a quelques mois, pour se procurer de l'argent, quarante mille francs, il a fait un faux en écriture privée.

— Oh!

— C'est-à-dire qu'il a souscrit en sa faveur un billet à ordre qu'il a audacieusement signé du nom de M. de Miray, très riche particulier de notre ville et autrefois l'ami du comte. M. de Verdraine a endossé le billet et l'a fait escompter, le jetant ainsi parmi les valeurs de commerce. Le fameux billet a été présenté à M. de Miray qui a déclaré qu'il n'en était pas le souscripteur et que le comte de Verdraine avait contrefait sa signature. Le billet était reconnu faux; il y avait crime. La comtesse fut aussitôt avertie.

Qu'a-t-elle fait? Pour sauver son mari, pour l'honneur du nom de ses enfants, elle a vendu ses bijoux quarante mille francs, et, elle-même, chez le banquier, elle a brûlé l'œuvre du faussaire.

— Ah! monsieur, s'écria Etienne avec une sorte d'enthousiasme, ce que vous m'apprenez ne m'étonne point ; je connais la comtesse de Verdraine, je la connais bien, allez ; c'est une noble femme, non moins admirable comme épouse que comme mère ! C'est bien, ce qu'elle a fait; elle ne pouvait pas agir autrement !

— C'est mon sentiment, monsieur Denizot, et aussi le sentiment des quelques personnes qui connaissent la chose. Seulement, d'après ce qui m'a été dit, et je tiens cela de bonne source, la comtesse avait déjà vendu précédemment plusieurs de ses bijoux afin de subvenir aux premières nécessités de la vie ; de sorte qu'elle est peut-être, à ce moment, à bout de ressources; et comme elle est trop fière pour demander à quelqu'un quoi que ce soit, il est à craindre que demain elle n'ait pas de pain à donner à ses enfants.

— Mon Dieu, mon Dieu ! gémit le jeune homme.

— Vous avez bien fait de venir, reprit M. Douillon ; vous ne vous êtes pas trompé en pensant que la comtesse et ses enfants avaient besoin d'être secourus et peut-être même protégés.

L'avoué s'arrêta et parut réfléchir.

Etienne le regardait fixement, avec inquiétude.

— Monsieur, fit-il, je vois sur votre visage, dans vos yeux, que vous ne m'avez pas tout appris, qu'il y a encore quelque chose que vous hésitez à me dire... Ah ! je vous en prie, au nom de la mère et des enfants, au nom de ces trois malheureux abandonnés, ne me cachez rien.

— Non reprit Me Douillon, je ne puis vous dire cela, je n'en ai pas le droit : d'ailleurs, c'est une chose que j'ai apprise il y a deux jours, indirectement, et qui peut-être est fausse.

— Mais, monsieur, vous faites naître en moi une angoisse mortelle!

— Non, non, rassurez-vous, monsieur Denizot; vous êtes à Grenoble, dans quelques heures vous serez aux Bergères, la comtesse et ses enfants n'ont plus rien à redouter.

— Ainsi, monsieur, comme vous le disiez tout à l'heure, j'ai bien fait de venir?

— Oui.

— Vyons, monsieur, est-ce que la comtesse et ses enfants courent quelque danger?

— Je ne sais pas.... Monsieur Denizot, vous êtes venu principalement pour décider madame de Verdraine à retourner à Saint-Amand, près de ses parents?

— J'ai eu l'honneur de vous le dire, monsieur.

— Eh bien, vous n'aurez, je crois, aucune difficulté à obtenir de la comtesse ce que vous désirez.

— Pourquoi croyez-vous cela?

— Pourquoi? D'abord parce que, comme je vous l'ai dit, madame la comtesse de Verdraine est sans ressource ou le sera bientôt; ensuite parce qu'elle ne peut plus demeurer aux Bergères, et je suis convaincu qu'elle a songé déjà à prendre ses dispositions pour s'en éloigner.

— Je comprends, la ferme des Bergères venant d'être vendue...

— Voilà, monsieur, d'autant plus que les Bergères et aussi le domaine de Verdraine ont été adjugés à ce M. de Miray dont je viens de vous parler.

— Cet homme serait-il donc un ennemi de la comtesse?

— Elle a peut-être quelques raisons de se méfier

de M. de Miray. Je vous ai renseigné aussi bien qu'il m'était possible, monsieur Denizot; et si rien ne vous retient aujourd'hui dans la ville, rendez-vous sans retard aux Bergères. Dans la situation où se trouve la comtesse, on ne peut pas savoir quels événements peuvent se produire.

— Monsieur, il y a toujours cette chose que vous ne me dites pas.

— C'est à madame de Verdraine à vous l'apprendre, si elle le juge à propos.

— Je vous remercie, monsieur, je vous remercie mille fois de votre cordial accueil.

— Je le devais à un homme qui m'inspire une vive sympathie.

Et l'avoué, tendant sa main à Etienne, ajouta:

— Rappelez-vous de moi à l'occasion, monsieur Denizot; je suis entièrement à votre service.

— Encore une fois, merci, monsieur.

Le jeune homme sortit de la maison de Mᵉ Douillon très anxieux. Quelle était donc cette chose que l'avoué lui avait cachée, qui était ou pouvait ne pas être? Evidemment, il y avait là quelque mystère; mais Etienne n'essaya pas de l'approfondir; il n'avait pas de temps à perdre en réflexions stériles. Il devait, ainsi que le lui avait conseillé Mᵉ Douillon, se rendre sans retard auprès de la comtesse.

Cependant, comme il n'avait fait la veille que deux mauvais repas et qu'il se sentait l'estomac creux, il entra dans un restaurant et déjeuna très vite. Ensuite il se rendit chez un loueur de voitures qu'on lui indiqua et fit prix avec lui pour le conduire à la ferme des Bergères.

Il arriva à la ferme vers trois heures de l'après-midi.

Madame Verdret et Marianne causaient dans la cour, assises à l'ombre. Inutile de dire que le sujet de leur conversation très animée était la comtesse et ses enfants.

Etienne s'avança vers elles.

— Monsieur, que désirez-vous? demanda la fermière.

— Je viens voir madame la comtesse de Verdraine; je suis de Saint-Amand-les-Vignes et suis envoyé vers elle par ses parents.

Les deux femmes levèrent leurs bras vers le ciel.

— Malheureusement, monsieur, répondit Marianne avec un profond accent de tristesse, madame la comtesse n'est plus ici.

— Elle n'est plus ici ! s'écria le jeune homme en pâlissant; mon Dieu ! que m'apprenez-vous? Mais où donc est-elle?

— Hélas ! monsieur, nous l'ignorons, et vous nous voyez à cause de cela fort en peine.

— Vous l'ignorez ! balbutia Etienne éperdu; mais les enfants, les enfants?

— Madame la comtesse les a emmenés.

— Et vous ne savez pas où elle est allée?

— Hélas ! non.

— Mais elle est donc partie sans rien dire?

— Sans rien dire, monsieur, et sans que l'on se soit douté de son projet.

— Quand donc est-elle partie?

— La nuit dernière, vers deux heures du matin.

— La nuit dernière, à deux heures du matin, répéta Etienne dont l'agitation allait toujours croissant ; voyons, je cherche à comprendre, il faut que je comprenne... Une voiture est venue prendre madame la comtesse et ses enfants, je saurai par le conducteur de cette voiture où il a conduit ses voyageurs.

— Vous ne saurez rien, monsieur, répondit la fermière; vous ne saurez pas plus que nous ne savons, pas plus que M. de Miray qui, espérant rejoindre madame la comtesse, est allé à cheval presque jusqu'à Saint-Marcellin.

Au nom du nouveau propriétaire des Bergères, Etienne avait tressailli.

— Mon Dieu, madame, dit le jeune homme que l'angoisse dévorait, je vous en prie, expliquez-moi...

— Voici la chose, monsieur : Sans avoir rien dit ni à Marianne, sa vieille servante, ni à mon mari, ni à moi, ni à personne, madame la comtesse est partie à pied avec Georges et Edouard et il nous a été impossible de savoir de quel côté elle est allée.

— Ma pauvre maîtresse, mes pauvres mignons! s'écria la vieille servante en pleurant.

— Et vous ne savez pas, vous ne soupçonnez pas la cause de ce départ précipité, presque mystérieux? demanda Etienne.

— Non, nous ne pouvons pas deviner quelle idée a pu passer tout à coup par la tête de madame la comtesse.

— Elle ne sait pas, mais je sais, moi, murmura la vieille servante entre ses dents.

— Toujours est-il, monsieur, continua la fermière, qu'elle est partie comme ça, à pied, au milieu de la nuit noire... Je vous demande un peu si c'était raisonnable, si ce n'était pas folie! Quelle fatigue pour les pauvres petits! Georges, passe encore, mais Edouard, un enfant de quatre ans!

— Il faut que le nouveau propriétaire des Bergères, M. de Miray, dont vous me parliez tout à l'heure, ait chassé madame la comtesse de Verdraine! dit le jeune homme d'une voix sourde.

— Oh! ne croyez pas cela! exclama la fermière; M. de Miray, notre nouveau maître, est bien le meilleur des hommes, et il est désolé que madame la comtesse soit partie.

La vieille Marianne eut une expression de physionomie accompagnée d'un clignement d'yeux qui signifiait :

— Quand je serai seule avec vous, j'aurai quelque chose à vous dire.

— Ah! fit le jeune homme, qui avait compris.

La fermière, qui aimait à causer, poursuivit :

— En cachette de sa servante, n'est-ce pas, Marianne? madame la comtesse a fait ses malles hier soir, et, naturellement, elle les a laissées dans sa chambre. Elle n'a absolument emporté, me disait Marianne, quand vous êtes entré dans la cour, que quelques provisions pour manger, dans un petit sac de voyage.

— Je pensais ce matin, dit Marianne, d'une voix pleine de larmes, que madame avait aussi emporté ses bijoux dans son sac; mais nous avons appris tout à l'heure que madame, il y a quelques jours, avait vendu tous ses bijoux pour payer une dette d'honneur de M. le comte. De sorte, monsieur, que ma pauvre maîtresse n'a plus rien, plus rien. Elle me devait deux cents francs sur mes gages; elle a absolument voulu me les donner. Ah! si j'avais su...

Enfin si elle est partie avec cinquante ou soixante francs, c'est tout au plus. Mon Dieu, mon Dieu, comment pourra-t-elle faire? Ah! tenez, monsieur, quand on voit certaines choses, on voudrait être morte !

— Tout de même, dit madame Verdret, Miro ne revient pas.

— Ah! Miro, fit Etienne, le chien de madame de Verdraine !

— Le chien de madame et plus encore, je crois bien, celui des enfants, dit Marianne.

— Il était à l'attache, reprit la fermière, et il a vu partir madame la comtesse et les enfants sans pouvoir les suivre. Ce qu'il a dû gémir, le pauvre Miro ! Ce matin, à neuf heures, mon mari l'a détaché... Ouf! ouf! ouf! En trois bonds, il a été hors de la cour et il est parti comme un trait à la recherche de sa maîtresse et de ses jeunes maîtres. Les a-t-il retrouvés? Nous ne savons pas. Toujours est-il qu'il ne revient pas.

— Miro, le bon chien Miro ne reviendra plus, dit gravement la vieille servante; s'il ne parvient pas à retrouver madame la comtesse et les enfants, il se laissera mourir de faim sur un chemin ou au pied d'un buisson.

La fermière se leva.

— Je ne fais pas attention que le temps passe vite, dit-elle; monsieur, vous m'excuserez si je vous quitte ainsi, brusquement, mais je suis attendue à l'étable.

— Ah! oui, c'est vrai, fit Marianne, vous avez les veaux à faire téter avant que le garçon vienne prendre les vaches pour les mener au pâturage.

— Dans une ferme il y a toujours à faire, ajouta madame Verdret.

— Je sais ce que c'est, répondit Etienne ; allez à vos occupations, madame; vous n'avez pas à vous gêner avec moi.

— Si vous ne partez pas tout de suite, monsieur, vous verrez probablement mon mari et aussi notre nouveau maître, M. de Miray ; ils sont allés visiter ensemble les terres de la ferme.

Le jeune homme et la vieille servante échangèrent un regard rapide.

La fermière s'éloigna dans la direction des écuries.

— Je savais qu'elle n'allait pas tarder à nous quitter, dit Marianne.

— Je suis heureux de rester seul avec vous; j'ai compris que vous aviez quelque chose à me dire.

— Oui, quelque chose... Vous êtes envoyé par les parents de madame la comtesse ; de plus je vois bien que vous êtes un brave monsieur, et j'ai en vous une entière confiance.

XXIX

DOULEURS D'ÉTIENNE

Après un instant de silence, Marianne reprit la parole.

— Voyez-vous, monsieur, dit-elle, on est obligé quelquefois de garder pour soi ce que l'on a sur le cœur; je ne pouvais pas parler devant madame Verdret, bien qu'elle soit une excellente femme, qui était très attachée à madame la comtesse et aux deux chéris; mais, hier, Jérôme Verdret s'est arrangé avec M. de Miray et il reste le fermier des Bergères; or, vous savez, monsieur, tout nouveau, tout beau, et voilà pourquoi, même avec Rose Verdret, je crois devoir être prudente; d'ailleurs la prudence n'a jamais été une mauvaise chose.

— C'est vrai, appuya Etienne.

— Donc, les Verdret restent aux Bergères; ont-ils tort, ont-ils raison? ça, c'est leur affaire. Moi, monsieur, je serais déjà partie si je n'avais pas l'espoir de savoir bientôt ce que sont devenus ma maîtresse et les enfants que j'adorais. Je resterai ici encore quatre ou cinq jours, à moins que M. de Miray ne me mette à la porte, et il en est bien capable.

M. de Miray, monsieur, n'est pas du tout un bon homme ; il est, au contraire, méchant, vindicatif, haineux... tenez, je ne crains pas de vous le dire, c'est un misérable!

— Ah! je m'en doutais! murmura le jeune homme.

— Si madame la comtesse est partie comme çà, la nuit, avec ses enfants, qui ne sont pas habitués à la marche, à la fatigue, les pauvres mignons, c'est à cause de M. de Miray. Ma maîtresse avait peur de M. de Miray.

— Mais pourquoi, pourquoi?

— Je vous le dirai, monsieur, oui, je vous le dirai, car il est peut-être bon que vous connaissiez cet ancien ami de M. le comte, que madame la comtesse appelait un homme néfaste.

Il y a quelque temps de cela, quand ma chère maîtresse apprit que M. le comte était ruiné et que l'on allait tout vendre, elle m'a dit :

— « Marianne, je n'ai plus guère à rester ici, car la ferme des Bergères va être vendue comme le reste ; quand tout sera fini, quand je saurai que je n'ai plus rien à attendre, je m'en retournerai en Bourgogne auprès de ma mère, de mon père et de mon grand-père ; ils m'aiment toujours ; ils me recevront bien, et mes enfants et moi nous ne serons pas sans asile. »

Quand elle me disait cela, monsieur, continua la vieille servante avec de grosses larmes dans les yeux, elle n'avait pas encore vendu ses bijoux ; elle comptait bien les vendre, cependant, mais afin d'avoir l'argent nécessaire pour élever Georges et Edouard.

Pauvre chère maîtresse, il était dit qu'il ne lui resterait rien, absolument rien.

Vous comprenez bien, n'est-ce pas, monsieur, que si elle s'est mise en route à pied, surtout avec les enfants, c'est qu'elle n'avait pas assez d'argent pour voyager autrement?

— Oh! c'est affreux! fit Étienne, qui avait peine à maîtriser son émotion.

— Eh bien, monsieur, je vous le dis et j'en suis sûre, madame la comtesse a entrepris de se rendre à pied en Bourgogne ; mais comment fera-t-elle, mon Dieu, comment fera-t-elle?... Oh! oh! entreprendre un si long voyage avec des enfants si petits!... Mais si l'argent vient à lui manquer, et il lui manquera, il faudra donc qu'elle mendie!...

Oh! la comtesse de Verdraine obligée de mendier son pain et celui de ses enfants! Obligée de dormir dans les champs à la belle étoile ou sur la paille d'un grenier!

Oh! monsieur le marquis! Oh! madame la baronne, que diriez-vous, mon Dieu, si vous étiez encore de ce monde?

La pauvre vieille se mit à sangloter.

Le jeune homme, ne pouvant plus se contenir, pleurait aussi.

Essuyant ses yeux et étouffant ses sanglots, la vieille servante reprit :

— Eh bien, oui, monsieur, depuis ce matin deux heures, madame la comtesse et ses enfants sont sur un des chemins qui mènent en Bourgogne. A vous je peux dire cela, mais je ne le dirai pas à M. de Miray, parce qu'il se mettrait tout de suite à la poursuite de madame et je frissonne en pensant à ce qui arriverait s'il parvenait à la retrouver.

— Mais que redoutez-vous donc ?

— Je n'en sais rien, monsieur ; seulement, voyez-vous, M. de Miray est capable de tout.

— Oui, vous me l'avez dit, c'est un misérable.

— Peut-être pire encore.

— Enfin il est l'ennemi de madame de Verdraine ?

— Son implacable ennemi.

— Mais que lui a-t-elle donc fait, à cet homme ?

— Ah ! ce qu'elle lui a fait, ce qu'elle lui a fait !... Il faut vous dire que pendant longtemps madame la comtesse a cru que M. de Miray, ami de M. le comte, était aussi le sien. Il venait souvent, très souvent à l'hôtel de Verdraine, sans que madame pût se douter de ses intentions.

Un jour, M. le comte n'était pas encore parti avec cette affreuse madame de Brogniès que le bon Dieu a si bien punie, et c'était justice, un jour donc il y eut entre madame la comtesse et M. de Miray une scène épouvantable... Il voulait, — comment vous dirais-je ça ? — eh bien, il voulait que madame la comtesse trompât son mari avec lui.

— Oh ! l'infâme !

— Oui, monsieur, il osa insulter, outrager madame la comtesse par ses propositions ignobles et je crois bien même qu'il essaya de lui faire violence. Ah ! mais il trouva à qui parler. Après lui avoir dit tout ce qu'elle pensait de lui, après l'avoir traité comme il le méritait, madame la comtesse le chassa, ni plus ni moins qu'elle aurait flanqué à la porte un domestique voleur ou qui lui aurait manqué de respect.

— Alors, alors ? balbutia Etienne d'une voix sourde, étranglée.

— Dame, il s'en alla et, à ce moment, il n'en menait pas large, je vous assure. Il était rouge comme une écrevisse cuite et il avait un regard qui me fit peur quand il passa près de moi. Je l'entendis qui disait, en sortant de l'hôtel :

— « Comtesse de Verdraine, tu te repentiras cruellement de tes paroles ; tôt ou tard ma vengeance saura t'atteindre ; je te ferai pleurer des larmes de sang ! »

— Il se permettait de tutoyer madame la comtesse, il se le permettait, mais parce qu'il n'était pas devant elle.

Voilà, monsieur, voilà pourquoi cet homme est devenu l'ennemi mortel de madame la comtesse. Mais pouvait-elle faire autrement que de le repousser avec indignation, avec mépris, avec dégoût ?

Depuis ce jour madame la comtesse ne l'avait pas revu et peut-être n'avait-elle plus entendu parler de lui ; mais soyez-en sûr, monsieur, caché dans l'ombre, rampant comme le serpent, il n'a pas cessé un instant de poursuivre ma pauvre maîtresse de sa haine... Ah ! rien ne m'ôtera de l'idée qu'il n'est pas complètement étranger à la ruine si rapidement accomplie de M. le comte. Et n'est-ce pas par esprit de vengeance, dans l'intérêt de quelque monstrueux projet qu'il a acheté le domaine de Verdaine et la ferme des Bergères ?

— Peut-être, murmura Etienne devenu pensif.

— Depuis avant-hier seulement il est le propriétaire de Verdraine et des Bergères, poursuivit Marianne, et hier matin, vers onze heures, il est arrivé ici tout chaud tout bouillant, comme s'il eût eu hâte de dire à ma maîtresse : « Vous n'êtes plus chez vous, vous êtes chez moi. » J'étais occupée au fond du jardin, je ne l'ai pas vu entrer dans le pavillon, de sorte qu'il a pu surprendre madame la comtesse, qui était en train d'écrire une lettre.

Ils ont causé longuement, et de ma cuisine j'ai entendu de nombreux éclats de voix. Je ne sais pas ce qu'ils ont pu dire, je ne me suis jamais permis d'écouter aux portes ; mais ce que je sais, ce que j'ai vu, c'est que lorsque M. de Miray est sorti du salon où les enfants étaient venus retrouver leur mère, il avait l'air très en colère.

Je servis le déjeuner. Madame la comtesse ne put rien manger, ça ne passait pas ; voyant cela, je lui fis boire du thé. Elle était toute drôle et d'une tristesse... On voyait qu'elle souffrait ; ses yeux étaient brillants et comme égarés ; elle était concentrée en elle-même et, certainement, elle songeait déjà à partir la nuit, car M. de Miray avait annoncé qu'il reviendrait ce matin, et elle ne voulait pas le revoir.

Je vous le répète, monsieur, elle connaît cet homme, elle sait de quoi il est capable, elle l'a en horreur et la terreur qu'il lui inspire la pousserait à se précipiter au fond d'un puits.

Dans l'après-midi, elle n'est pas descendue au jardin comme d'habitude ; pour la première fois, peut-être, elle a laissé les enfants jouer seuls avec Miro. Moi, je faisais mon ouvrage et je croyais que madame la comtesse écrivait. Elle resta enfermée dans le salon ou dans sa chambre et celle de ses enfants, et ce n'est que ce matin, en voyant les armoires vides et les malles remplies, que j'ai su à quoi elle s'était occupée toute la soirée.

Au repas du soir elle a mangé un peu ; mais elle n'était toujours point dans son état naturel ; elle était agitée, paraissait inquiète, avait comme la fièvre. Presque tout de suite après le dîner, elle coucha les enfants ; mais elle ne se coucha pas, elle, car ce matin je n'ai pas trouvé son lit défait ; elle est restée dans la chambre de ses enfants, sur un canapé, et il est probable qu'elle n'a pas dormi. Elle n'avait pas éteint la lampe, qui a brûlé toute la nuit.

Enfin, monsieur, l'heure venue elle a réveillé les deux chéris, les a habillés et... ils sont partis. Ils sont partis, je ne les verrai plus !

Et Marianne se remit à pleurer.

Etienne lui prit la main et la pressa doucement.

— Espérez, ma brave femme, lui dit-il d'une voix vibrante d'émotion, espérez ! Dieu n'abandonnera pas ces trois infortunés, il veillera sur eux et les protégera ; ayez comme moi confiance en la justice divine, le malheur ne saurait être toujours pour les innocents, pour les victimes, il se lassera de poursuivre la comtesse de Verdraine et ses enfants !

— Ah ! monsieur, que le Seigneur vous entende !

— Il m'a entendu, répliqua gravement le jeune homme, et je vous dis encore : Espérez ! Vous aimiez votre maîtresse, vous aimiez Georges et Edouard, c'est bien, vous les reverrez !

La vieille servante joignit les mains et regarda le ciel.

— Oh ! dit-elle, que je puisse entendre une fois encore la douce voix de ma maîtresse, tenir sur mes genoux, dans mes bras, mes jeunes maîtres!... Je ne demande que cela; après, si elle le veut, la mort pourra me prendre, je mourrai contente!

Soudain, deux hommes parurent à l'entrée de la cour.

— Ce sont eux, M. de Miray et Jérôme Verdret, dit tout bas Marianne à Etienne.

Le jeune homme tressaillit, fronça les sourcils et devint très pâle. D'un seul coup d'œil jeté sur M. de Miray, il vit quel répugnant personnage était cet homme enflé de vanité, court, trapu, obèse, aux jambes de basset et ayant les allures d'un canard en promenade.

Et c'était là l'homme ou plutôt le magot qui avait poursuivi la comtesse Paule de ses obsessions, de ses rancunes, de sa haine!

Etienne se sentit pris d'un insurmontable dégoût et il lui sembla que ce serait pour lui une sorte de volupté de pouvoir écraser ce lâche insulteur comme un reptile. Mais il avait autre chose à faire qu'à chercher querelle au misérable. Et puis, la vieille servante ne venait-elle pas de dire que la prudence n'était jamais une mauvaise chose?

Les deux hommes s'étaient approchés.

Etienne ne bougea pas de place, il resta droit, presque raide, très calme en apparence et se contenta de saluer en touchant de l'index le bord de son chapeau.

— Qui est ce monsieur? demanda de Miray, s'adressant à Marianne.

— Monsieur est de la Bourgogne, répondit la vieille servante, il venait pour donner à madame la comtesse des nouvelles de sa famille.

— Ah ! vraiment, fit le propriétaire des Bergères en toisant Etienne avec impertinence, ah ! vraiment, vous êtes Bourguignon ? Est-ce que vous connaissez la comtesse de Verdraine ?

— Oui, j'ai cet honneur.

— Peut-être êtes-vous de ses amis ?

— Vous ne vous trompez pas, répliqua le jeune homme avec raideur et un éclair dans le regard ; je suis un ami de madame la comtesse de Verdraine, prêt à la défendre contre qui que ce soit.

— Madame de Verdraine ne peut qu'être flattée de vous avoir pour champion, riposta de Miray d'un ton railleur. Hé, mais, vous êtes sans doute un paysan de Saint-Amand ?

— Oui, je suis un paysan de Saint-Amand, et je vous assure que les paysans de mon village valent bien d'autres hommes qui ne sont pas des paysans.

— Hé, hé, vous ne manquez pas d'orgueil.

— C'est possible, et je ne manque pas non plus de ce qui fait absolument défaut à d'autres.

— Tant mieux pour vous ; et je vous félicite de posséder tant de choses. Mais peut-on vous demander votre nom ?

— N'ayant aucune affaire à régler avec vous et rien à vous demander, je n'ai pas à vous dire qui je suis.

— A votre aise, mon cher monsieur, à votre aise, dit de Miray en riant jaune.

Il ajouta en ricanant :

— Monsieur... de Saint-Amand-les-Vignes voyage incognito, c'est parfait. Enfin, il paraît que vous apportez à la comtesse de Verdraine des nouvelles de sa famille ; mais voyez comme c'est fâcheux, vous êtes venu inutilement aux Bergères. Cette servante a dû vous dire que celle dont vous êtes le champion n'était plus ici.

De Miray s'interrompit, enveloppa Etienne d'un regard louche, soupçonneux et reprit :

— Mais ce que l'on a pu vous dire, vous le saviez sans doute mieux que personne ; allons, brave chevalier errant, déclarez donc franchement que vous vous étiez entendus, la comtesse et vous, et que c'est vous, la nuit dernière, qui êtes venu la chercher avec ses enfants.

Le jeune homme regarda fixement de Miray et murmura, en haussant les épaules :

— Il est fou !

Evidemment, le nouveau maître des Bergères cherchait à plaider le faux pour savoir le vrai. Disons-le, la présence à la ferme du Bourguignon l'intriguait, lui causait même une certaine inquiétude.

Dans ce beau garçon, grand, vigoureux, qui ne paraissait pas avoir plus de trente-deux ans, à la figure ouverte, mais sévère, à l'air imposant, M. de Miray devinait l'ancien amoureux de la belle Paule, Etienne Denizot, dont l'enquête judiciaire au sujet de l'assassinat de la petite Isabelle avait révélé l'existence à Grenoble,

Mais pourquoi ce jeune homme de la Côte-d'Or était-il venu dans l'Isère ? Voilà ce que se demandait M. de Miray, ce qu'il ne pouvait deviner et il enrageait.

Après un silence, il poursuivit :

— Vous êtes venu de Grenoble avec une voiture et cette voiture est là, devant la ferme ; eh bien, je crois comprendre... La comtesse n'a emporté ni son linge, ni celui de ses enfants, ni leurs effets d'habillement à tous trois ; le tout est dans des malles, prêt à partir, et vous êtes chargé de prendre ces bagages. Présentez-moi donc un mot de madame de Verdraine, prouvant que vous venez de sa part, et les colis vous seront livrés.

— Monsieur, répliqua froidement Etienne, je n'ai rien à prendre ici, rien à réclamer, et je ne vois pas où vous voulez en venir avec vos questions insidieuses. Je ne sais pas vraiment pourquoi je vous ai répondu, pourquoi j'ai perdu mon temps à vous écouter.

Les yeux de M. de Miray s'enflammèrent.

— Mon cher monsieur, dit-il, dédaigneux, et en se redressant avec hauteur, savez-vous à qui vous parlez ?

— Parfaitement, monsieur de Miray, et je sais un peu quelle espèce d'homme vous êtes.

De Miray sentit le coup de fouet, devint blême et eut un tremblement de colère.

Mais Etienne, impertinent à son tour, le regarda de haut en bas, puis lui tourna le dos brusquement, salua la vieille Marianne et le fermier et s'éloigna.

Voilà un drôle à qui j'ai une envie furieuse de tirer les oreilles, dit de Miray à Jérôme.

— Je crois, monsieur, répondit le fermier, que la chose serait malaisée et pourrait être dangereuse ; taillé comme l'est ce garçon, je vous assure qu'il ne ferait pas bon d'essayer seulement de toucher une de ses oreilles.

— Vous avez raison, Verdret, je n'ai pas à me commettre avec ce rustre ; ces gens-là, on se contente de les faire bâtonner un jour par ses laquais.

Sur ces mots, M. de Miray s'avança jusqu'à la porte de la cour. Etienne montait dans sa voiture. Les regards des deux hommes se croisèrent, chargés de colère et de haine, celui du gentilhomme hautain, hargneux, ironique ; celui du paysan, écrasant de mépris.

Le cocher fouetta ses chevaux, et un instant après la voiture disparut dans un nuage de poussière.

M. de Miray grinçait des dents.

XXX

LES RECHERCHES

Etienne n'était pas à une demi-lieue des Bergères qu'il ne pensait déjà plus à M. de Miray, mais beaucoup à ce que lui avait révélé la vieille servante. L'esprit tendu, concentré en lui-même, il réfléchissait et, maintenant, toutes ses pensées se reportaient sur la comtesse et ses enfants se dirigeant à pied, — voyage impossible, insensé, — vers la Bourgogne.

Il n'en pouvait douter, la comtesse n'était pas partie, elle s'était enfuie, poussée par la terreur et l'horreur que lui inspirait M. de Miray et sans songer aux obstacles qui, forcément, se dresseraient devant elle,

N'ayant que peu d'argent, elle n'avait pu songer à prendre le chemin de fer, et cela expliquait l'abandon de ses malles. C'était donc bien à pied qu'elle s'était mise en route; mais si cependant, comme le croyait Marianne, il lui restait une cinquantaine de francs, il lui avait été possible de se rendre à Lyon par le chemin de fer, à Lyon où elle pouvait se croire en sûreté, hors des atteintes de M. de Miray, et d'où elle pouvait écrire à ses parents de lui envoyer la somme nécessaire pour continuer sa route. Seulement avait-elle eu cette idée ? c'était à s'en assurer

Avant de partir, elle avait écrit une et peut-être plusieurs lettres. A qui? A ses parents ? Mais était-il admissible que bien décidée depuis plusieurs jours à retourner à Saint-Amand, elle eût attendu jusqu'à l'heure de son départ pour demander l'argent qui lui manquait ?

— Non, se disait Etienne, elle n'a écrit ni à son grand-père, ni à sa mère, ni à sa personne de lui venir en aide dans sa détresse ; elle en a été empêchée par sa fierté, son amour-propre, une fausse honte.

Non, si elle avait voulu demander de l'argent à ses parents qu'elle sait nécessiteux, qu'elle sait pauvres, elle n'aurait pas attendu au dernier moment.

D'ailleurs, reprenait le jeune homme, cette lettre ou ces lettres, écrites hier, n'avaient plus aucune raison d'être envoyées, puisque la malheureuse ne pouvait pas dire où l'on aurait à lui répondre.

Etienne, connaissant bien le caractère de Paule, pouvait d'autant mieux s'ancrer dans ses opinions.

La jeune femme avait écrit un jour à ses parents :

« Ayez encore un peu de patience, bientôt vous me verrez arriver près de vous avec mes enfants ; je veux vous surprendre. »

Donc, c'était bien dans l'idée de la comtesse d'arriver à Saint-Amand sans être attendue, sans avoir prévenu personne : et rien n'indiquait qu'elle eût changé d'idée. Il est vrai que le jour où elle écrivait cela à ses parents, elle ne savait pas que l'argent lui manquerait pour faire le voyage.

Malgré tout et tout en pesant le pour et le contre, Etienne en arrivait à se persuader, comme l'était la vieille servante, que la comtesse s'était lancée dans cette entreprise téméraire et folle de se rendre à pied en Bourgogne, dût-elle, sur son chemin, mendier son pain et celui de ses enfants et passer les nuits à la belle étoile ou sur la paille des greniers de paysans hospitaliers.

— A moins, pourtant, se disait encore le jeune homme, qu'elle n'ait gagné une des gares les plus rapprochées et pris un train qui l'a menée à Lyon.

Dans tous les cas, Etienne était fermement résolu à ne pas s'éloigner du Dauphiné sans savoir ce qu'étaient devenus la mère et les enfants. Il allait se mettre activement à leur recherche.

Il arriva à Grenoble en proie à une grande anxiété et se fit conduire à la gare. Là, il paya à l'automédon le prix convenu et le congédia.

Etienne se dit avec raison que la comtesse, étant très connue à Grenoble, n'était pas venue à la ville pour prendre le train ; toutefois, dès le début de ses recherches, il ne voulait rien négliger. S'adressant à l'employé chargé de délivrer les billets, il lui demanda si une jeune femme accompagnée de deux petits garçons, l'un de six ans, l'autre de quatre ans, n'avait pas pris le train dans la matinée pour se rendre à Lyon.

La réponse de l'employé, qui n'avait pas quitté son poste depuis six heures du matin, fut négative.

Alors Etienne demanda un billet pour Saint-Egrève. Le train allait partir. A Saint-Egrève,

Etienne interrogea le chef de gare, sans sortir de son compartiment, et continua son chemin étant sûr que la comtesse et ses enfants n'avaient pas été vus à Saint-Egrève. A Voreppe, à Moirans, à Voiron, à Rives, les mêmes réponses négatives lui furent faites.

Il était déjà loin de Grenoble, plus loin encore des Bergères et absolument convaincu que la comtesse n'avait pas pris un train pour Lyon. Cependant, dans la crainte qu'un doute ne lui vînt à l'esprit, il poussa jusqu'à Saint-André-le-Gaz. Rien. Dans aucune des gares on n'avait vu la voyageuse qu'il indiquait.

A Rives, il avait réglé son compte avec le chef de gare, qui ne lui cherchait pas d'ailleurs une grosse querelle parce qu'il voyageait avec un billet sans valeur depuis Saint-Egrève.

Il passa le reste de la nuit à Saint-André et reprit le premier train du matin se dirigeant sur Grenoble. A chaque gare il interrogea de nouveau les personnes à qui il s'était adressé la veille, pensant que la comtesse avait pu être retardée dans sa marche par la fatigue des enfants. Partout les mêmes réponses lui furent faites. On n'avait pas vu la mère et les enfants.

Enfin, maintenant, il en avait la certitude, la comtesse n'avait pas songé à se rendre à Lyon; elle avait résolu de faire à pied son long et périlleux voyage.

Toutes sortes d'inquiétudes, plus cruelles les unes que les autres, tourmentaient le pauvre Etienne.

Mais ce n'était pas l'instant de gémir, de s'abandonner à la douleur; il fallait, au contraire, ne point se laisser abattre, se raidir contre la mauvaise fortune et lui tenir tête. Le jeune homme sentait que jamais il n'avait eu autant besoin de son courage et de toutes ses forces.

Il était venu dans l'Isère pour secourir la comtesse Paule, pour la protéger et la défendre si elle avait besoin d'être secourue, protégée et défendue. Eh bien, la situation dans laquelle elle se trouvait réclamait le secours, la protection, la défense. Etienne n'osait envisager à quels dangers la malheureuse mère et ses enfants étaient exposés ; mais pour lui tout était menaçant, sinistre.

Oh ! je les retrouverai, se disait-il, il le faut, et dussé-je fouiller la France entière, je les retrouverai ! O Providence, je t'appelle à mon aide, je te demande de diriger mes pas.

Revenu à Grenoble, il se rendit immédiatement à l'hôtel où il avait laissé sa valise ; il changea de vêtement afin de ne plus ressembler à un citadin, remplaçant ses bottines fines par des brodequins de travail, sa jaquette en beau drap de Sedan par une vareuse de coton sur laquelle il mit la blouse bleue du paysan bourguignon un jour de foire.

Cela fait, il dit à l'hôtelier qu'il gardait sa chambre pour quinze jours, paya d'avance et s'en alla. Dans la rue il fit emplette d'un solide bâton de voyage. Il retrouva le restaurant où il avait mangé la veille ; il y entra et se fit servir à déjeuner, estimant qu'un homme qui se dispose à marcher pendant huit ou dix heures sans s'arrêter ne doit pas se mettre en route ayant l'estomac creux.

Etienne continua donc ses recherches, changeant souvent de chemin, allant à droite, à gauche, revenant quelquefois sur ses pas, interrogeant les voyageurs qu'il rencontrait, s'arrêtant pour quêter des renseignements dans tous les villages qui se trouvaient sur son passage et étaient dans la direction qu'il supposait avoir été prise par la comtesse.

Mais il ne savait pas, il ne pouvait pas savoir que la malheureuse jeune femme, dans la crainte d'être poursuivie et de tomber dans un piège qui pouvait lui être tendu, s'était volontairement détournée de la route qu'elle aurait dû suivre et avait fait ainsi un long détour.

Pendant quatre jours, sans se décourager, sans se lasser, prenant à peine les instants de repos nécessaire, Etienne se livra à des recherches stériles. Il mangeait debout et, souvent, la nuit, il dormait en marchant. Il avait déjà visité une quarantaine de communes, sans compter les hameaux et les fermes isolées; et rien, toujours rien, pas l'ombre d'un renseignement. Pourtant, la comtesse avait passé quelque part, et une femme jeune et belle, ayant avec elle deux enfants, ne peut pas faire un long chemin sans être remarquée.

Etienne finit par se dire qu'il avait certainement fait fausse route. Alors il revint rapidement sur ses pas, se rapprochant des Bergères, et se mit à explorer une nouvelle région qu'il avait laissée sur sa gauche.

Il avait écrit à sa mère et à Pierre Rouget, mais pour leur dire seulement :

« Je me porte très bien. Ne vous inquiétez point de ne pas me voir revenir, je suis retenu par plusieurs affaires très importantes. »

Aucun détail, rien sur ce qui s'était passé aux

Bergères, pas un mot au sujet de la comtesse.

Etienne ne demandait pas qu'on lui répondît, et pour cause : il ignorait en écrivant où il serait le lendemain et les jours suivants.

Pourtant il aurait bien voulu avoir des nouvelles de Saint-Amand, savoir si le père Rouget était de retour et quel avait pu être le résultat de sa démarche auprès de la Papillonne.

Mais pour avoir une lettre de là-bas, il lui eût fallu rester sur place près de quarante-huit heures. Etait-ce possible, quand chaque heure qui s'écoulait augmentait ses angoisses et rendait son temps de plus en plus précieux ?

Il voulait retrouver la comtesse Paule et ses enfants, il le voulait à n'importe quel prix. Il s'apercevait que c'était une rude tâche qu'il avait entreprise, et certes M. de Miray, malgré le violent désir qu'il avait de ressaisir la comtesse, n'aurait pas poussé l'oubli de la conservation de sa personne jusqu'à se donner tant de fatigue et de peine.

Etienne avait repris ses recherches depuis deux jours, lorsqu'il arriva le matin, vers dix heures et demie, dans un petit village appelé Bonnelle, agréablement situé au bord d'une rivière.

Devant une grande et belle maison, qui tenait le milieu entre la maisen du cultivateur et l'habitation bourgeoise, une jeune femme grassouillette, assez jolie, était occupée à tricoter un bas, assise sur un banc de pierre. A quelques pas d'elle, deux jeunes enfants, un petit garçon et une petite fille, jouaient en se roulant sur le sol poussiéreux.

Étienne s'avança vers la jeune femme, son chapeau à la main, et lui adressa la question tant de fois déjà sortie de sa bouche.

— Mais oui, monsieur, mais oui, répondit-elle, j'ai vu cette jeune femme dont vous me parlez et les deux gentils petits garçons qui étaient avec elle, ses enfants, bien sûr, car elle les regardait cueillir des fleurettes dans l'herbe avec des yeux d'une douceur...

C'était lundi dernier, mon mari, nos enfants et moi nous allions à une noce à deux lieues d'ici; nous étions dans notre char, et nous sommes passés tout près de la mère et des enfants. Elle était assise au bord d'un ruisseau où elle avait dû puiser de l'eau pour donner à boire aux deux petits; ils venaient de manger, car il y avait encore sur l'herbe un reste de pain, une bouteille et un verre.

Comme je vous l'ai dit, les deux petits garçons couraient à travers le pré, cueillant des fleurettes et faisant chacun un bouquet, oh! pour leur maman, les chers petits anges!

J'ai eu le temps de remarquer que la jeune femme était d'une grande beauté; mais elle avait l'air souffrante et était d'une tristesse... je crois bien qu'elle pleurait.

— C'est bien la personne que je cherche depuis plusieurs jours, madame, dit Etienne; je vous serais fort reconnaissant si vous pouviez m'indiquer le chemin qu'elle a dû suivre.

— Elle n'a certainement pas traversé Bonnelle auquel on arrive par un chemin mal entretenu et qui est écarté de toutes les grandes voies de communication; elle n'a pu que continuer de suivre le chemin sur lequel elle se trouvait et il est plus que problable qu'elle s'est arrêtée au village de Chervaisse.

Etienne demanda quel était le chemin le plus court qu'il devait prendre pour se rendre à Chervaisse.

A l'extrémité de Bonnelle, répondit la jeune femme, vous traverserez la rivière sur le pont du moulin et vous irez tout droit devant vous jusqu'à la route qui vous mènera à Chervaisse; en allant d'un bon pas, vous n'avez que pour une bonne heure et demie de marche.

Le jeune homme remercia l'obligeante paysanne et traversa le village d'un pas rapide. Il marcha mieux encore quand il eut passé la rivière, et cependant il était près d'une heure lorsqu'il arriva à Chervaisse.

Il y avait lieu de supposer que la jeune paysanne de Bonnelle n'avait jamais fait le trajet qu'en voiture.

Etienne était en nage et il avait faim et soif. Il entra dans une auberge; mais avant même de se rafraîchir, son premier soin fut de s'informer.

C'était précisément dans cette auberge où Paule et ses enfants avaient mangé le premier jour et s'étaient reposés environ deux heures.

On apprit à Etienne que la jeune femme avait demandé qu'on voulût bien lui indiquer dans quelle direction se trouvait Dijon, et on put lui montrer le chemin que la mère et les enfants avaient pris en s'éloignant du village.

Cette fois, enfin, le jeune homme était bien sur la piste de la malheureuse Paule; il n'avait plus qu'à prendre ses mesures pour ne pas la perdre. Il devait donc recueillir tous les renseignements qui pouvaient lui être donnés, en s'avançant lui-même dans la direction de la Côte-d'Or.

Quand il se fut restauré, il se remit en marche pour s'arrêter au bout d'une heure dans le premier village qu'il rencontra. C'était dans une pauvre petite auberge de ce village que Paule et ses enfants avaient soupé et passé la première nuit après leur départ des Bergères.

— Je suis en bon chemin, se dit Etienne.

Et il poursuivit sa route jusqu'à la nuit.

Il arrivait dans une petite localité où il pensa qu'il ferait bien de se reposer quelques heures afin de mieux braver la fatigue du lendemain. Le jeune homme apprit que la jeune femme et les enfants dont il s'informait étaient arrivés dans ce village un matin vers onze heures sur la voiture d'un roulier. Les enfants étaient très fatigués, se plaignaient d'avoir mal à leurs petites jambes. Ils avaient mangé avec le roulier, qui avait payé pour eux, puis après s'être assez longtemps reposés, ils étaient partis.

Etienne soupa, se fit donner une chambre, se jeta tout habillé sur le lit, dormit d'un assez bon sommeil et, à deux heures du matin, il continuait sa route. A dix heures il s'arrêta à Saint-Gallais pour déjeuner ; il avait laissé derrière lui plusieurs localités où l'on n'avait pu exactement le renseigner. Mais, à Saint-Gallais, les renseignements furent tels qu'il pouvait les désirer. La comtesse et ses enfants y avaient couché dans une grange, sur une litière de paille. Il y avait de cela trois jours. Or, on était au huitième jour depuis que la comtesse avait quitté les Bergères. Etienne calcula qu'en moins d'un jour et demi il avait fait à peu près autant de chemin que la mère et ses enfants en cinq jours. Ils avaient assez bien marché les deux premiers jours; mais après, les enfants, brisés de fatigue, harassés, avaient dû se reposer bien souvent.

Et c'était dans de pareilles conditions que la malheureuse mère espérait pouvoir se rendre en Bourgogne!

Folie! folie!

— Maintenant, se dit Etienne, je n'ai plus besoin de courir, car en vingt-quatre heures, si je ne les rencontrais pas sur mon chemin, je pourrais bien être en avance sur eux de huit ou dix lieues. Je ne suis plus guère loin d'eux et, à moins qu'un malencontreux guignon ne s'en mêle, je les rejoindrai ce soir ou sûrement demain matin.

Le jeune homme déjeuna très vite, et après avoir payé sa dépense, comme il mettait son chapeau et prenait son bâton, de grandes clameurs arrivèrent à ses oreilles. Il s'élança hors de l'auberge.

— Qu'est-ce donc? demanda-t-il à l'aubergiste qui fumait fort tranquillement sa pipe devant sa maison.

— Oh! rien, monsieur, rien, répondit l'homme, il n'y a pas de quoi s'émotionner, allez.

— Pourtant ces grands cris ne peuvent provenir que d'une panique, d'un affolement; on croirait qu'il y a un incendie.

— Oh! un incendie! S'il y avait le feu, monsieur, ce serait un bien autre tapage dans la commune. Le tambour des pompiers battrait le rappel et le maître d'école sonnerait l'alarme. Il s'agit d'un chien, une affreuse bête aux poils hérissés, laide, efflanquée, si maigre qu'elle n'a plus que la peau sur les os et que l'on poursuit pour la tuer.

— Ah!

— Cet animal rôde depuis ce matin dans les rues du village, et il a des allures singulières, suspectes, qui ne disent rien de bon ; on voit positivement qu'il est enragé.

— Est-ce qu'il a mordu quelqu'un ou d'autres chiens ?

— Non, Dieu merci, mais cela pourrait arriver et l'on ne fait jamais trop pour se garer d'un danger. Chez nous, monsieur, on a moins peur d'un loup affamé que d'un chien enragé.

— Je comprends cela très bien ; mais puisque ce chien que l'on veut abattre n'a mordu personne, pas même un autre chien, il n'est nullement prouvé qu'il soit atteint de la rage.

L'aubergiste secoua la tête.

— Si, si, répliqua-t-il, il est malade, et j'ai été le premier à conseiller de lui faire la chasse. Imaginez-vous, monsieur, qu'il est entré chez nous comme une bombe et s'est mis à fureter partout, jusque dans les chambres, en faisant entendre des grognements étranges pareils à des plaintes, à des gémissements. Je ne vous le cache pas, monsieur, j'ai eu peur, ma foi, bien que la vilaine bête n'eût point l'air de vouloir se jeter sur moi ; bref, je ne suis parvenu à chasser ce redoutable animal qu'en le menaçant de l'éventrer avec mon crochet à fumier.

— Ah ! fit Etienne, qui ne put s'empêcher de tressaillir.

Il venait tout à coup de penser à Miro, et il se disait, saisi d'une subite inquiétude :

— Si c'était Miro !

A ce moment, dans la rue, plusieurs voix crièrent :

— Par ici, par ici ! Le voilà, le voilà !

XXXI

PAUVRE CHIEN

Presque aussitôt, le chien, qui s'était jeté à travers des jardins pour échapper à ceux qui le poursuivaient, déboucha d'une ruelle adjacente et apparut tout à coup aux yeux d'Etienne Denizot, mais dans quel pitoyable état! On voyait qu'il avait été roulé plusieurs fois dans la boue et la poussière, probablement par quelque énorme molosse de bas étage.

Le pauvre animal n'en pouvait plus; il y avait sur son maigre corps comme une buée produite par la sueur dont il était baigné; il était haletant, hors d'haleine, avait la langue pendante et la gueule pleine d'une écume sanguinolente et fangeuse; il allait de travers comme étourdi, et quand il passa devant Etienne il ne courait plus; on voyait, au contraire, qu'il chancelait comme prêt à tomber.

Et derrière lui accouraient, criant, vociférant, une vingtaine d'hommes armés de fourches de fer et de gourdins, et peut-être une trentaine de gamins tenant des pierres.

Le chien, à bout de forces, comprit qu'il ne pouvait

plus essayer de se soustraire au sort qui lui était réservé. Comme le cerf aux abois, que la meute a forcé, la pauvre bête alla s'acculer dans l'encoignure d'une grange, afin de faire face à ses ennemis et avec l'espoir peut-être qu'en le voyant si malheureux on lui ferait grâce.

Mais allez donc demander à une foule surexcitée, furieuse, qui souvent ne respecte pas la vie de l'homme, de se laisser apitoyer par un chien qui ne peut que par son attitude suppliante implorer miséricorde.

Les hommes et les gamins ne voyaient qu'une chose, c'est que la bête qu'ils voulaient détruire était à leur merci, et tous ensemble poussèrent des cris de triomphe.

Encore un instant, et le pauvre chien allait être percé de coups de fourches et lapidé au coin de la grange. Ferme encore sur ses pattes de devant, dressant la tête, voyant ce qui se passait, il attendit la mort. Hélas! parmi ces forcenés acharnés après lui, il cherchait vainement un défenseur.

Le défenseur n'était pas, ne pouvait pas être un de ses ennemis; mais il était là cependant, c'était Etienne.

Le jeune homme se précipita entre la victime et les bourreaux en s'écriant d'une voix impérieuse :

— Arrêtez! arrêtez!

Les fourches et les bâtons restèrent immobiles et un certain nombre de pierres, les plus grosses, tombèrent des mains.

Etienne, faisant face à la foule, étonnée de l'obstacle qui se dressait devant elle, et couvrant le chien de son corps était superbe de force et d'énergie.

— Pourquoi voulez-vous tuer ce chien? demanda-t-il.

— Il est enragé!

— Vous vous trompez; vous voyez aussi bien que moi que cette pauvre bête n'a pas la rage et qu'elle n'est pas méchante.

— Si elle n'est pas enragée, elle peut le devenir.

— Certes, ce n'est pas votre faute, à vous tous qui la poursuivez depuis une heure, si elle ne l'est pas déjà.

— Vous prenez la défense de ce chien; mais voyez donc dans quel état il est!

— Il est fort sale, j'en conviens, mais probablement parce que d'autres chiens se sont jetés sur lui et l'ont traîné dans la boue.

— C'est vrai, dit un gamin, c'est le gros chien du boucher qui l'a battu et il ne s'est pas défendu.

— Vous voyez donc bien, reprit Etienne, que j'avais raison en vous disant que ce chien n'était pas méchant.

— C'est possible; mais il est errant et la prudence exige que l'on abatte les chiens qui n'ont pas de maître.

— Mais, s'écria Etienne, vous ne pouvez pas dire que ce chien n'a pas de maître! Ne voyez-vous donc pas qu'il a un collier? D'ailleurs, s'il a perdu son maître ou si celui-ci l'a abandonné, je suis, moi, à partir de ce moment, son nouveau maître; je l'adopte et je vais l'emmener s'il ne refuse pas de me suivre.

Alors le jeune homme se tourna vers le chien, qui

n'avait pas bougé de place et voyait très bien qu'il avait trouvé un protecteur.

— Viens, mon pauvre chien, viens, lui dit Etienne en avançant la main.

L'animal se mit sur ses quatre pattes, fit trois pas en avant, puis, craintif encore, s'arrêta, s'assit et regarda son défenseur avec une telle expression de reconnaissance et de tristesse, qu'on croyait voir des larmes dans ses yeux.

— Viens, mon ami, allons, viens, dit encore Etienne?

Devenant plus hardi, le chien s'approcha et vint doucement poser sa tête dans la main ouverte du jeune homme.

Il y avait sur le collier comme un enduit de boue grasse; mais Etienne l'eut bientôt nettoyé, la plaque particulièrement. Alors il put lire ces mots gravés dans le cuivre.

Mon nom est Miro

J'appartiens à madame la comtesse de Verdraine.
Château de Verdraine,
(Isère).

Etienne poussa un cri de joie folle et aussitôt se prit à sangloter.

On l'avait entouré, et ces gens qui ne comprenaient pas, regardaient l'homme et le chien avec ahurissement. Et ils eurent sous les yeux ce spectacle touchant, inoubliable :

Un beau jeune homme, à genoux dans la poussière de la rue, tenant entre ses bras un chien malpropre, le serrant contre sa poitrine, l'embrassant et lui parlant comme à un être humain, à travers des larmes et des sanglots.

Et le chien, déjà familiarisé, rendait à l'homme toutes ses caresses.

Les spectateurs étaient tous vivement émus. Des femmes, qui s'étaient approchées, pleuraient à chaudes larmes.

On ne savait, de l'homme ou de l'animal, lequel était le plus intéressant, le plus admirable.

Ah ! maintenant, on n'avait plus peur de l'affreuse bête errante. Les enfants venaient lui passer la main sur le dos.

— Oh ! le bon toutou, le bon toutou ! disaient-ils.

Il y avait là des femmes qui, malgré sa malpropreté, auraient voulu embrasser le bon chien comme l'embrassait le jeune homme inconnu.

Cependant Etienne se releva.

— Ah ! messieurs, messieurs, dit-il, si vous aviez tué ce chien, vous auriez commis un crime !

— Mais vous le connaissez donc ?

— Oui, je le connais.

Et Etienne se dirigea vers l'auberge.

Le chien suivit l'homme.

Pauvre Miro ! Comme celui qui venait de lui sauver la vie et qu'il aimait déjà, il était sur la piste de sa maîtresse et de ses jeunes maîtres ; mais, comme Etienne aussi, que de marches et de contremarches il avait dû faire avant d'arriver à cette bourgade de Saint-Gallais ! Il n'avait pu prendre des informations, lui ; il n'avait eu que son flair et son instinct pour le diriger.

Comment avait-il vécu pendant ces huit jours ? Dieu seul le sait. Certes, il n'avait pas dû manger tous les jours ni bien dormir sur de la paille fraîche, son affreuse maigreur l'attestait.

Quand il s'était échappé des Bergères, il avait d'abord couru tout d'une traite jusqu'à Verdraine où il espérait retrouver la comtesse et les enfants. Il eut bientôt reconnu qu'il s'était trompé et il essaya de faire comprendre qu'il n'était pas venu au château avec l'intention d'y rester. Mais on avait refermé la porte qu'il s'était fait ouvrir et le gardien du château s'était donné le malin plaisir de le retenir prisonnier. Ce fut le jardinier qui, le lendemain matin, lui rendit la liberté.

Alors il se rendit à Grenoble où il resta plus d'une heure devant la porte de l'hôtel de Verdraine. Il finit par acquérir la certitude que sa maîtresse et ses maîtres n'étaient pas plus à l'hôtel qu'au château. Toutefois, comme par acquit de conscience, il pénétra dans la maison dont il fut chassé à grands coups de balai par un valet brutal, mais qui ne savait certainement pas que ce chien qu'il battait était le célèbre Miro.

Le brave chien s'éloigna de la ville et reprit sa course dans la direction des Bergères. Il était nuit quand il s'arrêta à la porte de la ferme. Il n'aboya point pour annoncer qu'il était là et ne gratta pas à la porte. Il tendit les oreilles et, à plusieurs reprises, il huma l'air venant du jardin et du pavillon. Après cela, il fit trois ou quatre fois le tour des bâtiments, puis il poussa un long gémissement que la vieille Marianne entendit et s'élança dans l'obscurité.

Depuis ce moment, qu'avait fait Miro? Où était-il allé? Hélas! il avait vainement cherché ses maîtres, et nous ne saurions dire si c'était seulement à Saint-

Gallais, dans l'auberge du sieur Perdonnet, que grâce à son flair, à ce merveilleux odorat du chien, il avait découvert la trace du passage de la comtesse et de ses enfants.

Cependant Étienne et Miro étaient entrés dans l'auberge.

— Madame, dit le jeune homme à la femme de l'aubergiste, veuillez, je vous prie, donner à manger à ce pauvre chien.

— Qu'est-ce qu'il aime ?

— Ça, madame, je n'en sais rien.

— Faut-il lui donner de la viande ?

— Ce que vous voudrez, madame, pourvu que ce soit bon.

Madame Perdonnet mit devant Miro un os de gigot encore bien garni de viande.

Le chien flaira le morceau, puis regarda Étienne ayant l'air de lui dire :

— Ce n'est pas ça que je veux.

— Savez-vous où il a demeuré ? demanda la femme.

— En plusieurs endroits, mais en dernier lieu dans une ferme.

— Oh ! alors, monsieur, vous allez voir.

Madame Perdonnet ouvrit la grande armoire où elle mettait son lait, choisit une terrine dont elle enleva la crème, et donna le lait caillé à Miro, qui ne se fit point prier pour mettre le nez et la langue dans la terrine. Et il eut vite fait de la vider. Il témoigna sa satisfaction en se léchant les lèvres, tout en regardant la dame Perdonnet d'une certaine façon.

Elle comprit et s'empressa de donner une seconde terrine à Miro. Elle fut aussi lestement avalée que la première. Mais Miro, qui était fort sobre et ne voulait pas donner de lui une mauvaise opinion en se montrant gourmand, déclara que c'était assez en ne demandant plus rien.

— Maintenant, dit Étienne, je m'en vais lui faire sa toilette.

— Ah! par exemple, la pauvre bête en a grand besoin. L'a-t-il assez roulé dans l'ordure, le gros Tom du boucher!

— Heureusement, je ne vois pas qu'il ait été mordu.

— Comme tous les chiens énormes et très forts, Tom ne mord que s'il a été mordu lui-même.

— Où vais-je pouvoir procéder à mon lavage?

— Dans la cour, derrière, près de la pompe; vous trouverez tout ce qu'il vous faut : un baquet, une brosse de chiendent, une éponge, du savon noir.

Il fallut passer un grand quart d'heure à la toilette de Miro qui, disons-le, se laissa faire sans essayer de regimber, mais employait même tous les moyens à son usage pour exprimer à son nouvel ami combien il lui était reconnaissant de tout ce qu'il faisait pour lui.

Quand il fut bien décrotté, bien épongé, n'eût été sa maigreur, on aurait pu s'écrier :

— Oh! voilà un joli chien!

De fait, bien qu'il gardât son air triste et langoureux, Miro semblait rajeuni de plusieurs années.

— Pauvre Miro, se disait Étienne, il pense à ceux que lui et moi cherchons.

Et comme si dans les yeux du jeune homme il eût deviné sa pensée, Miro laissa échapper un long soupir.

— Va, mon brave chien, dit Étienne, va, je te le promets, nous les retrouverons, et bientôt.

Tous deux étaient revenus dans la salle de l'auberge et Miro par ses caresses, en se frottant contre elle, — il l'osait maintenant qu'il était propre, — remerciait aussi madame Perdonnet, qui, d'ailleurs, paraissait très flattée d'être ainsi prise en amitié.

Bien qu'il eût hâte de se remettre en route, Étienne voulut donner à Miro tout le temps de se bien sécher et bien reposer.

Le chien s'était allongé sur une natte de jonc, au soleil, et madame Perdonnet lui ayant de nouveau présenté l'os de gigot, il ne fit plus le dédaigneux et se mit à mordre à belles dents. Et quand il n'y eut plus que l'os, qui était lui-même fortement rongé, Miro se dressa sur ses quatre pattes redevenues solides, et, par ses mouvements, indiqua à Étienne qu'il voulait partir.

— Mais nous ne nous quittons plus, lui dit le jeune homme, nous allons voyager ensemble.

Étienne, qui s'était levé, prit son bâton. Alors Miro, aboyant, fit des bonds prodigieux autour de son ami; il lui mettait ses pattes sur la poitrine, lui léchait les mains, le tirait par sa blouse.

— Au revoir, madame, dit Étienne.

— Au revoir, monsieur; tâchez de repasser bientôt par chez nous.

— Oui, madame.

Miro était dans la rue, attendant.

Vingt minutes plus tard, Étienne et Miro étaient déjà loin de Saint-Gallais.

L'homme et le chien marchaient à côté l'un de l'autre, ayant la même espérance. De temps à autre, le jeune homme caressait de la main la tête ou le dos de Miro, et celui-ci, sensible à ces marques d'affection, regardait son nouvel ami avec ses grands yeux intelligents où éclatait la bonté et se pressait contre sa jambe, ayant l'air de lui dire :

« Depuis que je suis avec toi, je me trouve moins malheureux. »

Étienne, lui aussi, se sentait heureux d'avoir maintenant Miro pour compagnon. C'était un ami que la Providence lui avait envoyé et qui allait être pour lui un auxiliaire précieux. A chaque instant il adressait à Miro une douce parole. Voyant que le chien l'écoutait et avait l'air de le comprendre, il en vint à lui parler comme s'il eût été un être humain.

— Mon brave Miro. lui dit-il, je ne t'avais jamais vu et cependant je te connaissais depuis longtemps déjà; va, tu es bien le bon et beau Miro que je m'étais figuré, et quand je me suis jeté entre toi et ceux qui voulait te tuer, il m'a semblé qu'une voix mystérieuse me criait : C'est lui! c'est Miro!

Il y a à peine deux heures que nous nous sommes rencontrés; eh bien! je t'aime déjà comme un vieil ami; c'est que, vois-tu, je peux bien te le dire, à toi, tout ce que la comtesse Paule aime, je l'aime aussi, moi!

Ah! Miro, tu l'aimes bien, ta bonne maîtresse! Tu m'aimeras aussi, n'est-ce pas, mon cher Miro? Et Georges et Édouard, tes petits maîtres...

En entendant prononcer ces deux noms, qui avaient tant de fois résonné à ses oreilles, le chien s'arrêta court, dressa haut la tête et regarda de tous les côtés.

— Ah! ah! continua le jeune homme, tu n'as pas

oublié le nom de Georges et celui d'Edouard; tu les aimes bien aussi, tes jeunes maîtres! Il te semble que je viens de les appeler et qu'ils vont accourir, tu les cherches du regard... Hélas! Miro, ils ne sont pas là. Mais nous les retrouverons, jo te le promets, oui, nous les retrouverons tous les trois.

Alors, tu seras content, heureux! Que de caresses tu leur feras! Que de baisers ils te donneront!... Miro, Miro, je serai bien heureux aussi, va! Quand nous les aurons rejoints, et ce sera bientôt, tu verras, nous partirons tout de suite pour Saint-Amand. Là, Miro, tu ne seras plus dans un château, mais tu n'en seras pas moins aimé et choyé de tout le monde et l'on te fera une belle vieillesse.

Crois-moi, mon brave Miro, il n'y a pas que des mauvais jours dans la vie. Dieu est bon et il est juste; à ceux qui ont beaucoup souffert sans l'avoir mérité, il réserve une récompense. Mais s'il en était autrement, à quoi donc serviraient la patience, la confiance en la Providence? A quoi donc servirait d'être honnête, de n'avoir jamais fait de mal à personne? A quoi donc servirait à un bon chien comme toi d'avoir été constamment fidèle et dévoué! »

— Miro, je te le dis, le malheur, si aveugle qu'il soit, n'écrase pas toujours les mêmes; il se lassera d'accabler une pauvre mère et ses deux enfants et il ira porter ses coups ailleurs; c'est à ceux qui ont été malheureux que la tranquillité et le bonheur sont dus.

Et comme si Miro eût compris le discours pathétique de son nouvel ami, il se mit à faire entendre ces petits cris du chien qui exprime sa satisfaction ou témoigne sa joie de revoir son maître après une longue absence.

Vers cinq heures de l'après-midi, Étienne et son compagnon arrivèrent en vue de la commune de Charnay.

Soudain, Miro devint agité; il y avait dans son allure, dans ses mouvements comme de l'impatience; il courait en avant, s'arrêtait brusquement au milieu de la route, dressait sa tête intelligente et, le nez en l'air, semblait respirer des odeurs que l'odorat d'Étienne ne pouvait saisir. Miro revenait sur ses pas, courant toujours, sautait autour du jeune homme en aboyant, puis il le regardait, les yeux pétillants, ayant l'air de lui dire :

— Viens donc, viens donc, dépêchons-nous !

Le chien répéta quatre ou cinq fois ce même manège.

— Décidément, se dit Étienne, il sent quelque chose; la comtesse Paule et ses enfants seraient-ils arrêtés dans ce village où nous allons arriver ?

Et répondant aux instances de Miro, il pressa le pas.

A environ trois cents mètres du village, un cantonnier était occupé à nettoyer les berges de la route; ce cantonnier était le brave homme qui avait recueilli Georges et Edouard.

Étienne s'arrêta devant lui et lui demanda comment s'appelait le village vers lequel il se dirigeait.

— C'est Charnay, monsieur, répondit le cantonnier.

Le jeune homme remercia et reprit sa marche rapide, mais ne pouvant suivre Miro que de loin. Le chien était toujours à cinquante pas de distance.

Enfin, Étienne arriva à l'entrée du village. Le chien s'était arrêté comme pour attendre son compagnon.

Ainsi qu'il le faisait toujours, le jeune homme se disposait à entrer dans une des premières maisons pour demander des renseignements, lorsque les cris d'un enfant qui pleurait arrivèrent à ses oreilles, et il entendit ces paroles du pleureur :

— Maman, maman, je veux voir maman !

Étienne ne pouvait voir l'enfant, qui était dans une chaumière plus éloignée, et dont la porte devait être ouverte. Répondant aux cris du petit désolé, il entendit Miro donner de la voix, puis aussitôt il le vit bondir et se précipiter comme une bombe dans l'intérieur de la maison.

— Oh ! fit-il, en appuyant fortement sa main sur son cœur qui battait à se briser.

Mais la joie éclatait dans ses yeux, rayonnait sur son front.

Il laissa échapper un long soupir de soulagement, s'élança en avant, et fut bientôt sur le seuil de la chaumière où il s'arrêta.

XXXII

LES ENFANTS RETROUVÉS

La soudaine apparition du chien dans la maison avait causé un instant de terreur à quatre personnes qui se trouvaient là, un homme, deux femmes et une jeune fille. Mais la terreur avait vite fait place à la surprise, quand, au lieu de mordre, on vit le chien faire entendre des cris de joie, lécher les mains et le visage de Georges et d'Edouard

Celui-ci avait subitement cessé de pleurer, et s'était mis, comme son frère, à pousser de joyeuses exclamations.

Les spectateurs de cette scène inattendue se regardaient stupéfaits, ayant l'air de se demander :

— Qu'est-ce que cela signifie ?

Les enfants rendaient au chien ses caresses. Il n'y avait pas à en douter, ils se connaissaient. Le chien retrouvait les deux enfants avec lesquels il avait l'habitude de jouer, et qui étaient probablement ses jeunes maîtres.

— Ce chien a un collier, la pauvre bête nous apporte sans doute, sans le savoir, un précieux renseignement, dit le maire de Charnay, car c'étaient lui et sa femme qui se trouvaient avec la femme et la fille du cantonnier.

Ils étaient venus voir les deux enfants toujours inconsolables.

Le maire, pour examiner le collier, s'approchait du chien qui, en signe de joie, se roulait maintenant aux pieds des enfants, les quatre pattes en l'air, lorsqu'il recula saisi d'un nouvel étonnement à la vue d'Étienne paraissant dans l'encadrement de la porte.

Bien que la pièce fut parfaitement éclairée, le jeune homme n'aperçut d'abord que le chien couché sur le sol et les deux petits garçons à genoux, entourant de leur petit bras le corps de leur vieil ami.

— Georges, Edouard, chers petits ! cria-t-il.

Et il entra.

Les deux enfants tressaillirent, levèrent brusquement la tête et regardèrent avec de grands yeux étonnés ce jeune homme inconnu qui venait de les appeler chers petits comme leur mère.

Étienne les prit tous deux dans ses bras, et les couvrit de baisers délirants, en les pressant contre sa large poitrine haletante.

Le chien s'était relevé et prodiguait en même temps aux enfants et à Étienne de nouvelles caresses.

Cependant le jeune homme, en cherchant vainement des yeux la comtesse Paule, avait vu le maire et les trois femmes groupés dans un coin de la chambre.

Laissant les enfants et Miro tout à leur joie, il se redressa, et faisant un pas vers le groupe ;

— Mesdames et vous, monsieur, je vous prie de m'excuser d'avoir un instant oublié votre présence; mais dans ma joie de retrouver ces deux enfants, je n'ai pu me défendre contre l'entraînement de mon cœur; je ne pouvais pas attendre pour les embrasser.

— Vous n'avez pas à vous excuser, monsieur, répondit le maire, votre action a été toute simple et toute naturelle. Ainsi, monsieur, vous connaissez ces enfants et vous les cherchiez ?

— Oui, je les connais; oui, je les cherchais depuis plusieurs jours. Mais leur mère, monsieur, leur mère que je ne vois pas ici près d'eux?

Le magistrat municipal resta silencieux et les femmes baissèrent tristement la tête.

— Morte! exclama Étienne d'une voix rauque et en devenant affreusement pâle.

Le maire lui prit la main et dit vivement :

— Rassurez-vous, monsieur; nous ne pouvons rien vous apprendre concernant la mère de ces pauvres petits, mais nous croyons fermement qu'elle n'est pas morte.

Un profond soupir s'échappa de la poitrine d'Étienne.

— Maintenant, monsieur, en ma qualité de maire de cette commune, me permettez-vous de vous adresser quelques questions.

— C'est votre droit, et je suis prêt à vous répondre.

— C'est plus mon devoir que mon droit, monsieur, répliqua le maire; c'est mon devoir parce que ces enfants, trouvés sur la route, ont été amenés dans ma commune; parce qu'ils me sont confiés et que je m'intéresse à eux. Monsieur, est-ce que vous êtes leur père ?

— Non, monsieur.

— Un parent ?

— Pas même un parent, monsieur ; je suis un ami de la famille de leur mère. Je me nomme Étienne Denizot ; je suis premier adjoint au maire de la commune de Saint-Amand-les-Vignes, un des chefs-lieux de canton de l'arrondissement de Beaune. Si vous avez quelque doute sur la sincérité de ma parole, j'ai sur moi des papiers qui vous prouveront que je ne mens point.

Et Étienne porta la main à la poche de sa vareuse pour prendre son portefeuille.

Le maire l'arrêta en lui saisissant le bras.

— Monsieur l'adjoint, dit-il, avec un accent de reproche et comme blessé, je n'ai pas besoin de voir vos papiers, je vous crois, je vous crois !

— C'est que dès maintenant, monsieur le maire. je réclame ces enfants, et vous ne pouvez pas...

— Attendez, monsieur Denizot... Assurément je ne laisserais pas emmener ces pauvres petits par le premier venu qui viendrait me dire simplement : « Je les réclame » ; mais vous êtes un ami de la famille de leur mère et ce chien, qui les a reconnus, me confirme pleinement vos paroles. Il est à vous, ce chien ?

— Non, monsieur, non, il n'est pas à moi ; ces deux enfants sont ses maîtres. Depuis plusieurs jours il était comme moi à la recherche de la mère et des enfants, et ce matin, grâce au hasard ou à la Providence, monsieur le maire, nous nous sommes rencontrés au bourg Saint-Gallais.

— Tout cela est bien extraordinaire, dit le maire; mais, je vous le répète, monsieur, je vous crois. Il n'y a pas d'indiscrétion, je pense, à vous demander qui sont ces enfants ?

— Comment, monsieur le maire, vous ne le savez pas ?

— Ils n'avaient sur eux aucun papier, aucun objet pouvant servir à établir leur identité; ils sont ici deux inconnus.

— Je suis étrangement surpris... Quoi ! Georges, qui est doué d'une intelligence aussi rare que précoce, n'a pas su vous dire le non de son père ?

— Quand je l'ai questionné, voulant savoir d'où il venait et de qui lui et son frère étaient les enfants, il n'a pu que me répondre vaguement qu'ils venaient de très loin, d'un village, que leur père avait été riche et qu'il était mort.

— Leur père existe toujours, monsieur le maire. mais comme il les a abandonnés ainsi que leur mère, il est possible que celle-ci leur ait fait croire qu'il était mort.

Depuis un instant, Georges avait cessé de s'occuper de Miro et s'était approché d'Étienne et écoutait.

— Voyons, mon cher petit Georges, dit le jeune homme, est-ce que, vraiment, tu ne sais pas comment s'appelle ton père ?

L'enfant regarda fixement celui qui l'interrogeait, ayant comme un sourire sur les lèvres, mais resta silencieux.

— Monsieur le maire, reprit Etienne, Georges ne veut pas répondre, j'en suis convaincu; mais pourquoi?... Vous désirez savoir qui sont ces enfants, je vais vous le dire. Eux et leur mère sont poursuivis par une implacable fatalité ; le malheur les a frappés aussi injustement que cruellement ; ces deux pauvres petits, monsieur le maire, sont les enfants du comte et de la comtesse de Verdraine, un nom autrefois honoré dans le Dauphiné, et, hélas ! aujourd'hui trop connu dans le département de l'Isère !

— Que dites-vous, monsieur ! exclama le maire, est-ce possible ?

— Ah ! monsieur le maire, ce n'est que trop vrai, répondit le jeune homme d'un ton douloureux.

Il alla prendre le chien par son collier, l'amena devant le chef de la commune et dit :

— Lisez, monsieur le maire, lisez avec moi les mots gravés sur la plaque de ce collier : « Mon nom est Miro, j'appartiens à madame la comtesse de Verdraine. »

— Miro ! Miro ! s'écrièrent en même temps le maire et sa femme.

— Ah ! fit Etienne, le nom du Miro vous est connu ; eh bien, oui, le voilà ce chien devenu célèbre, qui a livré à la justice l'assassin de la fille de ses maîtres, la petite Isabelle de Verdraine.

Les trois femmes, qui avaient été si fort effrayées lorsque Miro était entré dans la maison, étaient maintenant en admiration devant lui.

Tout à coup les deux mains de Georges saisirent le bras d'Etienne.

— Que veux-tu, mon ami ? demanda le jeune homme.

— Monsieur, répondit l'enfant, il ne fallait pas dire le nom de mon papa.

Les deux hommes échangèrent un regard rapide. Etienne reprit :

— Pourquoi donc, mon cher petit Georges, ne fallait-il pas dire le nom de ton papa ?

— Maman ne voulait pas.

— Ainsi, mon ami, c'est parce que ta maman ne voulait pas que tu n'as pas dit à M. le maire d'où vous veniez et comment s'appellait ton père ?

— Oui.

— Mais pourquoi ne voulait-elle pas, ta maman ?

— Je ne sais pas; c'était peut-être parce que maintenant nous sommes pauvres et que nous allions par les chemins à pied comme des mendiants.

— Oh ! fit Etienne, la gorge affreusement serrée.

L'enfant continua :

— Maman était bien malheureuse et elle pleurait plus encore qu'Edouard qui avait mal aux jambes et les pieds enflés. A moi elle disait : « Georges, mon chéri, il ne faut pas que l'on sache que je suis la comtesse de Verdraine et que le comte de Verdraine est votre père ; si quelqu'un nous demande qui nous sommes, nous ne le dirons pas, nous répondrons seulement que nous avons été riches, que votre père nous a abandonnés et qu'il est mort.

En achevant de parler, l'enfant se mit à pleurer.

Le maire avait de la peine à maîtriser son émotion.

Les deux femmes et la jeune fille sanglotaient.

Quant à Etienne, il avait un sanglot noué dans la gorge et de grosses larmes roulaient dans ses yeux.

— Ah ! je comprends, maintenant, je comprends, dit-il... Ah ! pauvre mère ! pauvre femme !

— Oui, répéta le maire, pauvre femme ! pauvre mère !

Il continua :

— Nous ne sommes pas ici assez loin de Grenoble pour ignorer les scandales que la conduite du comte de Verdraine y a causés, pour ne pas connaître au moins en partie les malheurs successifs qui sont venus fondre sur la comtesse de Verdraine. Nous savons l'abandon de la malheureuse mère et de ses pauvres enfants ; nous savons que les propriétés du comte ont été récemment vendues par autorité de justice.

Ainsi, monsieur, ainsi la comtesse de Verdraine, chassée probablement de son dernier asile, s'est vue, presque sans argent, condamnée à errer sur les chemins avec ses enfants !

— Hélas ! oui, monsieur le maire ; la malheureuse avait pris la résolution désespérée de se rendre à pied dans la Côte-d'Or où elle est née, où elle a encore son père, sa mère et son aïeul. Un pareil voyage avec deux enfants si jeunes, c'était folie ; mais je devine dans quel état d'égarement devait se trouver la pauvre mère.

— Oh ! oui, c'était folie, et je crois comme vous à un égarement de la raison ; cependant, elle avait assez le sentiment de sa situation déplorable pour ne pas vouloir se faire connaître, et cela, sans doute, par respect pour le nom de Verdraine...

— Telle est ma pensée, monsieur. J'ai été envoyé dans l'Isère par les parents de la comtesse, avec mission de la ramener à Saint-Amand-les-Vignes. Malheureusement je suis arrivé trop tard. Elle était partie dans la nuit même du jour où je me suis présenté à la ferme des Bergères, où elle demeurait depuis plus d'un an. Je me suis immédiatement mis à sa recherche, sachant qu'elle voyageait à pied; mais, ignorant le chemin qu'elle avait pris, j'ai dû chercher inutilement pendant plusieurs jours avant de me trouver enfin sur ses traces.

Miro aussi, qui voulait la rejoindre, l'a inutilement cherchée; mais, ainsi que moi, il avait découvert sa piste, puisque, comme j'ai eu l'honneur de vous le dire, nous nous sommes rencontrés ce matin à Saint-Gallais.

Maintenant, monsieur le maire, continua le jeune homme, je vous en prie, apprenez moi par suite de quel nouveau malheur la mère a été séparée de ses enfants et comment ces pauvres petits ont été amenés dans votre commune.

Le maire fit alors le récit qui lui était demandé, mettant Étienne au courant des faits connus de nos lecteurs.

Le jeune homme écouta avec la plus grande attention et aussi avec une horrible anxiété.

— C'est encore et toujours la fatalité! prononça-t-il d'une voix oppressée, quand le maire eut cessé de parler.

Après un moment de silence il reprit:

— Ainsi, toutes vos recherches ont été vaines; pourtant, si la malheureuse était morte, on aurait retrouvé son cadavre.

— Sans aucun doute; aussi ai-je la conviction qu'elle existe.

— Mais sa disparition reste inexplicable.

— Oui, jusqu'à présent. Cependant, de même que les enfants ont été trouvés sur la route et recueillis par le cantonnier, de même la mère a pu être rencontrée et emmenée par une ou plusieurs personnes inconnues encore.

— Cela se saurait, monsieur le maire, oui cela se saurait, après toutes les recherches que vous avez faites.

— Attendez, monsieur Denizot ; ce matin, à la première heure, on est venu m'apprendre que dans la nuit où le cantonnier a trouvé les enfants, et probablement une ou deux heures plus tard, une troupe de saltimbanques était passée sur la route, se dirigeant vers la Bourgogne. Ces saltimbanques avaient quatre ou cinq voitures, dont deux ou trois renfermaient les bêtes d'une ménagerie ; ils ont encore avec eux, paraît-il, un éléphant, un chameau et plusieurs chiens.

Eh bien ! ne pouvons-nous pas supposer, et avec raison, que les saltimbanques ont rencontré la comtesse de Verdraine épuisée, à bout de forces, mourante, peut-être incapable de parler, de se faire comprendre, et que, par compassion, par pitié, ils l'ont mise dans une de leurs voitures ?

— Oh ! cela est, monsieur le maire, s'écria Étienne ; oui, oui, voilà ce qui est arrivé !

— Je l'ai si bien pensé, monsieur Denizot, que tout de suite j'ai écrit à notre capitaine de gendarmerie afin que des ordres fussent donnés aux brigades de gendarmerie de notre arrondissement et des arrondissements voisins pour que les saltimbanques soient retrouvés, ce qui ne sera nullement difficile, et interrogés.

Seulement, depuis trois jours ils ont fait du chemin. Ces gens-là, quand ils ne s'arrêtent pas dans une ville pour donner des représentations, marchent constamment, aussi bien la nuit que le jour, ne perdant que le temps strictement nécessaire au repos forcé de leurs bêtes. Quant à eux, leurs voitures sont des maisons ambulantes, où ils font leur cuisine, où ils mangent, où ils dorment.

Or, en admettant que les brigades de gendarmerie puissent être prévenues aujourd'hui et demain, je ne puis espérer savoir quelque chose avant trois ou quatre jours.

Mais grâce à vous, monsieur, la situation n'est plus la même, ce qui était mystérieux cesse de l'être et je n'ai plus à agir pour les mêmes motifs. En effet, ce qui me préoccupait, c'était de savoir qui étaient ces enfants, je le sais maintenant. Voilà qui est bien, mais ce sera mieux encore quand nous saurons ce qu'est devenue leur mère.

— Vos paroles m'ont un peu tranquillisé, monsieur le maire ; oui, je me sens beaucoup moins inquiet. Les indications qui vous ont été données sont assez précises pour que nous puissions espérer retrouver sous peu de jours la comtesse de Verdraine.

— Est-ce que vous allez vous mettre à sa recherche?

— Non, répondit Etienne en ébauchant un sourire, je serais moins habile à cela que messieurs les gendarmes, qui se transmettent les ordres donnés de brigade en brigade.

— Puis-je vous demander ce que vous allez faire?

— Certainement, monsieur le maire. Quelle est la gare la plus proche de Charnay ?

— C'est celle de Cessieu, sur la ligne de Grenoble à Lyon ; mais nous avons tous les jours une voiture publique qui va à Bourgoin, et quand je vais à Lyon ou à Grenoble, c'est à Bourgoin que je prends le train.

— A quelle heure part cette voiture publique ?

— Elle ne part pas de Charnay, elle y passe et s'y arrête un instant tous les matins avant neuf heures.

— Oh ! alors, elle ne fait pas mon affaire, car je ne veux pas attendre à demain. Est-ce que je ne trouverai pas ici un brave homme, ayant une voiture convenable et un bon cheval, qui, en le payant bien, consentira à me conduire ou à Cessieu ou à Bourgoin ?

— Nous avons cela à Charnay, monsieur, répondit le maire en souriant, et dès à présent le cheval et la voiture sont à votre disposition ; seulement, comme l'un et l'autre sont à moi, nous n'avons pas à nous entendre sur le prix.

— Oh ! monsieur...

— Vous ne pouvez pas repousser ce témoignage de sympathie.

— J'accepte, monsieur le maire, avec reconnaissance.

— C'est mon domestique qui vous conduira à Bourgoin ; à l'heure où vous voudrez partir, il sera prêt.

— Je ne partirai pas seul, monsieur, car je pense que vous ne vous opposerez pas à ce que j'emmène ces pauvres enfants.

— Vous voulez les emmener à Saint-Amand-les-Vignes'

— Oui, monsieur le maire, chez leur grand-père et leur grand-mère, et Miro accompagnera ses jeunes maîtres.

— C'est bien, monsieur Denizot, nous vous confions ces chers petits.

— Aussitôt arrivé à Saint-Amand, monsieur le maire, j'aurai l'honneur de vous écrire, et si vous-même vous appreniez quelque chose...

— Je vous promets de vous en informer immédiatement.

— Oh ! si vous ne saviez rien encore après-demain, il serait inutile de m'écrire, car votre lettre ne me trouverait plus à Saint-Amand. Mon intention est de revenir à Charnay, et c'est d'ici, après vous avoir vu, monsieur le maire, que je reprendrai mes recherches.

— Je serai enchanté de vous revoir, mon jeune ami, et il faut espérer qu'à votre retour à Charnay je pourrai vous dire où vous trouverez la comtesse de Verdraine. En attendant, vous nous ferez l'amitié, à ma femme et à moi, d'accepter le souper que nous vous offrons. A notre table, Georges et Edouard feront plus ample connaissance avec vous. Enfin l'heure de votre départ arrivée, vous n'aurez qu'à sortir de la salle à manger pour monter en voiture.

A des paroles aussi affectueuses, le jeune homme ne pouvait répondre qu'en acceptant l'hospitalité qui lui était si cordialement offerte ; c'est ce qu'il fit.

Il remercia vivement la femme et la fille du cantonnier, leur promit de les revoir lorsqu'il reviendrait à Charnay, leur dit que l'argent trouvé dans le sac de voyage de la comtesse était pour elles et que cette somme leur serait remise par le maire.

La femme du maire prit Edouard dans ses bras, son mari et Etienne donnèrent la main à Georges, et nos personnages sortirent de la maison du cantonnier ayant pour escorte Miro, qui par ses regards, ses bonds, ses jappements, manifestait son allégresse.

Peut-être était-il surpris de ne pas voir sa maîtresse, mais cela ne paraissait nullement l'inquiéter.

On a voulu prouver maintes fois que le chien a la faculté de réfléchir ; réfléchit-il réellement ? Ceux qui aiment les chiens et les ont beaucoup observés répondront oui sans hésiter ; d'autres diront non ; car si le chien a la réflexion, il faut aussi lui accorder la pensée.

Dans tous les cas, on ne peut nier qu'il soit intelligent et que son instinct si développé n'ait quelque ressemblance avec la raison.

Qui sait si quelque chose en lui n'avait pas dit à Miro :

« Maintenant que tu as retrouvé tes jeunes maîtres, sois sans inquiétude, tu retrouveras aussi ta maîtresse ! »

FIN DU DEUXIÈME VOLUME

TABLE DES CHAPITRES

EMILE COLIN. — IMPRIMERIE DE LAGNY.